FIT GEGEN
VIREN UND BAKTERIEN

Kari Köster-Lösche

FIT GEGEN VIREN UND BAKTERIEN

Wie Sie Ihr Immunsystem wirksam schützen und dauerhaft stärken können.

SÜDWEST

INHALT

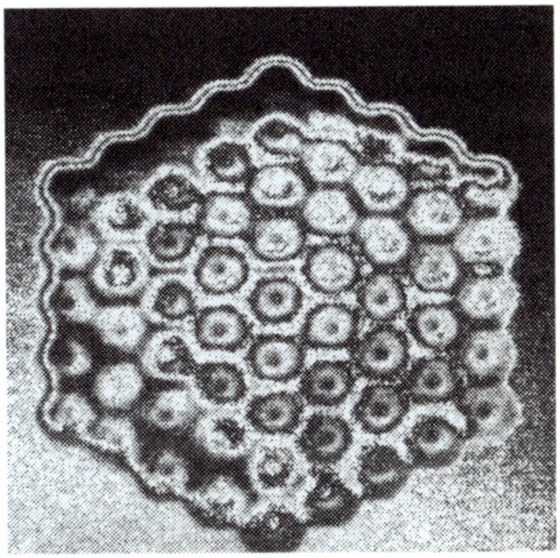

Picorna-/Rhinovirus: Erkältungen- und Schnupfenerreger (zehnmillionenfache Vergrößerung)

VORWORT

Bakterien und Viren – uralte Lebensprinzipien

Das einzig Gute, das Aids mit sich brachte, war ein ungeheurer Aufschwung der immunologischen Forschung. Was seit dem 4. Jahrhundert vor Chr. vom berühmten griechischen Arzt Hippokrates als Miasma bezeichnet, vor rund hundert Jahren von den Medizinern Louis Pasteur und Robert Koch als Infektionskrankheiten mit handfester Ursache entdeckt worden war, entwickelte sich in den letzten Jahrzehnten rasant zu einem der interessantesten Forschungsgebiete der Medizin. Und, seitdem es die Gentechnik gibt, auch zu einem der lukrativsten, für Arzneimittelfirmen und für die Wissenschaftler persönlich. Wo aber viel investiert wird, schreiten die Erkenntnisse rasch voran, so daß auch die Patienten einen Vorteil davon haben.

Wissenschaftler dringen immer tiefer in die komplizierte Struktur des menschlichen Abwehrsystems ein.

Für Biologen, Mediziner, Biochemiker, Physiker und andere Spezialisten geht es hauptsächlich um eins: zum Nutzen des Menschen einzugreifen in einen ungeheuer komplizierten, feinabgestimmten Abwehrmechanismus, mit dem uns die Natur gegen schädigende Bakterien und Viren ausgerüstet hat. Denn nicht immer ist der Körper in der Lage, sich selber zu helfen: Vielleicht ist er noch zu jung, und sein Abwehrsystem muß erst aufgebaut werden.
Oder – vielleicht überraschend für manchen Leser – ist der Gegner noch zu jung; denn auch Bakterien und Viren mußten im Laufe der Entwicklungsgeschichte lernen, mit uns, ihrem Wirt, umzugehen. In der Regel haben wir zu Bakterien und Viren, die schon Jahrtausende mit uns leben, ein Verhältnis der gegenseitigen Duldung aufgebaut. Meistens schaden uns gerade die alten Gegner nicht. Freiwillig ernähren wir sie gewissermaßen mit, wie bestimmte Darm- oder Schleimhautbakterien, und sie machen uns nicht krank.

Im großen Kreislauf des Lebens geht es ja nicht um den Menschen allein, sondern vor allem um das Gleichgewicht in der Natur. Warum sollten Bakterien und Viren ein geringeres »Recht« haben zu leben? Manche von ihnen entdeckten eben, daß es andere Organismen gibt, die ihnen Nahrung in Hülle und Fülle bereitstellen: uns Menschen, aber auch Tiere und Pflanzen – manche Viren fanden sogar in Bakterien ihre Ernährer. Für sie alle ist es das Klügste, ihren Wirt nicht zu töten, wollen sie längerfristig etwas von ihm haben.

Eine DNS-Spirale – die genetische Ausweiskarte des Menschen.

Die Menschen sind die einzigen Lebewesen, die gelernt haben, in diesen Anpassungsprozeß zwischen niederen Lebensformen und ihren Wirten einzugreifen. Von einer Geißel der Menschheit haben uns Sklavenhändler (die schon in frühesten Zeiten ihre Handelsobjekte nicht durch Narben entstellt sehen wollten und sie darum impften), Ärzte und Wissenschaftler befreit: den Pocken.

Da der Mensch permanent Bakterien und Viren ausgesetzt ist, ist es nützlich, seinen Gegner zu kennen: um dessen Tücken gegen ihn selbst zu wenden.

Eigentlich kümmert sich die Natur um unsere Bemühungen nicht. Sie schafft unaufhörlich Neues, deshalb kann es niemals nur harmlose Bakterien und Viren geben. Aber sie beseitigt auch Gefährliches: Manche Infektionskrankheiten sind ausgestorben, ohne daß der Mensch eingriff. Wir kennen sie nur noch aus Beschreibungen wie den »Englischen Schweiß«, der die Menschen am Beginn der Neuzeit fürchterlich ängstigte.
Wir selber allerdings müssen uns täglich aufs neue darauf gefaßt machen, mit Bakterien und Viren umzugehen, die ein wenig von der Fülle der Nahrungsstoffe in uns profitieren möchten.

DIE WELT DER BAKTERIEN UND VIREN – UND UNSER KAMPF GEGEN SIE

Die Welt um uns herum fordert unserem Immunsystem eine ungeheuer vielfältige und lebenslange Antwort ab auf die Gefahren, die uns von außen und innen bedrohen: Bakterien, Viren, Einzeller, Würmer und Pilze, dazu unbelebte Substanzen aus der Natur, unsere eigenen fehlerhaften und schließlich auch die eigenen normalen Zellen, deren natürliches Lebensende erreicht ist. Im Laufe der Entwicklung der Menschheit hat sich unter dem Druck dieser Anforderungen ein ungeheuer kompliziertes Gefüge – ein Netzwerk von Reaktionen – entwickelt. Immunbiologen der ganzen Welt spüren diesem Wunderwerk der Natur nach.

Das Verteidigungssystem unseres Körpers – ein Wunderwerk der Natur!

Neuen Krankheiten begegnet unser Körper mit einem ausgefeilten Abwehrsystem.

Auf unbekannte Keime muß sich das Immunsystem erst einstellen – es muß also blitzschnell eine Gegenwehr aufbauen. In der Regel schafft es das: Die Bakterien oder Viren werden durch die Abwehrtruppen im Körper abgefangen und unschädlich gemacht.

In seltenen Fällen aber werden wir durch eine neuartige Krankheit überrascht, und unser Immunsystem noch viel mehr: Das HI-Virus (Human immunodeficiency virus), das die Immunschwächekrankheit Aids verursacht, war für fast alle Menschen dieser Welt ein unbekannter Keim – außer vermutlich für Volksgruppen, die in abgeschiedenen Gegenden lebten, wo es Schimpansen oder Makaken mit einem Immunschwächevirus gab. Dort hatte ein Affe gewiß schon mal einen Menschen gebissen, wenn nicht umgekehrt, und der gemeinsame Vorfahre von HIV bzw. SIV (Simian immunodeficiency virus) war zwischen Tier und Mensch hin- und hergewechselt. Kurz gesagt, im Urwald hatten Körper und Virus über Jahrhunderte Zeit gehabt, sich aneinander zu gewöhnen.

Die restliche Weltbevölkerung allerdings war nicht an das Zusammenleben mit HIV gewöhnt, Ärzte und Wissenschaftler ebenfalls nicht. Die Wissenschaftler stellten darüber hinaus fest, daß das bisher unbekannte HIV einen Weg der Vermehrung einschlägt, der für ein dem Menschen gefährliches Virus neuartig war.

Aids – eine alte Krankheit

Und dennoch ist das HI-Virus (Aidsvirus) Verursacher einer alten Krankheit – es ist weder dem Genlabor noch »Feinden« entkommen. Turbulenzen im sozialen Gefüge Afrikas katapultierten es in die westlichen Länder. Ähnliches kann jederzeit erneut geschehen!

Es kann auch vorkommen, daß der Abwehrmechanismus unseres Körpers glaubt, einen Gegner ausfindig gemacht zu haben. Die Truppen machen mobil und werfen sich auf den Gegner, bis er vernichtet ist. Aber der vermeintliche Gegner war keiner, alles nur ein

Irrtum, die Angegriffenen waren leider körpereigene Zellen: Der Arzt nennt diese Art von Schlacht eine Autoimmunkrankheit. Zuckerkrankheit, Rheuma und bestimmte Schilddrüsenerkrankungen gehören auch hierzu.

Wissenschaftler sind einen Schritt weiter in der Erforschung dieser Krankheiten gekommen, seitdem sie wissen, warum den Abwehrzellen (Lymphozyten) die folgenschwere Verwechslung unterläuft: Diese wurden zwar auf bestimmte, von Bakterien produzierte Eiweißstoffe programmiert, aber die von den eigenen Freßzellen (Makrophagen) ausgeschütteten Eiweißstoffe sind den fremden so ähnlich, daß die Lymphozyten sich gegen die eigenen Makrophagen wenden …

Unabdinglich – Wissen über das Immunsystem

Das Immunsystem besteht aus einem Netzwerk der Kommunikation von Blutzellen, Nerven und Hormonen. Mit unserem Willen können wir es beeinflussen.

Wer eine Infektion bekämpfen will, der Betroffene selber oder der Arzt zu seiner Unterstützung, muß sich immer vor Augen halten: Das Immunsystem ist der entscheidende Träger des Kampfes, und jedes Medikament greift zwangsläufig auch dort ein. Deshalb war es so wichtig für die Wissenschaftler herauszufinden, wie das Immunsystem funktioniert, nachdem seine Kompliziertheit überhaupt erst einmal erkannt worden war.

Dieses Wissen ist wichtig für jeden von uns. Denn es deutet sich immer mehr an, daß das Immunsystem als Organ keineswegs auf sich selbst gestellt arbeitet. Vielmehr ist es nach jüngsten Erkenntnissen eingebunden in ein Netzwerk, in dem nicht nur Gehirn, Nerven und Hormone wirken, sondern auch Eindrücke, Gefühle und Willenskraft.

Schutzkombination

Selbstverständlich reicht es nicht aus, eine lebensbedrohliche Viruserkrankung allein mit dem Willen zu bekämpfen. Den größtmöglichen Schutz gegen Infektionen bietet eine Mischung aus bewußtem Umgang mit dem Immunsystem, vernünftiger Hygiene, rechtzeitiger Vorbeugung (Impfungen), sanften Hausmitteln und notwendigen Medikamenten. Daß es daneben zweifellos bei einer Infektion immer angebracht ist, sich besser an den Arzt zu wenden, statt erfolglos sich selbst zu behandeln, versteht sich von allein.

Das Immunsystem

Die Abwehr des Körpers gegen Fremdeinflüsse wie Bakterien, Viren oder entartete Körperzellen besteht nicht einfach aus einigen darauf spezialisierten Zellen, wie man lange Jahre vermutete.

Die Abwehr

Die wichtigste Aufgabe der Körperabwehr ist die Unterscheidung zwischen Freund und Feind.

Sie ist im Gegenteil ein feines, engmaschiges Netz zwischen Gehirn, Nervensystem, Hormonen, den weißen Blutkörperchen und verschiedenen Organen. Die rastlosen Übermittler von Informationen, Empfindungen und Botschaften sind Botenstoffe, über die die Wissenschaftler Tag für Tag mehr lernen. Allerdings gibt es immer noch große Lücken im Wissen, die es zu füllen gilt.

Eingang in die körpereigene Abwehr finden also selbst Gefühle via Gehirn und Nerven. Zusätzlich hat das Immunsystem nicht nur zu reagieren – seine Aufgabe ist nicht nur die Abwehr, sondern auch das aktive Eingreifen in alles, was lebenserhaltend wirken kann. Es kann z. B. Botenstoffe ausschütten, die den Schlaf des Organismus anordnen und damit zur Heilung eines kranken Körpers beitragen.

Bestandteile des Immunsystems

Zum Gesamtorgan Immunsystem gehört, außer den Zellen des Blutes, das Knochenmark, in dem die Stammzellen – die Mutterzellen aller Blutzellen – heranreifen; des weiteren der Thymus (Brustdrüse), in dem die sogenannten T-Lymphozyten lernen, Freund und Feind (eigen und fremd) zu unterscheiden. Im Lymphsystem mit den Lymphknoten werden abgefangene schädliche oder fremde Partikel ausgefiltert.

Schließlich existieren weitere zahllose im Körper verstreute Lymphgewebe, zu denen auch die »Fabrik« für Antikörper gezählt werden muß. Diese antikörperproduzierenden Zellen heißen B-Lymphozyten – nach der »Bursa Fabricii« im Enddarm von Vögeln, wo sie zuerst nachgewiesen wurden. Mit der Entdeckung ähnlicher Organe im Dünndarm von Schafen haben wir somit den ersten Hinweis darauf, daß die Antikörperproduktion auch bei Säugetieren im Darm stattfinden könnte.

Der Thymus ist die Schule der Lymphozyten. Beim Kind, das seine Immunabwehr erst aufbauen muß, ist er ein außerordentlich wichtiges Organ, während er beim Erwachsenen schrumpft.

Das Immunsystem

Träger:	weiße Blutzellen (Lymphozyten)
Produktion, Training der Zellen:	Knochenmark, Thymusdrüse
Antikörperherstellung:	Lymphgewebe des Darms
Vernichtung:	Lymphsystem (Lymphknoten, Lymphe)

Der Teil des Immunsystems, über den am meisten bekannt ist, arbeitet hauptsächlich – aber nicht ausschließlich – in den Blutgefäßen. Die Blutgefäße haben natürlich auch noch andere Aufgaben, nämlich die Organisation des Stoffwechsels und die Erhaltung der Blutkonzentration.

Vereinfacht gesagt, ist die wichtigste Aufgabe des Immunsystems festzustellen, ob eine Zelle fremd oder eigen ist. Fremdes muß aus dem Körper entfernt werden, weil es eine Gefahr bedeuten könnte, eigene Strukturen werden dadurch geschützt und erhalten. Als eigen wird erkannt, was sich ausweisen kann wie der Mensch durch seinen Personalausweis: Alle körpereigenen Zellen tragen bestimmte Oberflächenstrukturen, die HLA-Antigene (Human Leucocyte Antigen) heißen.

Fehlbarkeiten des Immunsystems

Das Immunsystem kann sich aber auch irren: Es kann körpereigene Bestandteile als fremd identifizieren und sie mit allen Waffen angreifen. Es kann andererseits auch durch Krankheit oder Alter geschwächt sein und überhaupt nicht reagieren, wenn es notwendig wäre – oder es wird auf raffinierte Weise durch Bakterien oder Viren getäuscht...

Die Ausweiskontrolle für fremd oder eigen liegt dann bei den T-Lymphozyten, die im Thymus auf diese Aufgabe trainiert werden (deshalb T-Lymphozyten, T-Zellen). Sie tasten alle Zellen, die ihnen begegnen, ab. Eigen darf passieren, fremd wird zerstört.
Als fremd gilt für die T-Lymphozyten auch das kombinierte Signal fremd-eigen, wenn z. B. einer der Befehlsempfänger der T-Zelle, der sogenannte Makrophage (Freßzelle), den fremden Organismus bereits geschluckt hat. Der Makrophage hält bei der Ausweiskontrolle nämlich nicht nur seinen eigenen Personalausweis hin, sondern auch den der einverleibten Zelle – egal, ob es sich um ein Bakterium, ein Virus oder z. B. den Bestandteil einer transplantierten Niere handelt –, und beides zusammen ergibt fremd-eigen und wird rücksichtslos ausgemerzt. Die Natur ist hart – und zweckmäßig.

Die Spezialeinheit: Killerbakterien!

Die Lymphozyten bewerkstelligen mit ihren verschiedenen Kampftruppen eine ausgeklügelte Abwehr.

T-Lymphozyten haben noch weitere Aufgaben: Es könnte ja sein, daß sich nicht nur dieser eine Fremdorganismus im Blut befindet, sondern eine Invasion stattgefunden hat, wie es bei einer massiven Ansteckung mit Grippeviren der Fall ist. Und da wird ein ganzes Heer von Spezialisten im Abwehrkampf benötigt. Der T-Lymphozyt jagt also seine Botenstoffe los, z. B. die Interleukine und Interferone, die andere Lymphozyten alarmieren: die T-Killerzellen, die sich ebenfalls über die Fremdlinge hermachen, sowie die T-Suppressorzellen, welche die Kampftätigkeit zum Schluß abschalten sollen. Beteiligt ist auch ein weiterer Botenstoff mit dem Namen Tumornekrosefaktor. Er spielt bei der Abwehr von Bakterien, die sich tückisch innerhalb von Zellen verstecken, eine wichtige, noch nicht durchschaute Rolle. (Die Bezeichnungen der verschiedenen T-Lymphozyten beschreiben jeweils deren spezielle Aufgabe: T-Killerzellen, T-Suppressorzellen, T-Helferzellen als Boten. Trotz der verwirrenden Namensvielfalt handelt es sich stets um Untergruppen von T-Lymphozyten).
Von den T-Helferzellen erhalten die B-Lymphozyten den Befehl, ihre Fabrikhallen eiligst für die Antikörperproduktion klarzumachen. Ist die Fabrikhalle – also der B-Lymphozyt – ausgereift, wird sie Plasmazelle genannt: Das ihr zur Verfügung stehende Werkzeug ist nur zur Herstellung einer einzigen Art von Antikörpern geeignet. Deshalb läuft dort nicht an einem Tag ein Antikörper gegen Grippe und am nächsten einer gegen Masern vom Band, sondern während des ganzen

Antikörper, auf eine Feindsorte spezialisiert, durchdringen und säubern den Organismus and zerstören ihren Feind, das Antigen.

langen, möglicherweise sogar jahrelangen Lebens der Plasmazelle Antikörper nach dem eingelernten Bauplan.
Antikörper sind prinzipiell recht einfach gebaut: Auf einem dicken, bei allen Antikörpern gleichen Molekül, sitzt gewissermaßen eine zweizinkige Gabel. Die Enden beider Zinken zusammen bestimmen die Art des Antikörpers. Für seine Herstellung müssen in der Plasmazelle verschiedene Bausteine (Teilgene) zusammengesetzt werden. Da es im Erbgut der B-Zellen Tausende von verschiedenen Teilgenen gibt, errechnet sich daraus, daß Millionen unterschiedlicher Antikörper zusammengesetzt werden können – von Millionen verschiedener B-Zellen.

Wenn nach ein paar Tagen die Produktion auf Hochtouren läuft, schwirren die Antikörper im ganzen Organismus umher, suchen sich gezielt ihren Feind, das sogenannte Antigen, und heften sich an dessen verräterische Oberflächenstrukturen an. Die Freßzellen können nun leicht diese Fremd- und Antikörperkombination orten.
Aber auch für spätere Invasionen des gleichen Feindes wird gerüstet. Nicht alle B-Zellen werden zur Fabrikation der Antikörper benötigt. Einige erhalten statt dessen den Auftrag, die als fremd (= antigen) erkannte Oberflächenstruktur zu archivieren, dementsprechend werden sie Gedächtniszellen genannt. Sollte jemals eine Infektion durch den gleichen oder einen sehr ähnlichen Erreger stattfinden, kann der Bauplan für die Antikörper blitzschnell aus dem Archiv herausgezogen und die Produktion erneut in Gang gesetzt werden.

Die Müllschlucker des Organismus

Die »gefräßigen« Makrophagen reagieren auf die von Antikörpern besetzten Fremdlinge schnell und vernichten sie.

Neben diesen sehr spezialisierten Lymphozyten sorgen andere Zellen für die Beseitigung der Bakterien und Viren bzw. der Zelleichen.
Die Makrophagen sind regelrechte Mülltonnen des Organismus, die Profis unter all den zytotoxischen (= andere Zellen schädigenden) Zellen, denn die Vernichtung ist ihre Hauptaufgabe. Sie bleiben nur wenige Tage im Blut, dann legen sie sich in den Körpergeweben auf Lauer, oder sie setzen sich in Leber, Darm, Milz, Haut und Lymphknoten an den Engpässen fest, wo die Fremdkörper vorbeikommen müssen. Sobald sie diese erkannt haben, stoßen sie Kampfstoffe (z.B. Sauerstoffradikale, Lysozyme) aus, die Bakterien und Viren auflösen, lähmen oder behindern. Zuweilen aber schaffen sie es nicht, alle

Bakterien abzutöten, nachdem sie sich diese einverleibt haben: Das ermöglicht insbesondere den Bakterien von Tuberkulose und Lepra sowie den Herpesviren, sich auf Dauer im Menschen einzurichten.
Noch kürzer als Makrophagen bleiben die sogenannten Granulozyten im Blut, die Spezialisten für die Bakterienabwehr. In vier Tagen etwa erschöpfen sie ihr Potential an Kampfstoffen, die sie in selbstzerstörerischen Mengen auf die feindlichen Bakterien abschleudern. Danach gehen sie schnell zugrunde.
Auf diesen raschen Verbrauch von Zellen ist der Körper eingestellt. Er bildet täglich Millionen von weißen Blutzellen im Knochenmark neu und ersetzt stets einen kleinen Teil der alten Zellen durch frische.

Erst das Zusammenwirken aller Abwehrzellen ermöglicht das Funktionieren des Immunsystems.

Zellen des Immunsystems

T-Lymphozyten:	Kontrolle ob »fremd« oder »eigen«
T-Killerzellen:	Zerstörung, wenn »fremd«
T-Suppressorzellen:	Abschalten der Kampftätigkeit gegen »fremd«
T-Helferzellen:	Übermittlung von Befehlen
B-Lymphozyten (Plasmazellen):	Produktion von Antikörpern gegen »fremd«
B-Gedächtniszellen:	Archiv für gelernte »Fremd«-Bauweise
Makrophagen:	Zerstörung und Einverleibung von »fremd« (Mülltonne)
Granulozyten:	Zerstörung von Bakterien

Männer, Frauen – und die Abwehr

Frauen haben möglicherweise ein wirksameres Immunsystem als Männer, was für ihre höhere Lebenserwartung verantwortlich sein könnte. Männer erkranken häufiger an Infektionen als Frauen. Man kann als Ursache dafür Verhalten und Spielregeln der Männerge-

Der T-Lymphozyt, vorwiegend in Milz- und Lymphknoten zu finden, sagt den anderen Zellen, was als »fremd« oder »eigen« angesehen werden soll.

sellschaft in Betracht ziehen. Es scheint aber, als ob die Infektanfälligkeit auf zellulärer Ebene erklärt werden könnte, am wahrscheinlichsten in der Hormonfunktion: Testosterone, die wichtigsten männlichen Geschlechtshormone, können sich an die Lymphozyten anklinken. Dabei hemmen sie sowohl die T- als auch die B-Lymphozyten.
Östrogene dagegen, weibliche Geschlechtshormone mit ähnlicher chemischer Struktur wie die Testosterone, haben auf B-Lymphozyten einen stimulierenden Effekt, was sich im höheren Immunglobulinspiegel (Menge der Antikörper-Eiweißstoffe im Blut) bei Frauen ausdrückt.
Eine andere moderne Feststellung zum immunologischen Unterschied von Männern und Frauen greift die schon uralte Theorie der Reinigung durch die weibliche Monatsblutung auf. Nach ihr ist die Menstruation ein sinnvolles Instrumentarium, die durch Spermien des Mannes mitgeschleppten Krankheitserreger wieder auszuschleusen. Daher kann es auch nicht Ziel der Medizin sein, unregelmäßige Monatsblutungen mit aller Gewalt zu disziplinieren – sie sind zuweilen eher ein Indiz für einen stattfindenden Abwehrkampf gegen Infektionen. Es wäre somit – wie so häufig – sinnvoller, die Ursache zu suchen, als die Symptome zu beseitigen.

Hormone, Nerven – und der Wille

Das Immunsystem siegt täglich, stündlich lautlos.

Täglich wird der feinabgestimmte Regelkreis des Immunsystems von fehlerhaften Körperzellen, Viren und Bakterien bombardiert. Meistens merken wir gar nicht, daß ein Kampf stattfindet.
Gemessen an der Gesamtzahl gesunder Menschen, sind die, deren Immunsystem aktiv mit Medikamenten unterstützt werden muß, eher Ausnahmen. In den letzten Jahren wurden zwar im gentechnischen Bereich, also auf der Ebene der Molekularforschung, Fortschritte gemacht, allerdings können diese noch nicht in der angewandten Medizin umgesetzt werden. Für den Kampf gegen Infekterreger bleibt zur Zeit nur der Rückgriff auf Herkömmliches: Antibiotika und vorbeugende Impfungen. Bei Virostatika, also Medikamenten gegen Viren, wird es schon schwieriger: Noch bevor die Mittel überhaupt die langwierige Phase bis zur Zulassung als Arzneimittel durchlaufen haben, beginnen sich bereits Resistenzen der behandelten Viren abzuzeichnen, d. h. die Viren sprechen auf diese Mittel schon nicht mehr an.
Glücklicherweise haben sich längst die Hinweise verdichtet, daß in die komplexen Zellvorgänge der Immunabwehr das Hormon- und Nervensystem, das Gehirn und das Bewußtsein viel weiter eingreifen, als die Wissenschaftler es früher für möglich gehalten haben. »Wir haben gute Gründe«, bemerkte bereits 1947 der Arzt Viktor von Weizsäcker, »uns alle Zellen des Leibes als beseelt zu denken.«
Trifft dies zu, und alles spricht dafür, ist kein Mensch Viren und Bakterien völlig hilflos ausgeliefert. In gewisser Weise haben wir es durch eine entsprechende Lebensweise in der Hand, uns gegen Viren und Bakterien fit zu machen. Jeder kann aktiv daran arbeiten. Unter dem Aspekt der zunehmenden Resistenzentwicklung bei vielen Krankheitserregern ist die bewußte Vermeidung von Ansteckung zusammen mit prophylaktischen Impfungen vielleicht der Weg der Zukunft.

Eigeninitiative hilft gegen Erreger

Niemand ist Viren und Bakterien hilflos ausgeliefert. Das Immunsystem ist unser stets abwehrbereites Schlaginstrument gegen Infektionen. Ein funktionsfähiges Immunsystem ist der Schlüssel zu Gesundheit, Schönheit und zum Glücklichsein.

Bakterien

So funktionieren Bakterien

Die wenigsten Bakterien machen uns krank. Zu vielen Arten hat sich eine Art »Burgfrieden« eingependelt.

Nicht alle Bakterien machen den Menschen krank. Die allermeisten greifen den Menschen nicht an, sondern lösen Kreisläufe der Natur erst aus.

Einige von ihnen leben ganz selbstverständlich mit dem Menschen zusammen. Unsere Haut, die Schleimhäute des Verdauungstraktes, der Atmungsorgane, der Harnwege und des Genitalbereiches, sowie unsere Augen und Ohren sind von bis zu 1000 Keimen pro Quadratzentimeter Haut besiedelt und ein Milliliter Speichel mit bis zu einer Milliarde Keime. Allein im Darm finden sich 100 verschiedene Bakterienarten. Die Grenzen zwischen der normalen Besiedlung und krankmachenden Arten sind fließend: Unter ungünstigen Bedingungen können friedliche Keime plötzlich gefährlich werden.

Gestalt

Bakterien haben die respektable Größe von 0,2 bis 20 Mikrometer (millionstel Meter), weshalb sie im Lichtmikroskop leicht zu sehen sind. Sie sind die kleinsten funktionierenden Lebenseinheiten mit einem eigenen Stoffwechsel. In ihrer Vermehrung sind sie unabhängig von anderen Lebewesen, was ein entscheidender Unterschied zu Viren ist. Denn ein Stoffwechsel kann mittels Medikamente gestört werden.

Das Aussehen der Bakterien ist unterschiedlich. Die Wissenschaftler haben sie nach ihrer Gestalt und verschiedenen biochemischen Reaktionen in Gattungen und Arten eingeteilt. Innerhalb der einzelnen Gattungen haben die Bakterien durch starre Zellwände immer die gleiche Form. Ausnahme sind die sogenannten Mykoplasmen, die mit einer verformbaren Zellmembran auskommen. Die übrigen aber haben unterschiedliche Gestalt, was der Bakteriologe unter anderem zu ihrer Klassifizierung benutzt: kugelig, länglich, stäbchenförmig oder gekrümmt, und darüber hinaus sind manche mit Geißeln (fadenförmige Fortbewegungsorgane), mit feineren und kürzeren Eiweißfäden (als Haftorgane) oder mit Kapseln ausgestattet. Die Geißeln, von denen Tausend nebeneinander die Dicke eines menschlichen Haars ergeben, erhöhen zwar nicht die krankmachende Wirkung des Bakteriums, aber

Bewegliche Bakterien sind besonders gefährlich.

sie verschaffen ihm die Möglichkeit zum Ortswechsel: z. B. in mit Fäkalien verseuchten Gewässern. Salmonellen und Choleraerreger gehören zu diesen Spezialisten mit einer Motorleistung von etwa 200 Umdrehungen pro Sekunde.

Die Fäden, die sogenannten Pili, sind kürzer als die Geißeln und haben eine andere Funktion: Sie erhöhen den Bakterien den Wohnwert auf der menschlichen Schleimhaut, tragen zum Kuscheln bei, d. h. daß sich die Bakterien gerne in Kolonien aneinanderlagern. Die Erreger der Gonorrhoe (»Tripper«) beispielsweise heften sich mit ihren Fäden auf der Schleimhaut der Harnwege an. Andere legen auf Kolonienbildung weniger Wert: Bei ihnen heißen die Fäden Sex-Pili und funktionieren auch so (s.weiter unten).

Die Kapseln, die auf der Bakterienwand aufliegen und viel dicker als diese sein können, sind ein wichtiges Merkmal für die Gefährlichkeit der Erreger: Die gleiche Art ohne Kapsel ist ungefährlich, weil der Erreger durch die Abwehrzellen sofort aufgefressen wird. Ist er jedoch mit der Schleimkapsel gegen den Feind gerüstet, kann dieser ihm nichts anhaben; je dicker die Kapsel ist, desto geschützter ist er. Auf diese Art gefeit, siedeln z. B. die Pneumokokken bei manchen Menschen auf den Schleimhäuten der oberen Luftwege. Sobald eine Schwäche des Immunsystems eintritt, überwinden sie die sonst sehr effektiven Abwehrschranken der Lunge oder des Gehirns und verursachen eine Lungenentzündung oder gar eine Gehirnhautentzündung.
Eine Verformung von manchen Bakterien sind die Sporen, eine Art »Winterschlafsform«. Die Sporen werden gebildet, wenn die Umgebungsbedingungen für die Bakterien ungünstig werden, so können sie z. B. jahrelang in der Erde überleben.

Sporen – eingepuppte Bakterien

Die Sporen sind von gewöhnlichen Haushaltsreinigern nicht angreifbar, auch nicht von Antibiotika. Andererseits ist es auch nicht nötig, sie im Haushalt zu bekämpfen, denn dort sind sie eine Seltenheit. Krankheitserregende Sporenbildner sind Clostridien und Bazillen, der bekannteste von ihnen verursacht Tetanus, ein anderer Milzbrand.

So klein ein Bakterium auch ist, es besteht dennoch aus verschiedenen Bestandteilen mit unterschiedlicher Aufgabe:
– aus genetischem Material (»Zellkern« mit dem Erbgut)
– aus Zytoplasma (lebensnotwendige Grundsubstanz der Zelle), das von einer Membran umhüllt ist
– aus der Zellwand.

Die Anwendung von Antibiotika muß genau vom Arzt abgewogen werden, denn diese greifen in alle Stoffwechselvorgänge ein, kranke wie gesunde.

An allen drei Orten können die Stoffwechselvorgänge des Bakteriums durch verschiedene Antibiotika gestört werden. Da aber nach unserem heutigen Wissen die biochemischen Vorgänge aller Lebewesen prinzipiell gleich sind, greift ein gegen das Bakterium gerichtetes Antibiotikum nur zu leicht auch in die Stoffwechselvorgänge des Menschen ein. Jede medikamentöse Behandlung bringt deshalb auch ein Risiko für den Patienten mit sich, und der Arzt muß zwischen größtmöglichem Nutzen und geringstem Schaden eines Medikamentes abwägen.

Stoffwechsel

Bakterien können nur wachsen, wenn Nährstoffe vorhanden sind, also Wasser, Kohlenstoff, Sauerstoff, Stickstoff, Schwefel und Phosphor. Zusätzlich benötigen sie auch Elemente wie Kalium, Magnesium, Kalzium, Eisen, Natrium, Kupfer, Zink, Mangan und Selen.
Allen krankmachenden Bakterien ist gemeinsam, daß sie Kohlenstoff nicht selbst mit Hilfe chemischer Prozesse herstellen können. Anspruchslose Bakterien, wie die Kolibakterien im menschlichen Darm, benötigen außer kohlenstoffhaltigen Verbindungen nichts von außen, denn ihre synthetischen Fähigkeiten sind hoch entwickelt. Andere Bakterien wiederum haben im Laufe ihrer Entwicklungsgeschichte diese Fähigkeiten verloren – sie hatten ständig ausreichenden Zugriff in ihrer Umgebung auf die von ihnen benötigten Substanzen, d. h., sie lernten effektiv zu schmarotzen.

Luftsauerstoff ist nicht für alle Bakterien zwingend notwendig, und für manche ist er sogar ein Gift. Dem Erreger des Gasbrandes z. B. kann man keinen besseren Gefallen tun, als ihn tief unten in einer Wunde einzuschließen, wo kein Luftsauerstoff ihn belästigt. Sauerstoff kann bei solchen Bakterien als hervorragendes Arzneimittel eingesetzt werden.

Grundnahrungsmittel einer Bakterie

Alle Bausteine, welche die Bakterien zum Leben brauchen und die daher im umgebenden Milieu vorhanden sein müssen, nennt man Wachstumsfaktoren. Vor allem Vitamine wie Nicotinamid, Thiamin (Vit. B1), Riboflavin (Vit. B2), Pantothensäure (Vit. B5), Folsäure (Vit. B12), Biotin und Lactoflavin werden von den Bakterien benötigt und unseren Zellen entnommen.

Vererbung

Bakterien sind ganz und gar ungeschlechtliche Wesen, sie pflanzen sich durch Teilung fort. Im Regelfall haben Bakterien deshalb nur einen Satz Erbanlagen, der in einem langen, doppelsträngigen Molekül aus Desoxyribonukleinsäure (DNA) eng verpackt ist. Dieses Knäuel nennt man Nukleoid.

Bakterien vermehren sich durch Teilung. Ihre Erbanlagen nennt man Nukleoid.

Die Teilung der Bakterienzelle läuft nach strengen Regeln ab. Als erstes teilt sich der Doppelstrang der DNA in zwei Einzelstränge auf. Diese beiden dienen nun als Matritze (Vorlage) für die Bildung von Komplementärsträngen, so daß am Ende des Vorgangs zwei Doppelstränge DNA vorliegen. Danach müssen die DNA-Stränge im Prinzip nur noch an der Bakterienwand angeheftet und ein wenig auseinandergezogen werden; zwischen ihnen wächst eine Trennwand hindurch, und die Teilung ist perfekt.

Unabhängig vom Nukleoid, aber in räumlicher Nachbarschaft, gibt es weitere DNA-Moleküle, die sogenannten Plasmide, die sich unabhängig von der DNA teilen und bei der Teilung des Bakteriums an die Tochterzellen weitergereicht werden. Häufig sind sie für den normalen Stoffwechsel der Zelle überflüssig. Aber sie können z. B. die Wirtszelle, in die sich das Bakterium eingenistet hat, verändern, indem sie deren Stoffwechsel beeinflussen. Oder sie sind Träger krankmachender Eigenschaften oder von Resistenzen gegenüber Medikamenten. Plasmide sind also für die Bakterien ein nützlicher Zusatz, der ihre Lebenstüchtigkeit erhöht – was sie für uns leider gefährlicher macht. Die Erbanlagen (Gene) bestimmen wie bei allen Lebewesen auch bei Bakterien deren Eigenschaften, sie treten jedoch zum Teil nicht in Erscheinung. Unter Umständen werden sie erst bei einer Änderung

Viele Mutationen erhöhen die Gefahr!

der äußeren Bedingungen sichtbar. Solche Gene werden nach Zweckmäßigkeit wie eine Lampe an- oder ausgeschaltet.
Anders ist es bei einer echten Änderung des Erbguts. Hierbei verändern sich kleinste Bereiche des DNA-Moleküls spontan. Sofern die auf diese Weise neu entstandene Eigenschaft einen Überlebensvorteil für das Bakterium bietet, wird nach einiger Zeit die gesamte Verwandtschaft damit ausgerüstet sein. Wenn nicht, war die neue Struktur eben eine Sackgasse der Natur.

Resistenzbildung

Transformation: Spielwiese für Wissenschaftler.

Solche Erbänderungen, als Mutationen bezeichnet, können z. B. durch Röntgen- oder UV-Strahlen sowie durch Chemikalien hervorgerufen werden. Auch die zur Therapie einer bakteriellen Erkrankung eingesetzten Medikamente wirken derart und dadurch leider allzu häufig wie ein Selektionsmittel: Nur besonders widerstandskräftige Einzelbakterien können also überleben, sich vermehren, und am Ende besteht der ganze Stamm aus Bakterien, die gegen dieses Mittel resistent sind.
Die Gefahr erhöht sich logischerweise, je häufiger Antibiotika eingesetzt werden. So gibt es bei einigen Bakterienarten bereits Stämme, die gegen fast alle Antibiotika unempfindlich sind.

Zwischenbakterieller Sex

Über die echte Vererbung hinaus, die einen relativ langsamen Wandel des Erbguts innerhalb einer Bakterienart verursacht, gibt es auch eine Übertragung von Erbgut zwischen verschiedenen Bakterienarten. Hauptsächlich im Labor wird bei der genetischen Übertragung (Transformation) die reine DNA (Träger der Erbanlagen) von Bakterien oder anderen Lebewesen – auch dem Menschen – auf andere Bakterien übertragen.
Da ist die Erbgutübertragung in Form der sogenannten Transduktion schon interessanter. Sie benötigt nicht die Hilfe eines Wissenschaftlers, sondern eines Bakteriophagen, eines in Bakterien schmarotzenden Virus. Der Phage, der sich im Bakterium sein Erbmaterial kopieren läßt, packt zuweilen nicht seine eigene DNA ein, bevor er das zerstörte Bakterium verläßt, sondern gewissermaßen versehentlich ein Stück des Bakterienerbguts. Nun ist er zwar selber genetisch geschä-

digt, aber er schafft es noch, sich Einlaß in die nächste Bakterienzelle zu verschaffen und dort das Bakterien-DNA-Bruchstück abzuladen. Falls dieses nicht in der Bakterie liegenbleibt, was meistens der Fall ist, wird es in das Bakterienerbgut miteingebaut, bei der Teilung ordnungsgemäß kopiert und auf beide Tochterzellen weitervererbt.

Transduktion: ein Virus als Schlepper von Bakteriengenen.

Das Virus hat also von Bakterium zu Bakterium Erbgut übertragen – ist dabei allerdings selber auf der Strecke geblieben. Daß diese Übertragung zwar selten, aber keineswegs nur theoretisch ist, beweist die Ausbreitung der Antibiotikaresistenz innerhalb der Staphylokokken (kugelförmige, eiterbildende Allerweltsbakterien), die dadurch viel gefährlicher als früher geworden sind und uns viel Kummer machen.

Vereinigung als Schutzmaßnahme

Eine weitere Art der genetischen Übertragung wird als Konjugation bezeichnet, bei der – unter Ausschluß von Wissenschaftlern und Viren – die Bakterien direkt miteinander in Verbindung treten. Durch dünne Rohre aus Eiweißstoffen, die »männliche« Exemplare einiger Darmbakterienarten besitzen, wandern Teile des Erbgutes (DNA-Knäuel) und Plasmide (extra DNA-Moleküle) zum Partner hinüber. Es findet also eine Übernahme von Genmaterial statt, das von einem »Sexualpartner« einer anderen Art, Gattung oder Familie stammen kann, ganz wie bei höheren Lebewesen. Von Stäbchenbakterien, zu denen viele Darmbakterien gehören, ist dieser Genaustausch schon länger bekannt; aber der Kreis der »Sexualbefähigten« scheint weiter verbreitet zu sein, als anfangs vermutet.

Konjugation: Bakteriensex zur Aufrüstung gegen Antibiotika.

Fatalerweise sind die Plasmide der Sitz von Enzymen, die gegen Antibiotika schützen, zuweilen sogar gleich gegen mehrere. Mit diesem unfeinen Trick der Konjugation betreiben die Bakterien deshalb Hochrüstungspolitik.

Im Labor konnte eine Antibiotikaresistenz auf die Erreger von Pest und Cholera übertragen werden. Man braucht sich nur vorzustellen, was passieren würde, wenn die Bakterien dies selber ausprobieren. Immerhin eilen bei einer Cholera- oder Pestepidemie Ärzte und Krankenhauspersonal der ganzen Welt zusammen, um zu helfen. Leicht könnten sich dabei mitgebrachte Bakterien mischen! Aber auch im normalen Alltag sind die Plasmide für uns brisant: Sie sind immerhin verantwortlich für rund 90 Prozent der Resistenzen bei Klinikbakterien.

Resistent durch Sex

Gefährlich für uns: bakterieller Sex. Die dabei übertragenen Plasmide sind der Sitz der Antibiotikaresistenz. Diese Resistenz kann von Bakterium zu Bakterium, von Art zu Art, von Familie zu Familie übertragen werden. Besondere Problemorte: Krankenhäuser, Slums, Pilgerorte, Kriegsgebiete.

So schlagen Bakterien zu

Was eine krankmachende Bakterienart plötzlich harmlos werden läßt, was andererseits eine nicht sehr gefährliche Art plötzlich zu Killerkeimen mutieren läßt, ist nicht für alle Bakterien im Detail geklärt.

Angreifende Bakterien haben viele taktische Raffinessen einer guten Kriegsstrategie parat.

Für die Anheftung an Schleimhautzellen werden die verschiedenen Fäden, die dichte Pelze auf der Bakterienoberfläche bilden können, verantwortlich gemacht. Die Bakterien geben Enzyme ab, die die Wände der Wirtszelle schädigen, wodurch die Bakterien in die Zellen eindringen und sich dann dort später ausbreiten können. Sind sie erst einmal in den Körper eingedrungen, müssen sich die Bakterien mit den Zellen der Immunabwehr auseinandersetzen, wofür sie viele unterschiedliche Strategien ausgebildet haben, z.B. bestimmte Oberflächenstrukturen und Giftstoffe (Toxine). Konkret wissen wir auch, daß die Bakterien Streßproteine (HSP = Heat-Shock-Protein) ausschütten – vor Urzeiten schon als Verteidigungsmechanismen gegen Feinde aller Art entwickelt –, die die Freßzellen abschrecken sollen.

Täuschung der Antikörper

Natürlich wehrt sich der überfallene Organismus gegen die Bakterien. Deshalb sind die Bakterien für alle Eventualitäten gewappnet und bewaffnet – wenn nicht durch Resistenzplasmide, dann mit anderen raffinierten Hilfsmitteln. Antikörper z. B. werden mit harmlosen Oberflächenstrukturen getäuscht, oder die Bakterien ändern sie flugs – zur Verblüffung der alarmierten Abwehr. Elegant bekämpft wird die Abwehr auch, wenn das Bakterium selber Antigene, also »fremde« Stoffe, als Lockvögel für die Antikörper auswerfen kann – das Bakterium lacht sich ins Fäustchen und schlängelt sich an den beschäftigten bzw. gebundenen Antikörpern vorbei.

Am eindeutigsten kann man Bakterien im Kriegszustand ausmachen, wenn sie Toxine, Gifte also, ausschütten. Cholera, Starrkrampf, Diphtherie und Gasbrand sind Folgekrankheiten von Toxinen. Die Vergiftung zu bekämpfen, ist für den Mediziner in der ersten Phase der Behandlung sogar wichtiger, als die Bakterien abzutöten.

Bakterien können Toxine ausschütten, die schwere Krankheiten auslösen.

Toxine bestehen meist aus zwei Teilen: Der eine sorgt quasi als Wegbereiter dafür, daß sich das Toxin an die Zelloberfläche anheften und sie durchdringen kann. Der andere ist der eigentliche Giftstoff: Meist wirkt er als Enzym und legt lebensnotwendige Stoffwechselvorgänge lahm.

Neben diesen ausgeschütteten Giften gibt es Gifte, die in der Bakterienzellwand enthalten sind; sie werden beim Zerfall der abgestorbenen Bakterienzelle freigegeben. Salmonellen sind typische Vertreter dieser Sorte.

Die großen Bakteriengruppen und ihre besonderen Gefahren

Verwandte Bakterien erzeugen oft ähnliche Krankheitsbilder; manchen von ihnen ist es gleich, in welchem Wirtskörper sie schmarotzen – vom Reptil bis zum Menschen ist ihnen alles recht, und sie wechseln auch hin und her. Andere dagegen haben sich ganz auf eine Tierart spezialisiert und interessieren in unserem Zusammenhang nicht, im Gegensatz zu den »Grenzgängern«.

Staphylokokken

Die kleinen, kugeligen Keime sind Allerweltsbakterien. Eine Zeitlang halten sie es auch ohne Sauerstoff oder unter höheren Temperaturen (bis 60° C) aus, sie vertragen gut Salz, andere Chemikalien und Austrocknung. Spezialisten im Überleben also, und das macht sie so gefährlich. Genauso, wie sie sich auf verschiedene physikalische und chemische Bedingungen einstellen und sich diesen anpassen, können sie sich durchaus harmlos in ihrem Wirt verhalten – oder auch nicht. Die Ursachen für ihre Neigung, mal Krankheiten zu verursachen, mal nicht, ist im einzelnen nicht bekannt, hängt aber mit den Enzymen und Toxinen zusammen, die sie abgeben.

Ursprünglich Meeresbewohner – jetzt krankmachende Alleskönner.

Giftwaffen!

Gefährlich sind verschiedene Gifte: besonders das Toxic-Shock-Syndrome Toxin, ein Superantigen, das überaus gefährlich ist und einen schweren Schock auslösen kann.

Staphylokokken sind die gewöhnlichen Eiterbakterien. Sie verursachen bei Mensch und Tier Abszesse, Furunkel, Wundinfektionen, Mittelohrentzündung, Knochenentzündungen, Blutvergiftung und – als gefährlichste Form – das Toxische-Schock-Syndrom. Infektionen nach Gelenk- und Gefäßeingriffen, nach Operationen am Herzen etc. können durch an sich harmlose Staphylokokkenstämme vorkommen, die sich in Krankenhäusern eingelebt haben.

Beim Säugling, seltener bei älteren Kindern und Erwachsenen, kommt das Krankheitsbild der »verbrühten Haut« vor, mit Blasen- und Spaltbildung innerhalb der Haut – in milder Form tritt es als sogenannter Staphylokokkenscharlach auf.
Entsprechend ihrer Verbreitung in Krankenhäusern sind bereits viele Stämme resistent gegen die meisten Antibiotika geworden, und die Mediziner müssen auf Medikamente mit vielen Nebenwirkungen ausweichen. In ärztlichen Praxen treten diese Probleme noch nicht in derartigem Maß auf.
Nachlesen unter: Septischer Schock, Wundinfektionen (Seite 212, 223).

Streptokokken

Die meisten Streptokokken gehören zu den Normalbewohnern der Schleimhäute.

Ähnliche Allerweltskünstler wie Staphylokokken sind die Streptokokken, manchmal harmlos, manchmal gefährlich. Sie schütten Enzyme und Gifte in Hülle und Fülle aus, mit denen sie die verschiedensten Zelltypen schädigen können, und sind selber zum Teil mit einer Kapsel gegen die Immunzellen unseres Körpers gewappnet.
Am häufigsten bekommt der Mensch es mit der Eiterstreptokokke (Streptococcus pyogenes, A-Streptokokke) zu tun, die sich überall einschmuggeln kann. Eitrige Hautentzündungen, Nasennebenhöhlenentzündung, Mandelentzündung, Scharlach, Mittelohrentzündung, Karies, Entzündung der Herzinnenhaut und Fasciitis, die Entzündung der Bindegewebshaut (unter dem Namen »Killerbakterium« bekannt)

werden von diesem Bakterium verursacht. Gefürchtet war jahrhundertelang das Kindbettfieber. In den letzten Jahren nehmen schwere Infektionskrankheiten wieder zu, die dem Schockzustand durch Staphylokokken gleichen.
Ausgangspunkt für das Eindringen des Keims ist eine Verletzung der Haut oder Schleimhaut; von dort breitet der Keim sich heimtückisch und schleichend aus. Mit dem Schmutz wird die Streptokokke an andere Hautpartien oder auf andere Menschen transportiert, man nennt dies Schmierinfektion.
Lebensgefährlich kann unter Umständen die B-Streptokokke für ein neugeborenes Kind werden, selbst wenn sie bei der Mutter ein normaler Vaginalbewohner ist.

Diese Bakterien sind heimtückisch, wenn das Immunsystem Schwächen zeigt. Persönliche Hygiene schützt gegen sie.

Was zu beachten ist:

Ein Abstrich (Untersuchung auf Bakterien) der Vaginalschleimhaut in der letzten Schwangerschaftswoche – ist in jeder Praxis möglich – gibt Auskunft, ob die vorsorgliche Behandlung mit einem Antibiotikum zweckmäßig ist.

Zum Glück sind A- und B-Streptokokken unverändert empfindlich gegen Penicilline, und ihre Behandlung ist insofern kein größeres Problem.

Was zu beachten ist:

Der Mensch kann sich bei Hund und Katze mit Streptokokken anstecken – sie aber auch infizieren.
Bei der Druse des Pferdes und der Fohlenlähme können für den Menschen gefährliche Streptokokken beteiligt sein. Sich nicht durch sichtlich kranke Pferde anschnauben lassen, besonders nicht in östlichen oder südlichen Ländern!
Meerschweinchenstreptokokken lassen das Meerschweinchen schwer an Lungenentzündung erkranken, sind aber für uns nicht gefährlich. Ihr Kind darf sein lungenkrankes Meerschweinchen trotzdem nicht pflegen, denn es können andere, auch für Menschen gefährliche Keime beteiligt sein.

Viel weniger empfindlich gegen Penicillin ist die Pneumokokke (Streptococcus pneumoniae), denn die hatte als Normalbesiedler der Mundschleimhaut von 40 bis 70 Prozent der Menschen Zeit, sich daran zu gewöhnen. In mehreren Ländern Europas haben sich bereits resistente Stämme ausgebreitet, und es wird sie in absehbarer Zeit auch in Deutschland geben. Bei abwehrgeschwächten Menschen gelingt es dem Keim leicht, alle Barrieren zu durchbrechen und in die Lungen oder an die Gehirnhäute zu wandern und dort Entzündungen auszulösen.
Zu der großen Gruppe der Streptokokken gehören auch andere normale Besiedler der Mundhöhle. Wie es ihre Gattungseigenschaft ist, gibt es hierunter welche, die sich durch Schleimhautverletzungen in die Blutgefäße vorarbeiten, sich mit dem Blut bis ins Herz tragen lassen und sich auf den Herzklappen ansiedeln können. Da sind die Kariesverursacher noch die harmlosesten.
Nachlesen unter: Bronchitis, Karies, Nekrotisierende Fasciitis (Killerbakterien), Scharlach, Septischer Schock, Wundinfektionen (Seite 172, 189, 201, 210, 212, 223).

Neisserienähnliche Bakterien

Sehr spezialisierte Kokken oder kurze Stäbchen, denen Hirnhäute sowie Schleimhäute von Geschlechtsorganen bzw. Atemorganen als Wohnort behagen.

Wie Spezialisten so sind, haben die verschiedenen Neisserien kein umfangreiches Können, aber in ihrem schmalen Bereich sind sie besonders erfolgreich: Hirnhautentzündung durch Meningokokken, Tripper durch Gonokokken und Bronchitis durch Moraxellen sind die unangenehmen Folgen ihrer Anwesenheit. Die andere Seite der Medaille ist – glücklicherweise –, daß die Erreger tierischer Neisserienkrankheiten uns nicht gefährlich werden.
Nachlesen unter: Bronchitis, Gonorrhoe, Meningitis (Seite 172, 184, 199).

Enterobakterien

Die große Gruppe der Enterobakterien enthält sämtliche Bakterien, die etwas mit menschlichen oder tierischen Därmen zu tun haben: manche von ihnen bewohnen ständig den Darm und sind völlig harmlos. Zuweilen nutzen sie allerdings die Gunst der Stunde, wie z. B. die Kolibakterien, und befallen andere Organe, wie Harnblase und Nieren. Wenig wählerisch, attackieren sie die meisten Tierarten, den Menschen eingeschlossen.

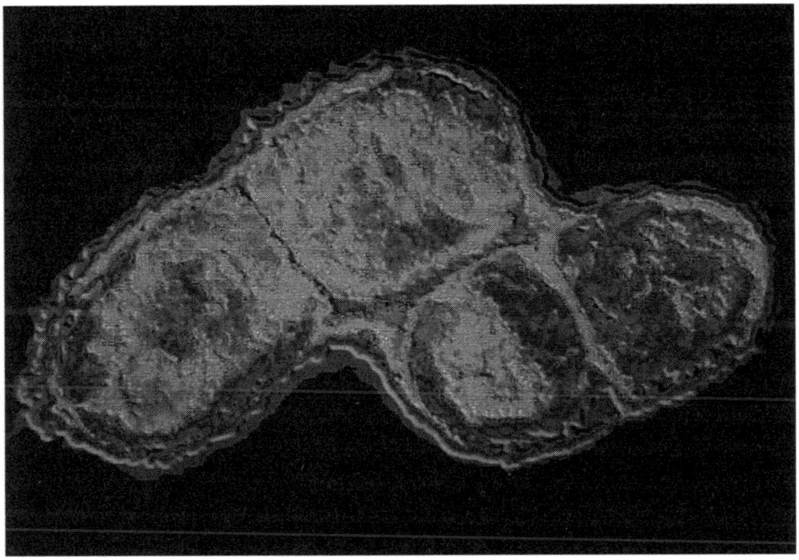

Die 13.000fache Vergrößerung zeigt zwei sich teilende Kolibakterien.

Zu dem normalerweise friedlichen Dasein der Kolibakterien in unserem Darm stehen im krassen Gegensatz Eindringlinge wie Salmonellen, darunter eine besonders gefährliche Art, die Typhusbakterie. Einlaßpforte für diese Erkrankungen sind immer Mund und Darm, durch die die Bakterien in verunreinigten Lebensmitteln oder Wasser in den Körper gelangen.
Typhussalmonellen haben die fatale und für manchen Menschen tödliche Eigenschaft, daß schon geringe Keimzahlen – z. B. in nicht einmal sichtbar verschmutztem Salat – krank machen. Der Erreger gelangt über die Lymphknoten in die Blutbahn und befällt von dort verschiedene Organe, unter anderem auch den Darm: Deshalb bekommt der Mensch zuerst grippeähnliche Symptome wie Halsentzündung und Bronchitis – und erst später den typischen Typhusdurchfall. In Mitteleuropa sind Typhusepidemien schon lange nicht mehr vorgekommen.

Die gefährlichen Shigellen der warmen Länder knacken jede Darmschleimhaut. Bei uns kommt die echte Ruhr nur sporadisch vor.

In unseren Längen- und Breitengraden werden wir dafür immer häufiger Opfer der gewöhnlichen Durchfallsalmonellen. Weil sich diese nur im Darm ansiedeln, bleiben die Symptome auch auf diesen Bereich beschränkt: Der Brechdurchfall setzt sofort ein, alles andere kommt danach. Ähnlich ist es bei der Ruhr (Dysenterie durch Shigellen).

Enteneier sind immer als salmonellenhaltig anzusehen!

Salmonellen sind überall in allen Tierarten verbreitet, mit denen es der Mensch zu tun hat; die Keime gelangen von den erkrankten Menschen oder Tieren in Abwasser oder küstennahes Wasser, von dort in Fische und Vögel und werden dann über salmonellenverunreinigte Fischmehle wieder zurück in die Nahrungskette der Landtiere geschleust. Problematisch ist auch der Import von Salmonellen mit Mischfuttermehlen aus afrikanischen und südamerikanischen Ländern; sie sind zum Teil stark verseucht mit gefährlichen Salmonellentypen, die in Europa sonst nicht vorkommen. Deshalb geistert eine schier unendliche Anzahl an Untergruppen von Salmonellen durch unsere Haus- und Nutztiere sowie durch unsere Lebensmittel. Menschen können sich darum bei fast allen Haus- und Nutztieren anstecken. Nicht bei allen Tieren ist die Salmonellose (Infektion mit Salmonellen) erkennbar, da sie auch stumm, d. h. ohne Krankheitszeichen verlaufen kann.

Was zu beachten ist:

Salmonellenbefallene Mäuse, Goldhamster, Meerschweinchen, Kaninchen und Streifenhörnchen sterben schnell am Durchfall – meistens bevor sie zum Tierarzt gebracht werden können. Vorsicht vor Ansteckung! Am besten Kinder und gesunde Haustiere von den kranken Tieren fernhalten. Eltern sollten die Käfige, Körbe etc. selber säubern und desinfizieren. Gründlich Hände waschen!
Tiere, die überleben, scheiden ihr Leben lang Salmonellen aus und stellen immer eine Gefahr dar, weil die Salmonellen nicht zu beseitigen sind! Eine bakteriologische Kotuntersuchung kann bei Verdacht darüber Aufschluß geben, ob das Tier Dauerausscheider ist. Wenn dies der Fall ist, muß man leider dazu raten, es töten zu lassen. Der gefährlichste und häufigste Übertragungsweg von Salmonellen ist aber allemal der über unsere Lebensmittel, soweit sie von infizierten landwirtschaftlichen Tieren stammen oder nachträglich beim Schlachtvorgang verunreinigt wurden.

In Europa geht die größte Salmonellengefahr für den Menschen von den Hähnchenmästereien und Eiererzeugern aus.

Kolibakterien (Escherichia coli) sind bei den warmblütigen Tieren, mit Ausnahme des Meerschweinchens, unentbehrliche Dickdarmbewohner – sie liefern ihren Wirten, auch dem Menschen, die

Vitamine K, B und C und einige Aminosäuren. Bei Verdauungsstörungen oder Behandlung mit Antibiotika können sie in den Dünndarm wandern und dort Entzündungen hervorrufen. Durch Antibiotika können aber auch harmlose Kolistämme vernichtet werden, deren Plätze dann durch gefährliche Varianten ausgefüllt werden. Durchfall kann außerdem auch durch eine Schmierinfektion mit dem Stuhl entstehen.

Besonders gefährdet: Säuglinge und Kinder

Die Hygiene spielt bei nahezu allen Infektionskrankheiten eine entscheidende Rolle zur Vermeidung von Ansteckung.

Gefürchtet war früher die Säuglingsenteritis (Enteritis = Darmentzündung), die epidemieartig in Säuglingsheimen oder Kinderkrankenhäusern vorkam. Wäßrige Durchfälle und Erbrechen schwächten die Kinder; ohne Behandlung starben sie an Kreislaufschwäche. Trinkflaschen, Windeln, Staub, Luftzug und die Hände der Pflegerinnen trugen die Kolikeime von Zimmer zu Zimmer. Wegen der verbesserten Hygiene sind heutzutage die Säuglingsdurchfälle durch Koli weniger gefürchtet als die Durchfälle der Erwachsenen – bei Fernreisen. Die typischen Reisedurchfälle werden durch Kolibakterien verursacht und können den Mitteleuropäern durchaus gefährlich werden.
Kolibakterien geraten auf Lebensmittel, ins Bade- und Trinkwasser nur bei Verunreinigung mit Fäkalien. Ihre Anzahl wird deshalb als Beweismittel für die Sauberkeit von Badestellen gesehen: Koli werden bei Wasseruntersuchungen routinemäßig gezählt. An den Badestellen werden die Ergebnisse ausgehängt. Man muß sie nur lesen.

Was zu beachten ist:

Es ist nicht sehr wahrscheinlich, daß sich Kinder am Kolidurchfall ihres Goldhamsters anstecken. Da aber dabei häufig verschiedene, auch für Kinder gefährliche Bakterien beteiligt sind, sollten die Eltern die Pflege der kranken Tiere und die Käfigdesinfektion in jedem Fall selbst übernehmen.

Ein wenig aus der Art geschlagen scheinen unter den Darmbakterien die sogenannten Yersinien, deren bekanntester Vertreter die Pest verursacht. Aber das scheint wirklich nur so, denn begonnen haben auch sie ihre Karriere als Darmbakterien. Möglicherweise ist Yersinia pestis (Pesterreger) sogar eine genetisch abgeänderte Form, d. h. eine

Mutante des weniger häufigen Keims Yersinia pseudotuberculosis, der hauptsächlich harmlose Darminfektionen verursacht. Beide Arten halten sich gewöhnlich in Tieren auf: Yersinia pseudotuberculosis bleibt mit dem Kot von Wildnagetieren und Vögeln auf dem Boden liegen, wird dort von Haustieren aufgenommen und »bewohnt« das Schlachtschwein, das davon überhaupt nicht krank wird. Rohes Schweinefleisch, verunreinigte Milch und fäkaliengedüngte Gemüse können in ganz Europa die überaus seltene Erkrankung der Pseudotuberkulose hervorrufen.

Der »Schwarze Tod« ist für den Menschen heute eigentlich keine Gefahr mehr – bei frühzeitiger Erkennung und entsprechender Behandlung.

Auch das Pestbakterium lebt in Tieren; diese sind normalerweise immun. Flöhe nehmen das Pestbakterium beim Blutsaugen auf und können es auf ein anderes Tier übertragen. Wenn dieses nicht immun ist, stirbt es unter ähnlichen Symptomen wie ein Mensch.

Die Pest ist längst nicht mehr die »tödlichste« aller Seuchen. Einen galoppierenden Verlauf nahm sie im 14. Jahrhundert, als noch niemand mit der Pest Kontakt gehabt hatte. In wenigen Jahren überrannte die Pest ganz Europa: Der Tod durch Lungenpest war manchmal so schnell, daß ein Mensch gesund ins Bett ging und in derselben Nacht noch im Schlaf starb.

Explosionsartige Ausbreitung

Die Beulenpest (mit hühnereigroßen Lymphknoten) war da schon eine mildere Form des abgeschwächten Erregers. Eine Heilung der Beulenpest ist prinzipiell mit Antibiotika möglich – so sie verfügbar sind. Heutzutage hat sich der Pesterreger mit Nagetieren in Zentralafrika, Zentralasien und Kalifornien arrangiert. Zuweilen – versehentlich fast – bricht er aus dieser Nische aus und gefährdet Menschen, zumeist in Form der Beulenpest.

Ein solcher Zufall ergab sich im Herbst 1994 in Indien. Eine Pestepidemie war nach dem Erdbeben ein Jahr vorher durchaus voraussehbar: Die Wohnstätten der Ratten innerhalb des Pestverdachtsgebietes waren zerstört. Vollends wurden die Ratten dann durch eine Überschwemmung aus ihrem Stammgebiet vertrieben, steckten anderswo nichtimmune Ratten an, die daraufhin an der Pest starben. Deren aufgetriebene Kadaver blieben auf den Straßen liegen – eine Gefahr für jedes warmblütige Lebewesen, das der pestübertragende Floh aufspürte. Die Mediziner hatten eindringlich vor der Gefahr gewarnt.

Überraschenderweise brach jedoch statt der Beulenpest, welche die

Mediziner erwartet hatten, die gefährliche Lungenpest aus. Gegen sie sind die Betroffenen in dicht bevölkerten Gebieten mit völlig unzureichender Hygienevorsorge immer noch so machtlos wie vor Jahrhunderten in Mitteleuropa: Die flüchtenden Menschen verteilten die Pesterreger in mehrere indische Bundesstaaten, es kam zum Ausverkauf von Antibiotika, zu Plünderungen von Apotheken; Ärzte, medizinisches Personal und Kranke flohen in Panik aus den Krankenhäusern, die städtische Verwaltung – die sich der Müllberge und der Tierkadaver hätte annehmen müssen – brach zusammen. Mit anderen Worten, es ging zu wie im Mittelalter in Europa.

In asiatischen und tropischen Ländern werden die Pesterreger auch heute noch wegen mangelnder Hygiene durch Ratten und Flöhe übertragen.

Gegenmaßnahmen, allerdings zeitlich begrenzt

Die Pest wurde auch ungehindert in die Nachbarstaaten Bangladesch und Pakistan eingeschleppt. In Indien brach ein hektisches Handeln aus, bei dem Müll vor den europäischen Fernsehkameras beseitigt und nachts in einigen Städten Rattenfänger mit einer Fangquote von 50 Tieren pro Nacht gegen Milliardenheere von Ratten ausgesandt wurden. Vermutlich wurden diese Aktivitäten eingestellt, sobald die Pest aus den Zeitungsmeldungen der übrigen Welt verschwand. Und anzunehmen ist, daß Indien auch bald wieder durch die Weltgesundheitsorganisation WHO für pestfrei erklärt wird, wie schon sieben Jahre zuvor. Obwohl selbstverständlich die indischen Pestgebiete – aufgeteilt in pestverdächtig und nachweislich pestinfiziert – in jedem mikrobiologischen Lehrbuch zu finden sind.

Was zu beachten ist:

In tropischen und innerasiatischen Ländern sowie in südamerikanischen Berggegenden tote Nagetiere und Wildtiere nicht anfassen! Der pestübertragende Floh springt von seinem verstorbenen Wirt ab, wenn er einen Warmblüter in der Nähe spürt, ganz gleich, ob das ein Hund oder ein Mensch ist. Auch pestkranke Kamele stellen für Touristen eine erhebliche Gefahr dar. Es ist allerdings unwahrscheinlich, daß man die geschwollenen Lymphknoten als Pestbeulen erkennt – man sollte generell einen Bogen um Tiere machen, die einen angeschlagenen Eindruck vermitteln.

Nach Mitteleuropa kann per Flugzeug höchstens die Lungenpest, nicht aber die Beulenpest eingeschleppt werden. Der Beulenpestkranke könnte hier die Krankheit über Flöhe und Ratten übertragen; der Lungenpestkranke steht spätestens, sobald er aus dem Flugzeug aus Asien oder Afrika steigt, vor dem Ausbruch der Symptome. Er wird sich, schon um zu überleben, bald in ärztliche Behandlung begeben. Die Kontaktpersonen, die sich bei ihm angesteckt haben könnten, müssen aufgefunden und ebenfalls behandelt werden. Alles in allem könnte sich daraus ein kleiner Kreis von Pestkranken bzw. Pestinfizierten ergeben: Die Wahrscheinlichkeit, daß die Behandlung rechtzeitig einsetzt, ist in Mitteleuropa sehr hoch.
Nachlesen unter: Durchfallerkrankungen, Salmonellose (Seite 179, 209).

Vibrionen und Aeromonaden

Wasserbewohner und beweglich! Das sollte schon mißtrauisch machen!

Zittertierchen hießen sie zuerst, und das hört sich richtig liebevoll an. Das Wohlwollen der Wissenschaftler aber wurde zusehends geringer, als sie unter den Vibrionen Durchfall erregende Keime entdeckten. Allerdings sind sie auf ihren Wirt spezialisiert. Tiervibrionen sind deshalb für uns Menschen unproblematisch.
Am gefährlichsten von ihnen allen ist der Vibrio cholerae, der Choleraverursacher. Cholera ist auch heute noch eine der gefürchtetsten Krankheiten, obwohl sie mit entsprechenden Medikamenten, vor allem Flüssigkeitsersatz, gut behandelt werden kann.
Die Vibrionen breiten sich mit dem Wasser aus, außerhalb sterben sie sehr schnell. Gegenwärtig haben wir es mit der siebten Pandemie zu tun, also dem siebten weltumspannenden Seuchenzug, seitdem die Cholera überhaupt in das Bewußtsein westlicher Mediziner trat. In allen Elendsgebieten der Welt ist Vibrio cholerae zu Hause, vor allem dort, wo Trinkwasser- und Abwassersystem miteinander verbunden sind. Wenn es überhaupt ein solches gibt.
Der miserable Zustand der Wasserrohre sowie die aus Kostengründen eingesparte Chlorierung des Trinkwassers waren die Gründe, aus denen Südamerika 1991, nach mehr als 100 Jahren Cholerafreiheit, so schnell von der Seuche überzogen wurde.
Nach Südamerika gelangte die Cholera durch ein südostasiatisches Frachtschiff, das die Bakterien im Ballasttank mitbrachte und vor der Einfahrt in den Hafen abpumpte. Daß der Keim entgegen den Annahmen der Wissenschaftler sehr anpassungsfähig ist, stellte sich

heraus, als er über Muscheln und Kleinkrebse aus den küstennahen Gewässern in die Nahrungskette des Menschen geriet. Seitdem ist er auch an der nordamerikanischen Küste in Austern aufgetaucht.

Über Schaltiere schleicht sich der Choleraerreger in die Nahrungskette eines anderen Kontinents.

In den afrikanischen Ländern – vielerorts ohne geregeltes Trinkwasser- und Abwassersystem – breiten sich Cholerabakterien über die Oberflächengewässer noch viel schneller aus. Vor allem dann, wenn durch Flüchtlingsströme die Bevölkerungszahlen an einem Ort ins Immense wachsen, wie in den Flüchtlingslagern von Ruanda und Zaire.

Ausbrüche von Cholera lassen sich durch keine Sperrmaßnahmen oder Impfaktionen verhindern: Symptomfreie Choleraausscheider verbreiten den Keim ungehindert überall hin – und der Impfschutz ist nur vorübergehend. Zudem gewinnt seit Ende 1992 eine andere Variante des Erregers an Raum. Hatte schon in den letzten Jahrzehnten der Choleraerregertyp namens El Tor den von Robert Koch entdeckten Vibrio-cholerae-Typ abgelöst, so bekommen wir es nun zunehmend mit dem Typ Bengal zu tun, der sich von Bangladesch her ausbreitet. Bengal ist gefährlich für Erwachsene. Dafür spricht, daß noch niemand gegen ihn immun ist. Seine Ausbreitungsgeschwindigkeit ist hoch. Es könnte gut sein, daß der Golf von Bengalen so zum Ausgangspunkt der achten Pandemie wird.

Cholera – auch in Europa heimisch

In Europa aber breitet sich noch der »alte« Erregertyp aus: Im Sommer 1994 wurde er nach Deutschland und Dänemark aus der Türkei eingeschleppt. In Istanbul gab es entgegen heftiger Dementi amtlicher Stellen eine Epidemie in den Slums. Nicht einmal vier Wochen später wurden die nächsten Fälle aus Albanien und von der Krim gemeldet, im Frühherbst aus Süditalien. Um sich rechtzeitig schützen zu können, sollten auch Mitteleuropäer mit den Symptomen vertraut sein.

Hohe langanhaltende Wassertemperaturen bieten für Cholerabakterien einen idealen Nährboden, auch in Europa.

Bei zunehmender Klimaerwärmung muß man sich darauf gefaßt machen, daß hohe Wassertemperaturen auch bei uns vorübergehend die Vermehrung verschleppter tropischer Keime ermöglichen können.

Den Vibrionen nah verwandt sind die Aeromonaden, denen man bisher keine große Bedeutung für Erkrankungen zumaß. Möglicherweise ändert sich das allmählich: In Dialysegeräten (künstliche Nieren) von Krankenhäusern wurden sie schon gesichtet. Nachweislich waren sie bei abwehrgeschwächten Patienten mindestens an einigen Erkran-

kungen beteiligt; vielleicht können sie auch bei Gesunden Krankheitsursache sein. Deshalb wird an öffentlichen Aushängen von Badestellen auch vor Aeromonaden gewarnt.
Nachlesen unter: Cholera (Seite 173).

Pasteurellen

Verursacher einer todbringenden Seuche – in Europa kaum mehr vorhanden.

Diese Bakterien sind für eine Reihe gefährlich klingender Seuchen verantwortlich: Geflügelcholera, Rinderseuche, Schafrotz, Kälberpneumonie, Kaninchenpneumonie. Hohes Fieber, innere Blutungen, Lungenentzündungen führen vor allem in tropischen Gegenden bei vielen Tierarten zum schnellen Tod. Ganz ähnlich wie bei der Pest. Die Pestyersinie war deshalb auch einmal bei den Pasteurellen eingeordnet.
Die Trennung der Bakteriengattungen voneinander hat zur Folge, daß wir sagen können: Pasteurellen interessieren uns Mitteleuropäer kaum. Zuweilen kann der Mensch sich jedoch beim Tier anstecken: In Europa grassieren die Pasteurellosen jedoch nicht derart beängstigend wie in den Tropen, ja manchmal ist ein Tier nicht einmal sichtbar krank.
Da es sich meistens um Nutztierkrankheiten handelt, sind manche Berufsgruppen der Infektion in besonderem Maße ausgesetzt, wie Tierhändler, Landwirte, Schlachthauspersonal – aber selbst wenn sie von infizierten Tieren gebissen oder gekratzt wurden, müssen sie nicht erkranken. Unter Umständen können sie Keimträger sein, ohne es zu wissen. Daß ein Landwirt, der seinen Tierarzt wegen einer hohen Rechnung im Zorn beißt, die Pasteurellen nun übertragen könnte, ist nicht ausgeschlossen, aber unbelegt.
Nachlesen unter: Wundinfektionen (Seite 223).

Was zu beachten ist:

Beiß- und Kratzwunden von Tieren desinfizieren.

Haemophilus

Haemophilusbakterien sind typische Schleimhautbewohner von Menschen und Tieren, zum Glück ohne Neigung, zwischen den Wirtsarten hin- und herzuwechseln. Gefährlich sind diese Bakterien

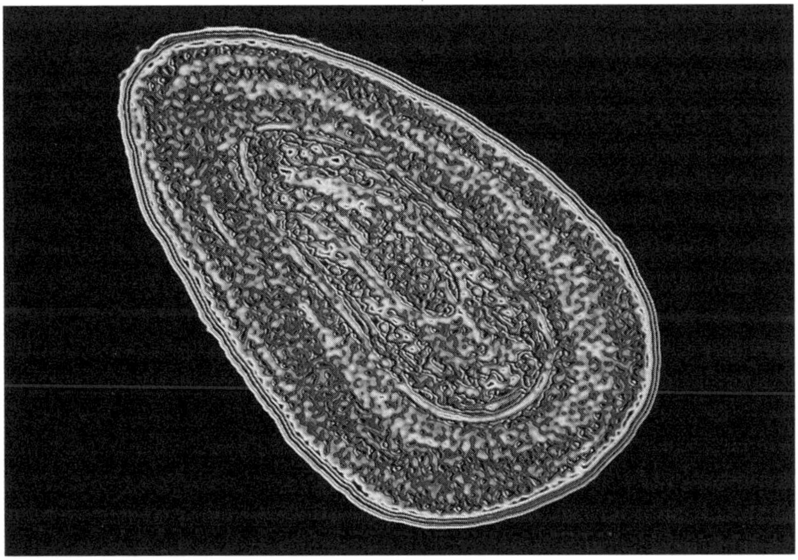

Der Haemophilus influenzae – hier in einer 20.000fachen Vergrößerung – ruft Atemwegserkrankungen hervor.

bei Kleinkindern: Hirnhautentzündung, Infektionen der Atemwege, der Ohren und des Kehlkopfes nehmen oft einen lebensgefährlichen Verlauf.
Weniger dramatisch verläuft beim Erwachsenen das Ulcus molle, der Weiche Schanker (Geschlechtskrankheit). Aber die durch ihn verursachten Schleimhautschäden gelten als wichtigste Eintrittspforte für den HI-Virus, den Erreger von Aids, und so kommt dem Hämophilus auf diesem Weg eine enorme Bedeutung zu.
Nachlesen unter: Bronchitis und Katarrh der oberen Luftwege, Geschlechtskrankheiten (Weicher Schanker), (Seite 172, 183).

Pseudomonaden

Die ansonsten bescheidenen Pseudomonaden benötigen dringend Sauerstoff. Sie halten es gut in Waschbecken, Seifenschalen und angebrochenen Augentropfen aus.

Auch die Pseudomonaden sind relativ unspezialisierte Keime, die sich vermehren, wo immer Wasser vorhanden ist. Sie treiben sich gerne im Sanitärbereich herum, natürlich auch in Krankenhäusern. Sie können von dort aus menschliche Haut oder Schleimhaut besiedeln, bevorzugt, wenn diese bereits vorgeschädigt ist. Sie produzieren verschiedene Toxine (Giftstoffe), die sie befähigen, sich ihren Weg zu bahnen, wenn sie die Abwehrmechanismen der vordersten Linie erst einmal unterlaufen haben.

Die Krankheitsbilder reichen vom lokalen Infekt über die Herzentzündung bis zur Blutvergiftung. Insbesondere Pseudomonas aeruginosa, eine überall vorkommende Art, wird zunehmend problematischer. Gefährlich ist sie für abwehrschwache Menschen: Säuglinge, ältere Patienten, Patienten im Krankenhaus mit schweren Erkrankungen, z. B. auf einer Intensivstation.

Etliche andere Pseudomonasarten ziehen allmählich in der Bedeutung als Krankheitserreger nach, man kann also sagen, daß sie allmählich gefährlicher werden. Dagegen ist Rotz, eigentlich eine Seuche der Pferde, als Erkrankung des Menschen in Europa unwichtig geworden. ***Nachlesen unter: Augeninfektionen, Bronchitis und Katarrh der oberen Luftwege, Wundinfektionen (Seite 165, 172, 223).***

Kleine Stäbchenbakterien

Auch weniger populäre Erregersorten können zu massiven bis tödlichen Krankheiten führen.

Hierzu gehören so unterschiedliche Keime wie Brucellen, Bordetellen, Francisellen und Legionellen. Einige ihrer Vertreter verursachen Zoonosen, also Erkrankungen, die vom Tier auf den Menschen übertragen werden: Bangsche Krankheit, Maltafieber, Tularämie (Hasenpest), die in Mitteleuropa kaum eine Rolle spielen. Die Legionellen, Verursacher der Legionärskrankheit, stehen an zweiter Stelle der bakteriell verursachten Lungenentzündungen: Allerdings sind sie keineswegs so hochgefährliche Verursacher von Epidemien, wie es in der Presse vor einigen Jahren dargestellt wurde. Viel konkreter für uns ist die Gefahr, die vom Erreger des Keuchhustens, Bordetella pertussis, ausgeht.

Als Berufskrankheiten sind die Bangsche Krankheit hauptsächlich für Tierärzte, die Tularämie für amerikanische und russische Fallensteller von Bedeutung. Die Legionärskrankheit ist trotz ihres Namens nicht auf Legionäre beschränkt, sondern könnte auch von einem deutschen Badezimmer ausgehen.

Die Brucellosegefahr wurde in Deutschland durch seuchenpolizeiliche Maßnahmen beseitigt. Frische Fälle gibt es regelmäßig durch importierte Rinder. Sie müssen getötet werden – weder Fleisch noch Milch dieser Rinder kommen in den Handel. Deshalb sind die Verbraucher geschützt, Tierarzt und Schlachter kaum gefährdet.

In Ländern, in denen Brucellose grassiert, ungekochte Milch und Käse aus roher Milch, vor allem Ziegenkäse, meiden!

Was zu beachten ist:

Heutzutage sind eher Touristen der Ansteckungsgefahr durch Brucellen ausgesetzt. In allen Mittelmeerländern, Afrika, Asien und Lateinamerika gibt es Brucellose bei Rindern, Schafen, Ziegen, Schweinen, gelegentlich auch bei Pferden.
Ziegen und Schafe scheinen häufig ganz gesund; besonders auf Malta sind die Ziegenherden jedoch sehr durchseucht. Auch der Hütehund kann Brucellose haben – der Tourist wird ihm höchstens ansehen, daß er struppig und mager ist und ihn vielleicht aus Mitleid streicheln. Das sollte man besser lassen, denn als Souvenir könnte man sich eine Brucellose mit nach Hause bringen.

Brucellose kann beim Menschen bis zu drei Monaten nach der Infektion einsetzen: abgesehen von anfänglichen grippeartigen Erscheinungen ist die Fieberkurve charakteristisch – tagelang erhöht sich die am Morgen normale Temperatur bis zum Abend auf bis zu 40 Grad, wobei den Kranken heftige Schüttelfröste quälen. Zunehmende Blutarmut, Schmerzen in der Kreuzbeingegend und in den Gelenken folgen. Das Bakterium kann sich in Leber und Milz festsetzen. Wenn die Erkrankung nicht erkannt und behandelt wird, kann sie tödlich enden. Bordetella pertussis verursacht beim Menschen Keuchhusten. Kaninchen und Meerschweinchen sind anfällig für Bordetella bronchiseptica, die bei ihnen mit Schnupfen und Lungenentzündungen einhergeht.

Was zu beachten ist:

Wenn Meerschweinchen mit der Nase auf dem Boden reiben oder mit den Vorderpfoten die Nase zu putzen versuchen, sollten Kinder Abstand halten und die Eltern die Meerschweinchenpflege übernehmen. Möglicherweise ist eine Lungenentzündung durch Bordetellen im Entstehen. Die Wahrscheinlichkeit, sich anzustecken, ist zwar glücklicherweise gering, aber es könnten auch andere für die Kinder gefährliche Keime beteiligt sein.

Hasenpest gefährdet in Mitteleuropa vor allem Jäger, wenn sie Wild ausweiden.

Tularämie durch Francisella kommt in Europa vor (Frankreich, Italien, Norwegen, Schweden, Österreich, Ungarn, Rußland), in Deutschland im Kreis Eiderstedt in Schleswig-Holstein und in Mainfranken.

In Deutschland als Hasenpest, in Norwegen als Lemming-Fieber, in den USA u. a. als Rabbit Fever bekannt, sind hauptsächlich Jäger beim Aufbrechen des Wildes gefährdet. Bisse oder Stiche blutsaugender Tiere können den hochinfektiösen Keim übertragen, oder kotbelasteter Staub dringt in Wunden ein. Eine Infektion ist möglich durch nicht ausreichend erhitztes Fleisch.

Staub auf Getreidefeldern oder Zuckerrübenfeldern kann große Mengen von tularämieinfiziertem Feldmausurin enthalten. In Osteuropa hat es bei der Ernte schon Massenerkrankungen der Erntehelfer gegeben.

Nach wenigen Tagen beginnen grippeartige Symptome mit Fieber und starker Mattigkeit sowie starken Kopf- und Gliederschmerzen, evtl. folgen Lungenentzündung und Symptome einer Gehirnerkrankung. Die Krankheit kann sich über Monate hinziehen.

Was zu beachten ist:

In Tularämiegebieten Wildfleisch nur gut durchgebraten oder gekocht verzehren. Vorsicht vor Staub bei großflächigen Erntearbeiten in Osteuropa.

Nachlesen unter: Keuchhusten, Legionärskrankheit (Seite 191, 194).

Streptobazillen, Campylobacter und Helicobacter

Es handelt sich hier um eine kleine Sammlung von Bakterien, über die die Kenntnisse bisher gering waren, die sich aber laufend erweitern. Selten bekommt ein Mediziner in Deutschland die Rattenbißerkrankung durch Streptobacillen zu sehen, bei dem der Gebissene außer einer Entzündung der Bißstelle Fieber, Übelkeit und geschwollene Lymphknoten davonträgt. Dagegen ist die Aufmerksamkeit der Ärzte für Helicobacter stark gewachsen, seitdem man davon ausgehen muß, daß diese Bakterienspezies chronische Magenschleimhautgeschwüre verursachen.

Campylobacter ist einer der häufigsten Verursacher von bakteriellen Durchfällen überhaupt, in jeder Beziehung vergleichbar mit den Salmonellen. Der Ausgangspunkt für die Infektion ist fast immer nicht einwandfreies Wasser oder tierische Lebensmittel.

Was zu beachten ist:

Hygiene bei Lebensmitteln ist die beste Vorsorge gegen Durchfallerkrankungen.

Nachlesen unter: Durchfallerkrankungen, Magengeschwür und Gastritis (Seite 179, 197) .

Korynebakterien

Diphtherie – ein Erreger, der schon den Römern bekannt war und heute immer noch seine Opfer findet.

Die Gruppe der Korynebakterien enthält einige Krankmacher; eindeutig am wichtigsten und gefährlichsten ist das Diphtheriebakterium. Diese speziell für Kinder gefährliche Infektionskrankheit bewirkt eine starke Schwellung der Lymphknoten im Halsbereich einhergehend mit hohem Fieber und unregelmäßigem Puls. Ein Verwandter dieser Gruppe bildet ebenfalls das Diphtherietoxin (krankmachender Giftstoff), aber die Erkrankung verläuft leichter. Andere Vertreter – ohne Toxin – leben harmlos auf den Schleimhäuten von Menschen oder Tieren.
Nachlesen unter: Diphtherie (Seite 177).

Erysipelothrix

Ein sich so gallisch gebendes Bakterium hätte auch Miraculix nicht besser erfinden können, zumal das Schwein das Hauptopfer der Erysipeln ist. Diese bilden auf der Haut breite, feste, knallrote Blattern (der Rotlauf) – sofern das Schwein nicht schon vorher an der Blutvergiftung durch den Erreger stirbt. Die Flecken kann man schon von weitem sehen – deshalb kommt das Schwein mit Rotlauf in der Regel nicht unerkannt in die Schlachtung.
Aber so einfach macht es uns die Natur nicht immer: Häufig sind die Krankheitssymptome auf die Schleimhäute im Inneren des Schweins beschränkt; außerdem gibt es Rotlauf bei Lämmern, Puten und Enten, an Seefischen und Schalentieren, den man nicht sieht.

Was zu beachten ist:

Alle Personen, die sich berufsbedingt mit rotlaufbehaftetem Fleisch, Fisch oder Fanggerät abgeben, können sich infizieren. Selbst der Hausfrau kann es passieren.

Nachlesen unter: Rotlauf (Seite 208).

Listerien

Bei diesen Keimen sind sich die Wissenschaftler noch nicht ganz sicher, ob sie sie grundsätzlich für gefährlich halten sollen oder nicht. Listerien kommen weltweit in der Natur vor. Feuchtigkeit und Kälte, leichte Säuren und leichte Laugen halten sie gut aus. Sie führen ein unauffälliges Dasein in den verschiedensten Tierarten, wo sie keineswegs immer eine sichtbare Krankheit verursachen. Dennoch können sie für Fehlgeburten, Blutvergiftung oder Gehirn- und Hirnhautentzündung verantwortlich sein.

Gehäufte Erkrankungsfälle gibt es im Frühjahr beim Schaf regelmäßig beim Füttern schlechter, nicht gut durchgesäuerter Silage. Anschließend taucht der Keim dann auf verkaufsfertigem Käse auf: Man ist geneigt, daraus zu schließen, daß er direkt vom Schaf über Milch und Käse zum Menschen gelangt. Aber das stimmt nicht: Wir wissen nicht, welche Wege er nimmt.

Ähnlich undurchschaubar ist das Verhalten des Bakteriums in Tieren oder Menschen: es nistet sich innerhalb von Zellen ein, am liebsten in den Freßzellen – und mit diesem Transportunternehmen kann eine Listerie praktisch jeden Bereich des Körpers erreichen. Spätestens wenn sie so ins Gehirn oder die Gebärmutter gelangt ist, kommt es zum Ausbruch der sichtbaren Erkrankung. Bei Mensch und Tier.

Nachlesen unter: Listeriose (Seite 196).

Weitverbreitet in der Natur: sauerstoffbedürftige Bazillen. Meistens harmlos, einige in der technischen Mikrobiologie nützlich als Antibiotikalieferanten. Gefährlich: Milzbrandbazillus.

Sporenbildner: Bazillen und Clostridien

Milzbrand ist hauptsächlich eine Infektion südlicher und warmer Gegenden, vor allem in Südeuropa und Südamerika. Rinder, Pferde, Schafe, Rentiere, Elche, Büffel und Kamele sind gefährdet, etwas weniger Menschen, Schweine, Hunde und Geflügel. Bei der schnellsten

Verlaufsform der Krankheit stürzen die Tiere in sich zusammen, vermeintlich aus voller Gesundheit heraus. Anschließend fließt Blut aus Mund, Nase und After.

Kadaver nicht anfassen! Nicht gerinnendes, teerartiges Blut ist stets verdächtig für Milzbrand.

Was zu beachten ist:

Milzbrandsporen halten sich in Abdeckereien und deren Umgebung, wo Kadaver vergraben wurden. Durch Überschwemmungen von Weiden und Wiesen können Sporen über große Strecken verbreitet werden. Bei den Einheimischen sind solche Orte meist als Milzbrandgegend bekannt.

Auch in Mitteleuropa gibt es einige Milzbrandgegenden. Dennoch stellen allenfalls importierte Häute, Felle und Wolle mit anhaftenden Sporen (Dauerform der Bakterien, um auch in schlechten Zeiten überleben zu können) eine Gefahr dar; sie hat jedoch sehr abgenommen.

Krankheitsbilder

Je nach Eintrittsort des Bakteriums in den Menschen kommt es zu unterschiedlichen Krankheitsbildern. Meistens infiziert er sich durch die verletzte Haut – vor allem an Armen, Händen oder im Gesicht. Häufig bleibt es bei einem roten Knötchen mit schwarzem Zentrum, das sich zu einer blutigen Pustel entwickelt und dann schwarzverschorft eintrocknet. Danach kann die Infektion abheilen. Sie kann aber auch auf das gesunde Gewebe der Umgebung übergreifen. Entwickelt sich ein Milzbrandkarbunkel, kann der Mensch binnen einer Woche tot sein. Darmmilzbrand entsteht durch Schlucken der Bakterien. Er ist äußerst selten, aber tödlich.

Unlängst wurde bekannt, daß eine Milzbrandepidemie in Swerdlowsk/UDSSR Ende der 70er Jahre durch bakterienverseuchte Tröpfchen in der Luft aus einem Forschungsinstitut für bakteriologische Waffen ausgelöst worden war: Die Milzbrandsporen verursachten Lungenmilzbrand mit tödlichem Ausgang.
Clostridien, die in Wunden geraten sind, müssen nicht zwangsläufig krank machen. Wenn die Wunde gut mit Sauerstoff versorgt ist, richten sie kein Unheil an. Ist die Wunde aber tief, oder enthält sie totes,

In Erde und Darm von Tier und Mensch als Gärungs- und Fäulniserreger: Clostridien. Gefährlich: Keime von Gasbrand, Starrkrampf sowie Botulinustoxin.

nicht entferntes Gewebsmaterial, oder wurde sie ohne Desinfektion verschlossen oder verklebte von selbst, können die Clostridien bei Abwesenheit von Sauerstoff lebensgefährliche Giftstoffe, Toxine, produzieren.

Die Gasbrandclostridien vermehren und breiten sich im Muskel oder unter der Haut aus, wobei sie die Toxine abgeben. Ihre Sporen findet man in allen Böden. Gemessen an ihrer Häufigkeit ist die Zahl der Erkrankungen gering. Bei Wundinfektionen von Tieren können ausnahmsweise Clostridien beteiligt sein, die auch für den Menschen gefährlich sind.

Tetanus: Erkrankung durch Bakteriengift

Auch die Erreger des Wundstarrkrampfs (Tetanus) kommen überall vor, besonders dort, wo Stallmist und Dung verteilt wurde. Beim Starrkrampf löst das Toxin der zuerst in die Wunde geratenen Bakterien bereits die Symptome aus, die Bakterien müssen sich also nicht erst vermehren, um die Infektion noch gefährlicher zu machen! Botulinusclostridien, gefährliche Lebensmittelverderber, kommen ebenfalls weltweit vor, in geographisch unterschiedlichen Untertypen, die alle für den Menschen gefährlich sind. Manche werden von Fischen und Vögeln im Darm beherbergt, ohne diese krank zu machen, andere sind nur für bestimmte Tierarten gefährlich. In die Lebensmittel geraten die Sporen der Botulinusclostridien meistens durch Schmutz, keimen dort aus und bilden das Toxin. Uns wird bereits das Toxin gefährlich – das Bakterium muß nicht anwesend sein.
Nachlesen unter: Botulismus, Tetanus, Wundinfektionen (Seite 171, 215, 223).

Mykobakterienartige

Die Mykobakterien haben eine ungewöhnlich wachs- und fettreiche Zellwand. Diese Eigenschaft macht sie unter anderem so schwer zugänglich für Antibiotika. Eine weitere Besonderheit, die sie mit dem Aidserreger gemein haben: sie unterlaufen die Abwehrmechanismen des Körpers und schmuggeln sich in die Makrophagen (Freßzellen) ein. Dort können ihnen die Abwehrstoffe nichts anhaben, und sie vermehren sich in aller Ruhe. Das ist wörtlich zu nehmen: ihre Vermehrung geht besonders langsam vor sich. Zuweilen sind sie wegen ihres

annähernd stillstehenden Stoffwechsels überhaupt nicht angreifbar. So ist es nicht verwunderlich, daß diese Bakterienfamilie richtige Problemkeime mit weltweiter Bedeutung enthält: die Verursacher von Tuberkulose und Lepra.
Die Lepra, die in früheren Jahrhunderten auch in Europa ein ernstes Problem darstellte, gilt hier inzwischen als ausgerottet, obwohl durchaus Fälle bei Einwanderern und Auslandsrückkehrern bekannt sind. Aber selbst wenn jemand mit den Bakterien Kontakt hatte – vielleicht durch einen Kranken – ist die Wahrscheinlichkeit einer Ansteckung äußerst gering. Deshalb besteht für Touristen in den durchseuchten Ländern kaum eine Gefahr. Offenbar erhöht sich das Risiko erst bei dauerndem Zusammenleben mit Leprakranken.

Tbc-Erreger können trotz verheiltem Krankheitsverlauf noch Jahrzehnte im Wirtskörper lebensfähig sein.

Die Tuberkulose greift zum Entsetzen der Ärzte als Folgekrankheit von Aids weltweit wieder um sich. Eine Gefahr durch offene Tbc besteht in den Slumgebieten der nordamerikanischen Großstädte auch für Besucher. Bei wachsender Armut wird sie in den westeuropäischen Ländern in Zukunft möglicherweise ebenfalls wieder zunehmen – mangelnde Ernährung und dunkle feuchte Wohnverhältnisse schaffen einen idealen Nährboden für Tuberkelbakterien. Dagegen ist die Gefahr, die in Deutschland noch nach dem Zweiten Weltkrieg von den Rinderställen und Hühnerhöfen ausging, weitgehend gebannt.
Nachlesen unter: Tuberkulose (Seite 218).

Was zu beachten ist:

Heute ist es vielmehr umgekehrt: wenn bei einem Rind oder dem Familienhund Tuberkulose festgestellt wird, ist die Wahrscheinlichkeit groß, daß ein Mitglied der Familie Tbc hat. In diesem Fall muß die ganze Familie untersucht werden.
Chronische, nicht auszuheilende Krankheitszustände beim Hund sind tuberkuloseverdächtig, besonders chronischer Husten beim jungen Hund. In den ersten Wochen nach der Ansteckung des Hundes ist die Gefahr für die gesunden Familienmitglieder besonders groß. Beim alten Hund sind chronischer Husten, ständiger Durchfall, Nasenausfluß und Geschwüre oder Hautfisteln, die auch bei Behandlung nicht abheilen, verdächtig.

Die Meningitis – Hirnhautentzündung – wird von der Zecke übertragen.

Spirochäten und Leptospiren

Die Bakterien dieser Ordnung sind beweglich. Bewegliche Bakterien sind gefährlich.

Diese Bakterien sind eine unangenehme Sippschaft. Eng verwandt, wenn nicht sogar vor Jahrhunderten aus dem gleichen Keim hervorgegangen sind die Erreger von Syphilis, Frambösie und Pinta, die über feine Verletzungen in den Körper gelangen und Haut- und Schleimhaut befallen. Im Unterschied zu Syphilis sind Frambösie und Pinta keine Geschlechtserkrankungen. Was auf der Haut passiert, wirkt wie eine leichtere Erscheinungsform der Syphilis.

Auch die sogenannte Borreliose wird durch Spirochäten verursacht. Krankmachende Borrelien benötigen Zwischenträger (z. B. Läuse, Zecken), die sie zu ihrem eigentlichen Ziel bringen. Das durch Kleiderläuse übertragene Rückfallfieber ist heutzutage aus Europa verschwunden, jedoch nicht das von Zecken vermittelte. Taubenzecken, die auf ihrer nächtlichen Suche nach Blut umherwandern, geraten mitunter an Menschen und infizieren sie mit dem Zeckenrückfallfieber. Daneben gibt es die aus den USA stammende, aber auch in Europa vorkommende Lyme-Borreliose, die durch die gewöhnliche Zecke, den Holzbock, übertragen wird.
Bei Erkrankungen durch Leptospiren ist der Ursprung der Infektion ein Tier. Der Infektionserreger wird dann über eine feuchte Umgebung

auf den Menschen vermittelt, hauptsächlich über den Urin. Bezeichnungen für die Erkrankungen durch Leptospiren, die genau beschreiben, wo man sie sich holt, sind: Feld-, Schlamm- oder Erntefieber, Schweinehüterkrankheit und Reisfeldfieber.
Weltweit gibt es fast 200 Typen des Erregers. Meistens löst er Gelbsucht und Nierenentzündungen aus, bei Mensch und Tier.

Was zu beachten ist:

Der Mensch infiziert sich bei direktem Kontakt, was hauptsächlich zu berufsbedingten Erkrankungen führt (Tierwärter, Schlachthofpersonal, Tierärzte usw.) – oder auf dem Umweg über verseuchtes Wasser. In warmen Ländern sind insbesondere barfußgehende Menschen gefährdet, da der Erreger in der Regel durch kleine Hautverletzungen eindringt.

Leptospiren vertragen keine Säure. Sie werden daher durch die Magensäure schnell abgetötet, so daß eine Infektion über Lebensmittel oder Trinkwasser kaum in Frage kommt. Auch anhaltende Kälte läßt die Bakterien absterben: in unserem Klima sind Leptospirosen deshalb Krankheiten der Sommer- und Herbstmonate.
Leptospirosen haben in Deutschland in ihrer Häufigkeit abgenommen, möglicherweise direkt parallel zu der verbreiteten Stillegung von Gewässern.

Trotzdem Vorsicht beim Baden in sehr stillen Gewässern, auch in Baggerseen – vor allem, wenn in der Umgebung Rattenkolonien vermutet werden müssen.

Was zu beachten ist:

Der eigene Hund kann durchaus an Leptospiren – mit Ansteckungsgefahr für den Menschen – erkranken, jedoch wird diese Diagnose häufiger gestellt, als sie zutrifft. Erste Symptome beim Hund: Schwäche beim Treppensteigen, die Blutgefäße der weißen Bereiche im Auge sind ausgesprochen rot und deutlich sichtbar, Müdigkeit. Bei Verdacht dem Tierarzt vorstellen.

Nachlesen unter: Borreliose, Lyme-Borreliose, Geschlechtskrankheiten, Leptospirose, Syphilis (Seite 166, 169, 182, 195, 213).

Rickettsien, Chlamydien und Mykoplasmen

Diese Erreger gelten inzwischen als richtige Bakterien, aber sie haben einige Eigenschaften, durch die sie in der Einordnung zunächst einmal zwischen Bakterien und Viren gerieten.
Mit einer Ausnahme werden die Rickettsien durch Zecken, Läuse, Flöhe und Milben übertragen: Fleckfieber bzw. Zeckenbißfieber heißen die Erkrankungen. Hohes Fieber und Hautrötungen sind die Symptome des seuchenartigen Fleckfiebers, das sich bei engem Zusammenleben unter Kriegsbedingungen oder in Notzeiten leicht ausbreitet und unbehandelt oft tödlich verläuft. In Südamerika, Asien und Afrika existieren noch Herde von Läusefleckfieber.
Die Zeckenbißfieber verlaufen ähnlich schwer, sie breiten sich jedoch nicht so aus wie die Fleckfieber, denn nur die Laus steigt vom Kranken bzw. Toten sofort auf ein neues Opfer um, die Zecke nicht.
Das Q-Fieber, die einzige dem Menschen nicht direkt durch ein Insekt vermittelte Rickettsienkrankheit, hat sich über die ganze Welt ausgebreitet und ist auch in Mitteleuropa gefährlich. Eigentlich ist es eine Erkrankung von Rindern, Schafen, Ziegen, Nagetieren und Vögeln, die durch Zecken übertragen wird. Die Tiere erkranken leicht, zuweilen unbemerkt. Als Erkrankung des Menschen wurde das Q-Fieber zuerst in Queensland bei Schlachthofarbeitern entdeckt und als Query-Fever, seltsames Fieber, bezeichnet.

Die Q-Fieber-rickettsie ist hochinfektiös für den Menschen!

Was zu beachten ist:

Das Bakterium ist in der Milch infizierter Tiere vorhanden. Trotz Austrocknung überlebt es in den verarbeiteten Häuten und in der Wolle, in Stallungen und Schlachthöfen sowie in der Kleidung der Menschen, die mit infizierten Tieren Kontakt hatten. Meistens atmet der Mensch den Erreger ein.

Chlamydien sind Erreger von so unterschiedlichen Erkrankungen wie dem Trachom (häufige Ursache für Erblindung in Afrika, Südostasien und Mittlerem Osten), Genitalinfekten und der Ornithose.
Ornithose von Vögeln kommt nicht sehr häufig, jedoch regelmäßig in allen Teilen Deutschlands vor. Eingeführte Vögel werden wegen der Ornithosegefahr für Menschen veterinärpolizeilich streng überwacht.

Sofern die Erkrankung mit den klassischen Symptomen – Schläfrigkeit, Lähmungen, blutigem Durchfall und Tod – verläuft, wird die Infektion bei den Vögeln auch entdeckt. Oft sind aber die Krankheitserscheinungen uncharakteristisch, oder die Infektion verläuft stumm. Zuweilen wird dann die Vogelinfektion erst durch die Erkrankung des Vogelbesitzers offensichtlich.

Die Gruppe der Mykoplasmen verschiedener Tierarten haben gemeinsam, daß sie sich auf Schleimhäuten am wohlsten fühlen, vor allem auf denen der Atemorgane, jedoch ohne zwischen den Tierarten zu wechseln. Bei Menschen, Rindern, Ziegen und Geflügel verursachen sie Lungenentzündungen. Beim Menschen muß als Ursache für Lungenentzündungen – vor allem bei eigenartigem Verlauf – darum stets auch an eine Erkrankung durch Mykoplasmen, an Q-Fieber oder Ornithose gedacht werden.

Die Mykoplasmen gelten als die kleinsten freilebenden Bakterien. Auch sie können Lungenentzündungen verursachen.

Die weltweit vorkommenden Mykoplasmen können sich am besten ausbreiten, wenn ihre Opfer dichten Kontakt miteinander haben, da sie von Schleimhaut zu Schleimhaut wechseln müssen: das ist im Kinderheim ganz ähnlich wie im Rinderstall.

Nachlesen unter: Geschlechtskrankheiten, Ornithose, Q-Fieber (Seite 182, 204, 205).

Die Chlamydia trachomatis ist ein Schmarotzer, der sich über sexuellen Verkehr überträgt.

Viren

So funktionieren Viren

Trotz ihrer Unfähigkeit, ohne Wirte zu existieren, schaffen es Viren, sich zu behaupten, indem sie der Wirtszelle ihren genetischen Bauplan aufzwingen.

Viren können nur mit Hilfe anderer Lebewesen existieren, sind also echte Schmarotzer. Und ob sie sich nun an höheren Tieren, einschließlich des Menschen, an Pflanzen oder an Bakterien bedienen: immer zwingen sie ihrer Wirtszelle den eigenen genetischen Bauplan auf. Die Wirtszelle muß wohl oder übel für einen ihr völlig fremden Organismus Bausteine liefern, und daran geht sie in der Regel zugrunde. »Vagabundierende Gene« nennt man diese Form des Lebens auch, die nichts außer der genetischen Information beizutragen hat.

Viren sind Organismen, die ständig Überraschungen bereithalten. Es werden neue Viren entdeckt, wie Hepatitis C und E, oder bestimmte Viren breiten sich rasch in Gegenden aus, wo sie vorher unbekannt waren, wie das Hantavirus in der Bundesrepublik Deutschland.

Viren – bislang kleinste erforschbare Erreger

Viren sind höchstwahrscheinlich nicht die kleinsten aller Krankheitserreger. Prione, Viroide etc. warten noch auf wissenschaftliche Klärung. Vielleicht kann dann auch das Geheimnis einiger bisher beim Menschen unbehandelbarer, tödlicher Erkrankungen geklärt werden wie: Creutzfeldt-Jakob-Disease (CJD) oder die Alzheimererkrankung. Zur Verwandtschaft dieser Krankheitserreger gehört auch der Rinderwahnsinn.

Gestalt

Die Viren sind in Größe und Gestalt genauso unterschiedlich wie Bakterien, nur eben viel kleiner: Das besonders kräftige und darum besonders lebenstüchtige Pockenvirus ist 300 Nanometer (milliardstel Meter) lang, das extrem winzige Poliovirus (Kinderlähmung) 25. Jüngst entdeckte Partikel von 8 Nanometern sind wesentlich kleiner als alle bisher bekannten Viren.

Die Viren haben gewissermaßen alles abgeworfen, was nicht zu ihrer Vermehrung und dem Schutz der Erbanlagen nötig ist, entsprechend sehen sie aus: ein Knäuel von Erbanlagen ist von einer mehr oder weniger haltbaren Verpackung umgeben. Sie sind deshalb auf die Hilfe anderer Zellen angewiesen, die ihnen all das liefern, was sie selber im Laufe der Entwicklungsgeschichte als überflüssig ablegten.

Der Aufbau eines Virus ist auf ein Minimum reduziert: in eine Hülle verpacktes Genmaterial.

Die Variationsbreite von Aussehen und Beschaffenheit des Inhalts (Erbanlagen), der Verpackung (der Hülle) und der Adressenaufkleber (Anhangsorgane) haben die Wissenschaftler benutzt, um die Viren in vernünftige Gruppen einzuordnen – nicht nur der Ordentlichkeit wegen. Denn natürlich bestimmt z. B. die Dicke der Verpackung, wie empfindlich ein Virus gegen äußere Einflüsse ist: muß es von Zelle zu Zelle, um zu überleben – oder kann es in der Außenluft warten, bis ein passender Wirt vorbeikommt?

Aufbau

Grob betrachtet, besteht ein Virus aus der Nukleinsäure, der Gesamtheit der Erbanlagen und dem sie umgebenden Eiweißmantel, dem Kapsid. Die Wissenschaftler teilen die Viren nach der Art der Erbinformation in DNA-Viren, doppelsträngig, (Desoxyribonukleinsäure) und RNA-Viren, einsträngig, (Ribonukleinsäure) ein.

Das Kapsid dient dem Festmachen am Zielort und stellt gleichzeitig die Struktur dar, die dem Wirt ermöglicht, es als Gefahr zu erkennen: Für die Antikörper des Wirts sind die Kapside das Wichtigste – das Fremde (Antigen), das sie abwehren müssen. Die Kapside haben bestimmte Formen. Sie sind bei verschiedenen Virusarten unterschiedlich und werden ebenfalls für die Klassifizierung genutzt.

Vermehrung

Verglichen mit der Vermehrung von Bakterien ist die der Viren unendlich viel komplizierter; sie heißt Replikation.

Viren docken sich an Zellen an, die ihnen entsprechen – dann kann die Vermehrung beginnen.

Sie verläuft in mehreren Schritten. Der erste ist die Anheftung des Virus an dafür geeignete Stellen (Rezeptoren) auf der Oberfläche der Wirtszelle. Die Rezeptoren sind Molekülgruppen mit einer bestimmten Form – das Virus bringt das passende Negativ mit. Fehlt der Zelle ein solcher Rezeptor, ist sie durch dieses Virus nicht infizierbar. Das bedeutet, daß manche Organe durch bestimmte Viren nicht infizierbar

sind. So kann eine Zelle der Nasenschleimhaut durch das Tollwutvirus nicht infiziert werden. Es kann nur an Muskel-, Bindegewebs- und Nervenzellen andocken und wird deshalb niemals Reaktionen der Nasenschleimhautzellen auslösen.
Selbstverständlich kann sich ein Virus auch in der falschen Wirtsart befinden und deshalb ins »Leere« laufen. Wir Menschen, wie auch andere Lebewesen, sind unaufhörlich den Attacken von verschiedenen Viren ausgesetzt. Das Maul- und Klauenseuchenvirus z. B. – so tödlich es für Schweine und Wiederkäuer ist, bleibt für uns harmlos (soviel wir heute wissen). Ein Landwirt wird überhaupt nicht bemerken, wenn das Schweinepestvirus versucht, in ihm Fuß zu fassen.

Zellübernahme

Raffiniert übernimmt das Virus die Herrschaft in der Wirtszelle, indem es deren Erbmaterial umprogrammiert.

Während die genetische Information in die Zelle entlassen wird, werden Kapsid bzw. die Hülle entweder mit hineingeschleust, oder sie verschmelzen mit der Wirtszellmembran. Die Erbinformation des Virus wird in die Wirtszelle eingeschleust und – je nachdem, ob DNA oder RNA – mit Hilfe von eigenen Enzymen in das Erbmaterial der Wirtszelle eingebaut. Dort übernimmt das Erbgut des Virus das Kommando und läßt produzieren, was für die ordnungsgemäße Vermehrung des Virus notwendig ist. Diese Bausteine werden anschließend zu Viren zusammengesetzt und wieder ausgeschleust – tausendfach. Meistens geht dabei die Zelle zugrunde, während die Viren sich aufmachen, um neue Zellen zu befallen.

Sex zwischen Viren?

Zugegeben, es ist vielleicht etwas überspitzt ausgedrückt – aber die Natur sieht Sex als erprobtes Mittel, um Erbinformationen auszutauschen – sonst wäre sie auch höchst langweilig. Und unter Viren werden Erbinformationen ebenfalls ausgetauscht. Den Effekt kennen wir alle: Impfungen gegen den simpelsten Schnupfen oder grippale Infekte sind nicht möglich, weil die Viren die für Antikörper entscheidenden Merkmale ständig verändern.
Der Austausch von Erbinformationen kann beispielsweise bei der gleichzeitigen Infektion mit verschiedenen Virusstämmen geschehen: beim hektischen Zusammensetzen der jungen Viren können die einzelnen Bausteine schon mal etwas unordentlich verteilt werden. Die

Nachkommen sind also eine Art Mischviren beider Stämme. Und die werden wieder ordnungsgemäß kopiert – bis zum nächsten Irrtum. Das Phänomen hat enorme praktische Bedeutung für manche Viren – und für uns auch, z. B. bei der Virusgrippe (Influenza), die von Südostasien ausgeht und schon mehrmals Millionen von Todesopfern gefordert hat. Die Influenzaviren tricksen durch ihre Erbänderung sogar die Pharmafirmen aus. Dazu in der Lage sind sie vor allem durch eine besondere Wirtschaftsform, bei der Schweine, Enten, Hühner bzw. Fische mit dem Menschen sehr dicht zusammenleben, zuweilen in Etagen untereinander. Nach unten durchfallende Essensreste werden von allen Mitbewohnern optimal ausgenutzt, Futter und Viren brüderlich geteilt. Auf diese Weise entstand 1968 eine schwere Grippewelle, bei der ein Genstück eines Menschengrippevirus mit Erbmaterial eines Entengrippevirus ausgetauscht worden war.

Durch immer wieder neue Zusammensetzungen des Erbmaterials ist das Virus für die Medizin schwer greifbar.

Da diese Art der »Mehr-Tier-Wirtschaft« von den Vereinten Nationen gefördert und sich deshalb nicht nur weiter in Asien, sondern auch in Afrika ausbreiten wird, ist abzusehen, daß in Zukunft noch mehr und häufigere Grippewellen entstehen. Zumal die gleiche Gefahr sich mittlerweile auch in unseren europäischen Massenschweineställen aufbaut. Überbevölkerung und steigender Bedarf an tierischem Eiweiß werden zum Motor der Grippewellen werden. Es ist nicht wahrscheinlich, daß diese Tendenz jemals rückgängig gemacht wird.

Unendliche Variationsmöglichkeiten

Die Erbkreuzung von Schweine-, Enten-, Hühner-, Fisch- und Menschenviren sorgt für unablässige Änderung der Eigenschaften des Influenzavirus. Massentierhaltung und Überbevölkerung verschärfen die Gefahr der Grippewellen ebenso wie die Ausbreitung der riskanten Wirtschaftsformen unter tatkräftiger Mithilfe der Vereinten Nationen.

Fatal kann sich auch der Austausch zwischen Teilen der menschlichen Gene und Teilen des Virusgens auswirken: manche Tumore entstehen auf diese Weise. Beim Rinderwarzenvirus ist man dem Mechanismus schon auf der Spur; beim Menschenwarzenvirus wird es nicht viel anders sein. Darüber hinaus gibt es wie bei höheren Lebewesen Mutationen, also spontane Veränderung der Erbinformationen.

Die Kreativität der Viren machen sich Wissenschaftler zunutze: Sie produzieren Impfstoffe aus weniger gefährlichen Viren.

So schlagen Viren zu

Die Eingangspforten für Viren in den menschlichen Körper unterscheiden sich in nichts von denen für Bakterien: entweder über die Schleimhäute, durch die verletzte Haut, oder direkt – beim ungeborenen Kind auch innerhalb der Gebärmutter – auf dem Blutweg.

Der gewöhnlichste Weg ist der Eintritt über die Schleimhäute des Magen-Darmkanals, der Atemwege und der Geschlechtsorgane. Z. B. werden die Schnupfen- und Grippeviren in winzigen Tröpfchen eingeatmet. Schmierinfektionen entstehen, wenn mit dem Stuhl ausgeschiedene Viren bei unhygienischen Verhältnissen wieder in die Nahrungsmittelkette oder direkt in den Mund gelangen, z. B. das Kinderlähmungsvirus. Da die Schleimhäute der Geschlechtsorgane sich im Prinzip nicht von anderen Schleimhäuten unterscheiden, ist es selbstverständlich, daß sich eine Reihe von Viren auf diese Eintrittspforte spezialisiert hat. Auf einer reinen Kontaktinfektion über die Haut kann beispielsweise die Ansteckung mit dem Herpesvirus beruhen.

Je einfacher das Virus ins Blut gelangt, desto geringer ist die Keimzahl, die für eine Infektion ausreicht.

Unter Umgehung sämtlicher natürlicher Abwehrschranken können Viren durch Stich, Biß, Injektion oder Operation ins Blut gelangen. Dieser Weg ist besonders gefährlich, schon bei niedriger Keimzahl.

Zielort des Virus

Häufiger nehmen wir solche Infektionen wahr, bei denen das Virus sich dort vermehrt, wo es eingetreten ist: z. B. beim Schnupfen. Es ist nur die unmittelbare Umgebung der erstinfizierten Zelle betroffen. Das Virus bleibt im selben Organ.

Weitaus gefährlicher ist es, wenn ein Virus sich zwar im gewissen Grade an der Eintrittsöffnung vermehrt, sein Zielorgan aber woanders liegt. Gewöhnlich wandern die Viren, – nachdem sie sich bereits vermehrt haben –, auf dem Blutweg oder über die Lymphbahnen dorthin. Das Tollwutvirus, möglicherweise auch der Erreger des Rinderwahnsinns, benutzt den Nervenweg bis ins Gehirn.

Eine weitere Variante von Überlebensstrategien schlagen Viren ein, die nach ihrer Vermehrung – und erkennbaren Krankheitssymptomen – den Wirtsorganismus nicht verlassen, sondern sich auf Dauer in ihm einnisten. Sie bleiben an Orten, die weder die Immunabwehr noch Medikamente erreichen, häufig im Nervengewebe. Diese Viren können nach jahrelangem Ruhen wieder aktiv werden und erneut zur Krankheit führen mit allen Erscheinungen, die dazugehören, einschließlich der Virusausscheidung. Windpocken sind ein bekanntes Beispiel: Das Virus bleibt im Rückenmark und tritt bei geschwächter Immunabwehr als Gürtelrose in Erscheinung.

Slow-Virus-Erkrankungen

Ohne auffällige Symptome verlaufen anfangs die sogenannten Slow-Virus-Erkrankungen (engl. slow = langsam), zu denen man Aids zählt, vorläufig auch die Erreger von Creutzfeldt-Jakob-Disease und Rinderwahnsinn. Sofern der Zerfall der befallenen Zellen langsam und unauffällig abläuft, wird die Infektion jahrelang überhaupt nicht bemerkt, obwohl Viren ständig ausgeschieden werden. Bis zu zehn oder zwanzig Jahre können vergehen, bevor die Krankheit massiv in Erscheinung tritt.

Die Ansteckungsgefahr ist am größten, wenn die Krankheitszeichen noch kaum bemerkt werden: z. B. beim Schnupfen, bevor die Nase läuft.

Die allererste Vermehrungsphase der Viren verläuft unauffällig, denn die Symptome sind eine Folge der Virusvermehrung bzw. des massiven Zerfalls der Wirtszellen oder durch eine Immunreaktion. Als Virusopfer ist man bereits lange vor dem Höhepunkt der Krankheitssymptome Virusausscheider, das bedeutet: Man ist ansteckend.
Schnupfenviren werden in Tröpfchen beim Niesen und Ausatmen abgegeben, Darmviren mit dem Stuhl. Viren der ansteckenden Leberentzündung und von Aids zirkulieren im Blut.

Slow-Virus-Erkrankungen

Charakteristisch für fast alle Viruserkrankungen: ein erstes Stadium, das als Unwohlsein mit Kopfschmerzen, Gelenkschmerzen und geringfügig erhöhter Temperatur ablaufen kann. Das zweite Stadium mit den virusspezifischen Krankheitserscheinungen folgt Stunden, Tage, Monate oder gar erst Jahre später.

Die Abwehrmechanismen greifen ein

Das Immunsystem kümmert sich schon beim ersten Eintreten der Viren in den Körper um die Abwehr. Es ist ein Alarm, der den ganzen Körper in Aufruhr bringt und vom ersten Augenblick an die gesamte Kaskade der Gegenwehr in Gang setzt: Die Immunzellen sondern

Durch das Eindringen von Fremdkörpern wurden Antikörper in den Blutbahnen freigesetzt.

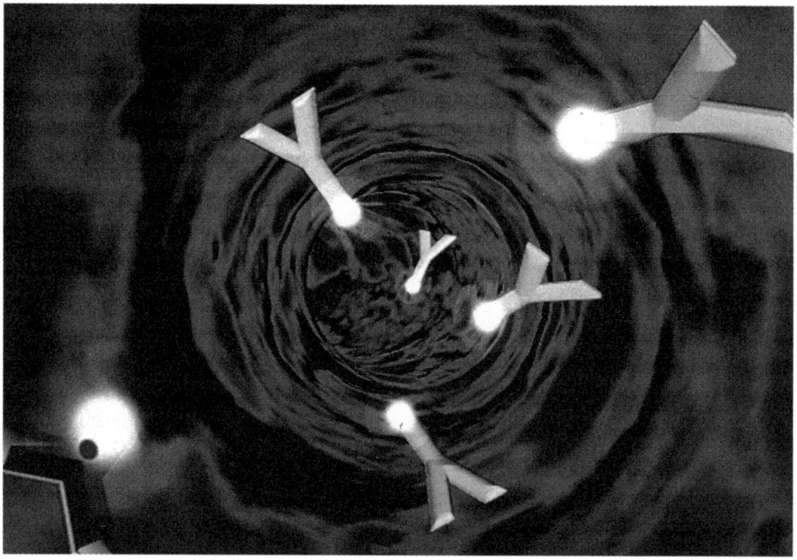

Hormone und Botenstoffe ab, die via Gehirn einen Generalalarm im gesamten Immunsystem auslösen. Sofern Antikörper vorhanden sind, heften sie sich an die Viren; die Freßzellen greifen mit ihren Fangarmen nach den markierten Fremdkörpern. Die T-Zellen überprüfen die Erkennungsmerkmale, die herbeieilenden Killerzellen schleudern Kampfstoffe. Während es einigen Viren gelingt, all diesen Waffen des Körpers zu entgehen und in die Zellen zu schlüpfen, zerfallen bereits die ersten virusbeladenen Abwehrzellen. Die Körpertemperatur steigt, evtl. sogar bis zu Fieberhöhe.

Die Wissenschaftler testen bereits Antikörper, die innerhalb der Zelle wirksam werden. Mit ihnen könnten Krankheiten wie Herpes und Aids erstmals geheilt – nicht unterdrückt – werden. Bis zur Produktionsreife werden allerdings noch Jahre vergehen.

Bei »ungefährlichen« Viruserkrankungen wie Schnupfen, grippalen Infekten oder einem Magen-Darminfekt, war's das schon. Die Immunabwehr wird im Regelfall mit dem Virus fertig. Je mehr Killer-Lymphozyten die Viren abfangen und je mehr Antikörper vom Band laufen, desto weniger Zellen werden neu infiziert und desto mehr erholt sich der Patient.

Daß daneben vielerlei Symptome den Kranken quälen, hat andere Gründe: Die schleimproduzierenden Zellen arbeiten auf Hochtouren. Der Schleim wickelt die krankmachenden Organismen ein und lähmt sie. Die Flimmerhärchen der Lunge transportieren alle die weiter nach außen, denen diese Grobfilter fehlen; durch den Hustenreflex wird der »Abraum« nach außen befördert. Sofern der Schleim mit den Krankheitserregern geschluckt wird, zerstört die Magensäure die Keime; auch die vermehrt fließende Tränenflüssigkeit verhindert die zusätzliche Ansiedlung von Keimen, bestimmte Arten kann sie sogar auflösen. Ähnliche Mechanismen wirken auch im Darm und in der Harnröhre.

Unangreifbar für Antikörper sind Viren in dem Moment, in dem sie sich in die Zellen eingeschleust haben. Sie können durch die Antikörper im Blut also nur in bestimmten Zeiten erfaßt werden: kurz nach der Infektion sowie nach der massenweisen Ausschüttung aus den Körperzellen in den Blutstrom.

Sobald die Viren sich unter Umgehung des Blutes innerhalb eines Organes ausbreiten, wie Leber oder Gehirn, müssen allein die Killer- und Freßzellen mit den virusinfizierten Zellen fertig werden.

Machtlos aber ist die Immunabwehr in dem Fall, in dem Viren ausgerechnet Zellen der Immunabwehr befallen, wie z. B. bei Aids. Durch den fortschreitenden Zerfall dieser Immunzellen wird die Abwehr zunehmend außer Betrieb gesetzt. Schließlich kann sie ganz und gar zusammenbrechen.

Erreger wichtiger Viruserkrankungen

Auch die Viren wurden von den Wissenschaftlern klassifiziert, also in verschiedene Verwandtschaftsgruppen eingeordnet. Wie bei Bakterien lösen sie ähnliche Symptome in einer oder mehreren Tierarten, einschließlich des Menschen, aus.

Seit 1930 befaßten sich Wissenschaftler intensiv mit Viren – und entdeckten immer mehr verschiedene Arten.

Papovaviren

Dazu gehören die Papillomviren, die gutartige Tumoren auf Haut und Schleimhaut entstehen lassen. Die harmlosesten Formen sind Warzen, die sich häufig von allein zurückbilden. Nicht mehr harmlos sind bösartige Tumore, z. B. der Haut, an Kehlkopf, Zunge und in der Speiseröhre. Die Viren können auf andere Bereiche des Trägers, aber auch auf andere Menschen durch Kontakt übertragen werden.

Eng verwandt mit den Papillomviren sind die Polyomaviren. Krankheitserscheinungen treten nur bei Menschen auf, deren Immunsystem geschwächt ist. Wie die Infektionen übertragen werden, ist nicht genau bekannt, zudem hat man auch für einige Viren noch kein

Krankheitsbild entdeckt. Sie werden jedoch verdächtigt, unter bestimmten Bedingungen bei der Tumorbildung mitzumischen, insbesondere können sie bösartige Tumoren verursachen.
Nachlesen unter: Geschlechtskrankheiten (Genitalwarzen; Seite 183).

Adenoviren

Adenoviren verursachen bei Kleinkindern Durchfall.

Sie befallen vorwiegend die Schleimhäute des Auges, der oberen Atemwege und des Dünndarms. Die Krankheitsbilder unterscheiden sich nicht von denen anderer Viren an den gleichen Organen. Adenoviren arrangieren sich mit ihren Wirten: Bei Erwachsenen wie im Tier können sie unbemerkt bleiben. Adenoviren haben sich auf ihre jeweilige Tierart eingeschossen, deswegen bekommen wir zum Glück weder Rindergrippe noch den Zwingerhusten des Hundes. Bei Kleinkindern ist das Adenovirus nach dem Rotavirus der zweithäufigste Durchfallverursacher.
Nachlesen unter: Bronchitis, Durchfallerkrankungen (Seite 172, 179).

Hepadnaviren

Sie sind geradezu wild auf Leber: beim Menschen (Typ B), bei Enten und Graureihern, wahrscheinlich auch bei Gänsen und Schlangen fallen sie über die Leber her. Aber jeder Virus bleibt seiner Sorte von Opfern treu. Deswegen stecken wir uns nicht bei Tieren an.
Nachlesen unter: Hepatitis (Seite 187).

Herpesviren

Herpesviren lauern jahrelang in den Zellen, bevor sie bei geschwächter Abwehr ausbrechen.

Mehrere hundert Herpesvirusarten sind bisher bei Tier und Mensch bekannt, und es könnten durchaus noch mehr werden. Gemeinsam ist ihnen die Hülle, die bestimmt, wie infektiös sie sind. So harmlos sie auch scheinen, wenn sie an den Lippen juckende Bläschen verursachen: zu spaßen ist mit Herpes nicht. Zu ihnen gehören außer den Herpes-simplex-Viren (HSV, Herpes an Lippen oder im Genitalbereich) auch das Varizella-Zoster-Virus (VZV, Windpocken), das Zytomegalie-Virus (CMV) und das Epstein-Barr-Virus (EBV, infektiöse Mononukleose = Pfeiffersches Drüsenfieber).
Gemeinsam ist diesen Viren, daß sie nach der Infektion – meistens im Kindesalter – und der oft unscheinbar verlaufenden Ersterkrankung in

den Zellen verschwinden. Ihre Erbanlagen werden dann in das Erbgut der menschlichen Zellen aufgenommen. Unter bestimmten Bedingungen, am häufigsten bei geschwächtem Immunsystem, während der Schwangerschaft, nach Organtransplantationen, brechen sie hervor und verursachen die Symptome, die überhaupt erst als Erkrankung wahrgenommen werden und die in direktem Zusammenhang mit der Zellart stehen, in der sich die Viren die ganze Zeit verborgen haben. In der Regel aber bleiben die Infektionen stumm, d. h. ein großer Teil der Bevölkerung ist, ohne krank zu sein, Träger der Viren, die sich vermutlich schon seit sehr langer Zeit an uns angepaßt haben, und wir uns an sie.

Viele Menschen sind Träger des Herpesvirus; nur bei einigen kommt die Infektion zum Ausbruch.

Das Herpesvirus (HSV) hält sich in den symptomfreien Zeiten in den Nervenzellen des Gehirns bzw. des Lendenwirbelbereichs auf und wandert an den Nerven entlang zum Mund bzw. in den Genitalbereich. Gelangt HSV ausnahmsweise über den Riechnerv ins Gehirn, verursacht er dort sehr gefährliche Entzündungen.

Auch das Windpockenvirus überdauert in Nervenzellen, wandert entlang der dazugehörigen Nervenbahnen an die Haut zurück und löst dort die typischen Erscheinungen der Gürtelrose aus.

Das Rückszugsorgan der Zytomegalieviren sind die Lymphozyten (Immunzellen) des gesamten Körpers, auch des Knochenmarks, während EBV auf die B-Lymphozyten beschränkt bleibt. Die hervorstechendsten Merkmale beider Erkrankungen sind Lymphknotenschwellung und Fieber. Meistens wird der Mensch mit ihnen fertig – außer bei Immunschwäche. Alles in allem können wir die gute Anpassung der Herpesviren an Menschen konstatieren.

Nachlesen unter: Geschlechtskrankheiten, Herpes, Windpocken und Gürtelrose (Seite 182, 188, 221).

Pockenviren

Die ureigensten Pockenviren des Menschen, Variola maior genannt, wurden als Krankheitserreger ausgerottet. Inzwischen warten sie im Kühlbehälter auf ihre endgültige Hinrichtung, zu der sich die Wissenschaftler nur zögernd bekennen mögen, weil es die bewußte Zerstörung einer biologischen Lebensform bedeuten würde.

Die Pocken führten immer wieder zu verheerenden Seuchenzügen in der gesamten Welt. Besonders deutlich zu sehen waren Ursache und Wirkung, als die wehrlosen amerikanischen Völker von den europäischen Pocken dahingerafft wurden. Dennoch sind natürlich noch Pocken erhalten, denn praktisch alle Tierarten haben eigene Pockenviren. Nur noch die Affenpocken können dem Menschen gefährlich werden. Es hat sich jedoch erwiesen, daß für den Menschen bei geschwächter Immunabwehr auch Viren anderer Untergruppen gefährlich sind, z. B. die Kuhpocken. So ganz und gar haben wir uns der Pocken also doch noch nicht entledigt.

Entero- und Rhinoviren

Die Immunabwehr siegt meistens unbemerkt über eine Invasion von Polio oder Schnupfen.

Die annähernd hundert Typen von Enteroviren werden alle mit dem Mund aufgenommen. Sie vermehren sich hauptsächlich im Rachenraum und im Darm. Menschen und Viren sind weitgehend aneinander angepaßt, was bei diesem Infektionsweg eigentlich auch nicht erstaunlich ist. Die Infektionen verlaufen häufig stumm oder nur leicht mit grippeartigen Erscheinungen und Lymphknotenschwellung.
Solche Schmutz- oder Schmierinfektionen nehmen bei verbesserten hygienischen Verhältnissen ab. Die Kehrseite: Die Immunisierung gegen Allerweltskeime im frühesten Kindesalter geht zumindest in Mitteleuropa verloren. Deshalb müssen wir darauf achten, daß wir geimpft sind. Bei einem kleinen Anteil der Infizierten gelangen die Enteroviren aus dem Darm über die Blutbahnen in das Organ, in dem sie dann die für uns spürbare Krankheit verursachen, außer Polio meistens »Sommergrippen« und Erkrankungen der Atemorgane, aber auch eine Form der Leberentzündung (Hepatitis).

Immunitätsaufbau

Gegen Virusarten, die sich mit dem Blut im Körper verbreiten, wird meistens eine brauchbare Immunität aufgebaut. Deshalb sind gewöhnlich Erwachsene unempfänglicher für Enteroviren als Kinder, in Ballungsgebieten sind mehr Menschen immun als in ländlichen Gegenden. Wenn niemand immun ist, kommen zuweilen kleinere Epidemien von einem bestimmten Enterovirustyp vor. Bei Polio befallen die Viren im Gehirn die verschiedensten Regionen, weshalb die Symptome entsprechend unterschiedlich sind: Lähmungen, Krämpfe oder Koma mit nachfolgendem Tod.
Die Rhinoviren sind für den banalen Schnupfen verantwortlich. Per Tröpfchengeschoß erreichen sie ihr nächstes Opfer. Zum Glück haben

sie nicht die Gewohnheit, sich komplizierter aufgebaute Organe zu suchen, sondern begnügen sich mit den Schleimhäuten des Nasen-Rachenraums. Und zum Glück wird der Mensch immun. Aber nur gegen diesen einen von rund 100 Typen, weshalb man Schnupfen immer wieder bekommt – aber wenigstens im Laufe der Jahre etwas weniger häufig als im Kindesalter.
Nachlesen unter: Kinderlähmung, Post-Polio-Syndrom, Schnupfen, Sommergrippe (Seite 192, 205, 211, 213).

Caliciviren

Die Caliciviren sind offensichtlich für Katzen und Kaninchen gefährlicher als für den Menschen, denn sie können bei den Tieren rasch zum Tode führen. Die Hepatitis E, die sie beim Menschen verursachen, heilt dagegen von allein aus, genauso wie die Hepatitis A.
Nachlesen unter: Hepatitis (Seite 187).

Reoviren

Die für uns wichtigsten Vertreter dieser Familie sind die Rotaviren, die häufigsten Erreger von Durchfallerkrankungen bei jungen Tieren und Kleinkindern – in Entwicklungsländern oft tödlich. Kinder im Schulalter sind meistens »durch« und immun. Die Viren werden mit dem Schmutz aufgenommen. Ob junge Maus, Ferkel oder Säugling: das »Zielorgan« der Viren ist der Dünndarm. Außer kranken gibt es auch gesunde Virusausscheider. In Krankenhäusern oder Kinderheimen können erwachsene Virusausscheider Ausgangspunkt für ganze Epidemien sein.
Nachlesen unter: Durchfallerkrankungen (Seite 179).

Säuglinge und Kinder mit noch unzureichend entwickelter Abwehr sind für manche Reoviren bevorzugte Wirte.

Rhabdoviren, Tollwut

Das Tollwutvirus ist auf Gehirn- und Nervengewebe spezialisiert, aber nicht auf eine Tierart. Das bedeutet, daß der Mensch prinzipiell durch alle tollwutkranken Tiere gefährdet ist. Empfänglich sind von den Tieren, mit denen wir üblicherweise Kontakt haben: Hunde, Katzen, Pferde, Rinder, Schafe, Ziegen, Schweine, Kaninchen, Geflügel. Gefahr für uns besteht auch durch: Füchse, Dachse, Eichhörnchen, Hirsche, Rehe, Ratten, Mäuse, Hasen, Fledermäuse.

Was zu beachten ist:

Die Infektion findet fast immer durch eine Bißwunde statt. Aber auch über aufgeschürfte Wunden oder durch Einatmen von Staub tollwutkranker Fledermäuse können die Viren in den Körper gelangen.

Ein tollwutinfiziertes Tier scheidet im Speichel infektiöse Viren aus, bevor ihm die Erkrankung anzumerken ist. Wenn man von einem Tier gebissen wird, ohne es provoziert zu haben, muß man von einer Infektion ausgehen und sofort den Arzt aufsuchen.

Bei Tieren und Menschen vermehrt sich der Tollwuterreger an der Bißstelle oder infizierten Wunde, wandert an den Nerven entlang ins Gehirn und Rückenmark und von dort wieder nach außen, z. B. in die Speicheldrüsen und in die Zunge. Im Gehirn und Rückenmark vermehrt er sich in den Nervenzellen, die dadurch zerstört werden. Die Folge sind Lähmungen. Bevor Anzeichen der Infektion überhaupt sichtbar werden, kann das Virus schon in den Speicheldrüsen angekommen sein und mit einem Biß weitergegeben werden.
Trotz der Tollwut in unseren Wildbeständen hat es in den alten Bundesländern in den letzten Jahren keinen Tollwutfall beim Menschen gegeben, der seinen Ursprung in Deutschland genommen hätte. Vielmehr handelte es sich um mitgebrachte Infektionen aus den vorderasiatischen Ländern, die meistens durch tollwütige Hunde verursacht wurden.

Wie man Tollwut des Hundes erkennen kann

Die Symptome beim Hund treten heutzutage fast ausschließlich in Form der »Stillen Wut« auf: Er sitzt benommen herum, ohne Anteil an seiner Umgebung zu nehmen. Der Unterkiefer ist gelähmt, die Zunge hängt aus dem Mund, und zuweilen läuft viel Speichel. Das Bellen wird heiser. Die Lähmung schreitet fort, bis der Tod eintritt.

Früher ging diesem Stadium das Symptom voraus, das der Krankheit den Namen gab: Die Wut, die sich in unkontrollierbarem Zerbeißen von Gegenständen austobte, sich aber auch gegen den Menschen richten konnte, im Prinzip aber schädlich gegen sich selbst wendet.
In zehn europäischen Staaten werden Wildtiere gegenwärtig durch

Impfstoffe immunisiert, die in den Ködern stecken. Die Weltgesundheitsorganisation glaubt, daß die Tollwut hier in wenigen Jahren ausgerottet sein wird. Für Nord- oder Südafrika bzw. Vorderasien ist die Schluckimpfung für streunende Hunde geplant. Gegenwärtig sterben weltweit immer noch rund 33 000 Menschen jährlich an der Tollwut. Wer ein tollwutverdächtiges Tier beobachtet, sollte dies dem Förster, der Polizei oder einem Tierarzt melden. Eine Verletzung oder die Berührung eines Menschen durch ein verdächtiges Tier muß dem Gesundheitsamt mitgeteilt werden.

Auch zur eigenen Sicherheit: Hund, Katze und Pferd gegen Tollwut impfen lassen!

Nachlesen unter: Tollwut (Seite 217).

Influenzaviren

Diese Viren existieren in vielen Tierarten. An Influenza können alle möglichen Tiere erkranken. Einige der Virusuntertypen sind auch für uns gefährlich. Die Krankheitssymptome sind bei Mensch und Tier gleich.

Durch Austausch bestimmter Genbereiche und durch spontane Genänderungen können die Viren ihre Eigenschaften ändern, sogar ihre Vorliebe für bestimmte Wirte. Abgesehen von den asiatischen Ursprüngen der Influenzaepidemien, sind derartige Erbgutänderungen (Genshift) auch in europäischen Ställen möglich.

Bei Influenza im Stall äußerste Hygiene und so wenig Kontaktpersonen wie möglich! Keine Kinder in den Stall gucken lassen!

Was zu beachten ist:

Immer öfter wird ein für uns gefährliches Influenzavirus in Schweineställen entdeckt. Vom Schweinestall gelangt es zum Geflügel, insbesondere zu Enten.

Nachlesen unter: Grippe (Seite 185).

Paramyxoviren

Diesen Krankheitserregern ist gemeinsam, daß sie durch Tröpfchen, virushaltige feuchte Luft also, übertragen werden; das gilt natürlich auch für die Erreger von Parainfluenza, Mumps, RS-Erkrankung (Respiratory-Syncytial) und Masern des Menschen, die ebenso Mitglieder dieser Familie sind.

Gemeinsam ist den auf Menschen spezialisierten Paramyxoviren auch, daß sie in Mitteleuropa hauptsächlich als Kinderkrankheiten gelten: Der Durchseuchungsgrad der Bevölkerung ist hoch, d. h. die Erwachsenen sind im großen und ganzen immun, weil sie mit den Erregern bereits Kontakt hatten, zum Teil auch ohne Ausbrechen der Krankheit. Kinderkrankheit bedeutet nicht etwa, daß die Krankheit harmlos ist, sie bezeichnet nur den Zeitpunkt der Erkrankung. Eine Ausnahme macht in gewisser Weise das Mumpsvirus – da es nicht ganz so ansteckend ist wie die anderen, trifft es auch empfängliche Erwachsene.

Eintrittspforte und Ort der Vermehrung sind für alle Paramyxoviren die Atmungsorgane. Leichtere und schwerere Grippen sind bei allen Viren die Folgen. Bei Mumps siedelt sich das Virus nach dem Durchbruch in die Blutbahn an der Ohrspeicheldrüse an und kann sich bis ins Gehirn vorarbeiten. Das Masernvirus gelangt ebenfalls in die Blutbahn und vermehrt sich in den Abwehrzellen – die vom Kopf ausgehenden, sich über den ganzen Körper ausdehnenden Flecken sind wahrscheinlich die Folgen einer Immunreaktion in der Haut.
Nachlesen unter: Augeninfektionen, Grippaler Infekt, Masern, Mumps (Seite 165, 185, 198, 200).

Togaviren, Flaviviren

Mit der zunehmenden Mobilisierung der Menschen erhalten Viren Einzug in andere Länder und Kontinente.

Diese Virengruppe wird von Mücken übertragen. Die Moskitos erkranken an den Viren nicht, wohl aber die Menschen, die von den Mücken gestochen werden. Allerdings sind es hauptsächlich Krankheiten, von denen uns in Mitteleuropa sogar die Namen fremd sind, weil wir ihnen gewöhnlich nicht begegnen. Dennoch sind sie für uns von Bedeutung: Mit zunehmender Beweglichkeit von Menschenmassen, wie Flüchtlingen, Touristen und Pilgern, wird die Gefahr der Verschleppung von Viruserkrankungen quer über die ganze Welt rasch größer. Hinzu kommt die oft abrupte Änderung landwirtschaftlicher Anbaumethoden, die häufig und zufällig einem Virusträger eine idyllische Nische zur Vermehrung bietet und mit ihm natürlich auch dem Virus. Es treffen heute mehr denn je die menschengemachte unabsichtliche »Züchtung« von Viren zusammen mit deren großräumiger Verschleppung. Auch die Klimaerwärmung wird ihren Anteil an der Wandlung von Viren und Bakterien unserer Umgebung haben.

Über den Saugrüssel einer Mücke gelangen Viren in den menschlichen Organismus.

Insofern stellen gerade die über Stich oder Biß vermittelten Viren ein Reservoir von Krankheitserregern dar, das dem praktischen Arzt nicht auf Anhieb gegenwärtig sein kann. Der Patient tut deshalb gut daran, den Arzt über eine Reise z. B. nach Buenos Aires zu informieren (wo sich seit einigen Jahren das Juninvirus heftig ausbreitet) oder auf die Entsorgung eines geplatzten Autoreifens seines Leihwagens in den Vereinigten Staaten auf einer Altreifenhalde aufmerksam zu machen (in dessen regennassem Innenleben der beißlustige, aus Südostasien eingeschleppte Tigermoskito mit dem Denguefiebervirus im Saugrüssel ein fröhliches Leben führt). Gerade diese Viren muß man schärfer ins Auge fassen, nicht nur der Geschäftsreisende oder der Tourist.

Informieren Sie Ihren Arzt vor einer längeren Reise.

Die meisten Viren der Togavirusgruppe werden von Insekten übertragen. Die Ausnahme ist das Rötelnvirus. Das Rubivirus (Röteln) ist zugleich einer der harmlosen Vertreter dieser Gruppe – außer für ungeborenes Leben in bestimmten Entwicklungsphasen: vielleicht, weil es eben nicht direkt ins Blut gelangt, sondern über die Lymphorgane in den Nasen-Rachenraum, wo es von der ersten Abwehrlinie bereits etwas beschädigt wird. Röteln werden durch den Menschen übertragen, alle anderen Toga- und Flaviviren nicht. Das übernehmen Mücken oder Zecken, die zeitlebens infektiös bleiben. Im übrigen ist der Mensch meistens nur ein zufälliger Wirt, für die Natur eine Sackgasse. Außer beim urbanen (städtischen) Gelbfieber wird er für die Weiterverbreitung des Virus nicht benötigt. Das ist weniger tröstlich, als es scheint: es kann nämlich durch Impfaktionen nie gelingen, solche Krankheiten auszurotten.

Die durch Insekten direkt ins Blut katapultierten Viren verursachen häufig schwere Krankheitserscheinungen. Meistens laufen diese in zwei Phasen ab. Während das Virus im Blut zirkuliert, sind die Symptome uncharakteristisch: Fieber, Kopf- und Muskelschmerzen. Der Verlauf bleibt insgesamt gutartig, wenn ein bis drei Tage später außer anhaltendem Fieber und heftigen Muskelschmerzen nur Lymphknotenschwellungen und Hautrötungen auftreten. Solche Verlaufsformen sind bekannt bei folgenden Erkrankungen:

Es kann sich aber aus der ersten Phase auch eine Hirnhautentzündung mit Fieber, Kopfschmerzen, Nackensteife bis zur Lähmung der Schultermuskulatur, Koma und psychischen Veränderungen entwickeln. Die Sterblichkeit ist hoch.

Gutartige, insektenvermittelte Fieberkrankheiten

Krankheit	Überträger	Vorkommen
Denguefieber	Moskito	Karibik, Westafrika
Westl. Nilfieber	Zecken, Moskito	Südostasien, Afrika, Mittelmeer
Sindbis	Moskito	Östl. Mittelmeer, Sizilien, Australien, Süd-, Südostasien

Gefährliche, insektenvermittelte Fieberkrankheiten

Krankheit	Überträger	Vorkommen
Frühsommermeningo-enzephalitis (FSME, Zeckenenzephalitis)	Zecke: Ixodes ricinus	Zentraleuropa, Rußland
Japanische B-Enzephalitis	Moskito	Ost-, Südost-, Süd-asien, Westpazifik
St.-Louis-Enzephalitis	Stechmücke	USA

Die Krankheiten können noch dramatischer als sogenanntes hämorrhagisches Fieber ablaufen, dessen charakteristische Symptome Blutungen der Mund-, Nasen-, Magen-, Darmschleimhäute sowie der Gebärmutter und der Nieren sind. Hämorrhagische Fieber führen schnell zum Tod:

Diese hochgefährlichen Krankheiten sind hauptsächlich in tropischen und subtropischen Breiten zu finden.

Gefährliche bis tödliche insektenvermittelte Fieberkrankheiten

Krankheit	Überträger	Vorkommen
Gelbfieber	Moskito	West-, Zentralafrika, Süd-, Zentralamerika
Kyasanurwaldfieber	Zecke	Indien
Denguefieber	Moskito	Karibik, Westafrika
Omsker Hämorrhagisches Fieber	Zecke	Zentralrußland

Nachlesen unter: Frühsommermeningoenzephalitis, Röteln (Seite 181, 206).

Bunyaviren

Daß diese Familie nachträglich von den Togaviren abgegrenzt wurde, ist nur für den Wissenschaftler interessant. Wichtig zu wissen ist eher, daß die meisten ebenfalls durch Insekten übertragen werden, gegen die man sich ja schützen kann.

Den Viren dieser Gruppe fällt es offenbar nicht schwer, ihr Tätigkeitsfeld bei günstiger Gelegenheit auszudehnen. Mit der Intensivierung der Schaf- und Ziegenhaltung in Südafrika sprang jedenfalls das Rift-Valley-Fiebervirus – ursprünglich eine Wiederkäuerkrankheit – plötzlich von Haus- und Wildtieren auf Menschen über und breitete sich auch nach Nordafrika aus.

Schwere, durch verschiedene Tierarten vermittelte Fieberkrankheiten			
Krankheit	**Überträger**	**Symptom**	**Vorkommen**
Kalifornische Enzephalitis	Stechmücke	Hirnentzündung (Enzephalitis)	USA
Oropouchefieber	Stechmücke	Enzephalitis	Brasilien
Sandflohfieber	Sandfloh	Fieber, Kopf-, Augenschmerzen	Asien, Südamerika, Italien, Nordafrika
Rift-Valley-Fieber	Moskito	Fieber, Kopf-, Augenschmerzen, zuw. tödlich	Nordafrika, Südafrika
Krim-Kongo-Hämorr. Fieber	Zecken	Schwere Erkr. mit häufiger Todesfolge	Zentralasien, Afrika, Mittl. Osten
Koreanisches Hämorr. Fieber	Mäuse, Ratten	Akutes Nierenversagen	Skandinavien, Deutschland, Rußland

Das Hantavirus wird nicht von Mücken, sondern von Nagetieren übertragen.

Ähnliches beobachten wir beim Hantavirus, dem einzigen aus dieser Familie, das nicht durch Insekten, sondern durch Nagetiere übertragen wird. Zuerst im Fernen Osten als Koreanisches Hämorrhagisches Fieber bekannt geworden, hat es sich inzwischen mit verschiedenen, nicht ganz so aggressiven Stämmen auch über Europa (Skandinavien, Rußland, Mittelmeerraum, Deutschland) und Nordamerika ausgebreitet. Hauptsächlich verursacht es hohes Fieber, Kopfschmerzen und Nierenversagen. Seit kurzem zeichnet sich eine Virusgruppe der amerikanischen Stämme auch für schwere Lungenentzündungen verantwortlich.

In Deutschland bewirkt das Hantavirus Nierenerkrankungen, hauptsächlich bei Kindern und Jugendlichen.
Nachlesen unter: Nierenversagen und Hantafieber (Seite 203).

Arenaviren

Die Familienmitglieder der Arenaviren pflegen in Nagetieren, Fledermäusen und Moskitos zu leben, die für Menschen gefährlichen in Mäusen. In Mitteleuropa stellen die Viren kein Problem dar, obwohl die Mäuse durchaus infiziert sind.
In afrikanischen und südamerikanischen Ländern kommt es jedoch immer wieder zu kleineren Epidemien beim Menschen, die meist tödlich enden. Es werden dort auch immer wieder neue Arenaviren entdeckt. Die Ansteckungsquellen sind Kot und Urin der Mäuse. Die Aufnahme des Virus geschieht durch Einatmen, durch den Magen-Darmkanal über verunreinigte Lebensmittel oder möglicherweise durch Hautkontakt.

Was zu beachten ist:

In Europa kommt nur das Virus der LCM (Lymphozytären Choriomeningitis) vor. Es ist weltweit in Mäusen verbreitet und führt äußerst selten zu einer Ansteckung des Menschen, am ehesten durch Goldhamster und Labormäuse. Die Infektion bewirkt meistens relativ harmlose grippeähnliche Symptome, in einigen Fällen auch Hirnhautentzündung. Bei einer Infektion schwangerer Frauen kann es zu Totgeburten oder Mißbildung des Kindes kommen.

Infektionsgefahr durch den Hamster besteht nur bis zum Alter von zwölf Wochen, danach werden die Viren im Hamster durch Antikörper neutralisiert. Deshalb nur Hamster kaufen, die älter als zwölf Wochen sind. Während der Schwangerschaft jedoch am besten gar keinen Hamster kaufen!

Weitaus schwerer als LCM verlaufen die Krankheiten der afrikanischen und südamerikanischen Arenaviren. Sie gehen meistens mit einem hämorrhagischen Fieber ähnlich wie bei Gelbfieber einher und führen nach wenigen Tagen zum Tode. Mit Ausnahme von Lassafieber besteht von Mensch zu Mensch keine Ansteckungsgefahr.

Beim Lassafieber aber sind selbst die Helfer gefährdet, so daß Unterdruckzelte für die Kranken empfohlen werden.

Diese gefährliche, hochfieberhafte Infektionskrankheit führt zu Schleimhautgeschwüren, Hautblutungen und vor allem zu Lungenentzündungen, die zumeist tödlich enden. Eine wirksame Therapie oder Arznei ist bisher nicht bekannt.

Das Lassafieber ist die derzeit »gefährlichste«, die am schnellsten tödliche Erkrankung. Es hat den »Blitztod« durch Lungenpest längst überholt.

Sehr gefährliche bis tödliche, durch Nager vermittelte Fieberkrankheiten

Erkrankung	Überträger	Vorkommen
Lassafieber	Ratte	Westafrika
Argentinisches hämorrh. Fieber (Juninvirusfieber)	Feldmaus	Argentinien
Bolivianisches Hämorr. Fieber (Machupoviren)	Feldmaus	Bolivien

Retroviren

Diese Virusgruppe wurde mit dem Auftreten von Aids allgemein bekannt. Bei Menschen entdeckte man die ersten Retroviren im Jahr 1980. Lange vorher kannte man sie schon bei Tieren, und es wäre eher erstaunlich gewesen, wenn der Mensch nicht für diese Viren empfänglich gewesen wäre.
Zu den Retroviren gehören die große Familie der krebserregenden Viren (Onkoviren), außerdem die Lentiviren mit den Immunschwächeviren der unterschiedlichsten Tierarten sowie die Spumavirusgruppe. Alle drei Gruppen bergen Krankheiten bei Mensch und Tier, die noch Rätsel aufwerfen.

Das erste »menschliche« Retrovirus wurde HTLV-1 bezeichnet. Es verursacht die T-Zell-Leukämie, einen Tumor der weißen Blutzellen. Vor allem im Süden Japans ist diese durch Geschlechtsverkehr übertragbare Krankheit verbreitet, Säuglinge stecken sich durch die Muttermilch an. Seit einiger Zeit wird mit einem staatlichen Programm diese Krankheit in Japan erfolgreich eingedämmt, u. a. gehört dazu auch die routinemäßige Untersuchung von Blutkonserven auf HTLV-1-Antikörper (was in Mitteleuropa nicht für notwendig erachtet wird).

In den Vereinigten Staaten wird immer häufiger ein sehr enger Verwandter, HTLV-2, gefunden, der für die seltene Haarzell-Leukämie verantwortlich gemacht wird. Der dritte enge Verwandte, BLV, Bovines Leukämievirus (Rinderleukämievirus) verursacht bei Rindern Leukämie, in Deutschland Leukose genannt.

Verwandtschaft der Retroviren

HTLV-BLV-Gruppe (der Onkoviren)	**Lentiviren**	**Spumavirus u. a. Gruppen**
T-Zell-Leukämie (HTLV-1, Mensch, Affen)	Aids (HIV) (Mensch)	Leukämien (Maus)
HTLV-2 (Mensch) (Affenimmun-schwäche)	SIV	Brustdrüsen-tumore (Maus)
BLV (Rinder-leukämie = Leukose)	FIV (Katzen-immunschwäche)	Jaagsiekte (Schaf)
	BIV (Rinder-immunschwäche)	Leukose (Vögel)
	Visna/Maedi (Schaf)	Spumavirus (Mensch, Affe, Rind, Katze)
	Infektiöse	Leukämie

Die verschiedenen Retroviren lösen bei Mensch und Tier bei ähnlichem Verlauf oft tödliche Krankheiten aus.

In Deutschland stehen Rinderbestände mit Leukose unter strenger veterinärpolizeilicher Aufsicht, Leukoserinder werden geschlachtet.
Die Lentivirusgruppe enthält alle Immunschwächekrankheiten bei Mensch und Tier. Gut bekannt ist mittlerweile Aids der Katze, das bei älteren Katzen (über sechs Jahre) vorkommt und tödlich endet.

Was zu beachten ist:

Derzeit geht man davon aus, daß BLV nicht für Menschen infektiös ist – dennoch hat man in den USA bei Leukämiepatienten Antikörper gegen die Rinderleukämie gefunden. Studien in Schweden und Rußland haben ebenfalls einen Zusammenhang zwischen Ausbrüchen von Rinderleukämie und einem Ansteigen der menschlichen Leukämien ergeben.

Die Rinderimmunschwäche (BIV) tritt fast weltweit auf, ohne größeren Schaden anzurichten. Ein Zusammenhang mit diversen menschlichen Immunschwächekrankheiten wird wissenschaftlich bestritten.

Auch bei der Immunschwäche des Rindes (BIV) läßt sich nicht immer eine Krankheit entdecken. Die Immunabwehr wird durch das Virus offensichtlich nur geringfügig geschädigt. Nach experimenteller Infektion waren die Lymphknoten der Rinder jedoch geschwollen, und sie bekamen Fieber. In den USA ist BIV unter den Rinderherden weitverbreitet. Bekannt sind Infektionen auch aus Europa, Australien und Neuseeland. Derzeit wird von Seite der Wissenschaft ein Zusammenhang zwischen BIV und den diversen Immunschwächekrankheiten bei Mensch und Tier bestritten. Allerdings wird nach Retroviren in Milch, Milchprodukten und Fleisch auch nicht gesucht.

»Alte« Viren mit veränderten Genen

Die Immunschwächeerkrankungen des Menschen sind, wie man jetzt weiß, schon mehrere Jahrhunderte alt: Die beiden Viren HIV-1 und HIV-2 entwickelten sich bereits vor 600 bis 900 Jahren auseinander. Beide sind mit Immunschwächeviren von Schimpansen bzw. von Makaken näher verwandt als untereinander.

Eine charakteristische Eigenart der Immunschwächeviren ist, daß sie häufig spontane Genänderungen (Mutationen) mitmachen. Ihnen stehen sowohl das Immunsystem als auch die Wissenschaftler machtlos gegenüber.

Die Infektion mit HIV führt – wie bei den meisten Virusinfektionen – erst einmal zu grippalen Symptomen. Wenn das Virus in das Blutsystem eingebrochen ist, befällt und zerstört es das Zielorgan: in diesem Fall sind es die Abwehrzellen. Da damit die entscheidenden Bestandteile des Immunsystems außer Funktion gesetzt werden, wird der Organismus zunehmend schutzlos gegen alle Infekte einschließlich Tumoren und geht schließlich daran zugrunde.

Die Viren sind in praktisch allen Körperflüssigkeiten enthalten. Eine Infektion kann schon durch mikroskopisch kleine Schäden der Haut oder Schleimhaut eintreten, ist aber vermutlich abhängig von der Virusanzahl. Da HIV weltweit vorkommt und galoppierend zunimmt, ist die Gefahr der Ansteckung überall vorhanden, wo auf invasive Weise Körperflüssigkeiten in Kontakt kommen: beim Drogenkonsum, Geschlechtsverkehr und – immer noch – bei Transfusionen.
Nachlesen unter: Aids (Seite 163).

Als »neue Geißel« der Menschheit ist der tödliche Aidserreger durch Drogenkonsum, Geschlechtsverkehr und Blutransfusionen übertragbar.

Nicht klassifizierte Viren

Zweifellos verursacht ein Virus die Bornasche Krankheit beim Pferd und Schaf – alles andere ist weitgehend unklar, vor allem, warum sich bei manchen psychiatrischen Patienten Antikörper gegen Borna finden lassen. Die Wissenschaftler vermuten, daß das Virus bei Schaf und Pferd an den Riechnerven entlang ins Gehirn wandert und sich dort jahrelang aufhalten kann. Lymphozyten bemerken den Eindringling, schaffen es aber nicht, ihn unschädlich zu machen. Die Folge ist wahrscheinlich eine Immunreaktion im Gehirn.

Ursachen für die noch weitgehend unerforschte »Bornasche Krankheit« könnte ein Virus sein, das sich im »falschen« Wirt in der Gehirnsubstanz nur langsam vermehrt.

Bei den Tieren werden Erregungs- oder Depressionszustände, Bewußtseinsstörungen, Krämpfe und Lähmungen sichtbar. Die Symptome sind verschieden und auch unterschiedlich stark, je nachdem, wie viele Viren sich eingeschlichen haben und wohin.
Gerade im Zusammenhang mit den unten beschriebenen »Prionerkrankungen« muß evtl. auch die Bornasche Krankheit beim Menschen in neuem Licht betrachtet werden. Möglicherweise gibt es eine Reihe von »psychiatrischen« und »Alterskrankheiten«, deren Ursache in Wahrheit ein Virus o. ä. ist. Möglicherweise kann sich ein solches Virus ausschließlich in der Gehirnsubstanz vermehren – vielleicht nur sehr langsam, weil es sich im »falschen« Wirt befindet. Auf diesem Gebiet stehen uns jedenfalls sicher noch Überraschungen bevor.

Was zu beachten ist:

Auf jeden Fall sollte man sich in bornaverseuchten Gebieten (Hessen, Sachsen, Bayern, Württemberg, Südosteuropa, Nordafrika) bei Kontakt mit verdächtigen Schafen und Pferden durch penible Hygiene zu schützen versuchen.

Unkonventionelle Viren

Einst schuf die Einordnung der Schafkrankheit Scrapie in die Slow-Viruserkrankungen, also den langsamen Viren, eine Verbindung zwischen Aids und der merkwürdigen Gehirnerkrankung des Schafes. Mittlerweile hat HIV seine stammesgeschichtliche Einordnung gefunden – aber das Rätsel um Scrapie und verwandte Krankheiten ist größer geworden. Immer noch steht nicht fest, ob es sich um ein äußerst kleines Virus handelt oder um Eiweiße ohne Nukleinsäuren – einzig die Infektiosität ist unbestritten.

Eine Epidemie unter Kühen entstand jedenfalls nach dem Verfüttern von scrapieerregerhaltigem Hochleistungsfutter. Obwohl die Symptome der tödlichen Gehirnerkrankung bei den Rindern die gleichen waren wie bei den scrapiekranken Schafen, darüber hinaus auch die mikroskopisch sichtbaren Gehirnveränderungen fast identisch waren, wurde die Krankheit beim Rind fortan Bovine Spongiforme Enzephalopathie (BSE) genannt, salopp Rinderwahnsinn. Seitdem steckten sich am Futter weitere Tierarten mit der Gehirnkrankheit an, andere waren im Tierexperiment empfänglich; insgesamt ist die Gehirnerkrankung bei mehr als 20 Tierarten beobachtet worden. Es verstärkt sich daher der Verdacht, daß die tödliche Enzephalopathie für viele Tierarten infektiös ist.

Andere gefährliche Gehirnerkrankungen

Derzeit muß sogar dringend vermutet werden, daß die Creutzfeldt-Jakob-Disease (CJD), das Gerstmann-Sträussler-Syndrom (GSS) sowie Kuru die Varianten der Gehirnkrankheit beim Menschen darstellen. Nachweislich wurden versehentlich Patienten mit Implantaten und durch Wachstumshormone infiziert, die von unerkannten Creutzfeldt-Jakob-Kranken stammten. In anderen Fällen war Operationsbesteck nach einer Operation am CJD-Kranken trotz normaler Sterilisation noch infektiös. In Indien starben mehrere Menschen, nachdem sie eine mit Scrapie verunreinigte Vakzine auf Schafserumbasis erhalten hatten. Nicht diskutiert wurde dabei, ob die Impflinge an Scrapie oder an CJD starben.

Der Rinderwahnsinn in England entstand durch Verfütterung von scrapiehaltigem Hochleistungsfutter.

Epidemiologisch, d. h. durch die Verfolgung von Infektionsketten, wurde noch keine schlüssige Verbindung zwischen Scrapie, BSE und den Erkrankungen des Menschen hergestellt – dies schien auch nicht sinnvoll, da CJD ausgesprochen selten auftrat (vermutlich aber durch

Fehldiagnosen eine erhebliche Dunkelziffer aufweist). Sollte jedoch der Scrapieerreger auf noch nicht geklärtem Wege für die Enzephalopathien beim Menschen verantwortlich sein, würde es sich um eine echte Zoonose handeln – um eine vom Tier auf den Menschen übertragbare Krankheit, etwa wie Tollwut.

Derzeit wird aus dem hochverseuchten England, wo BSE explosionsartig entstand, weiterhin weltweit scrapiehaltiges Futter exportiert. Die Rinderbestände mehrerer Länder sind bereits infiziert; gefüttert werden mit dem Kraftfutter aber auch Schweine, Geflügel, Wild und Fische. Auch wenn nun manche dieser Lebensmitteltiere nicht lange genug leben, um Symptome der Gehirnerkrankung zu entwickeln – man rechnet beim Rind mit fünf bis acht Jahren, beim Menschen mit bis zu 20 Jahren – könnten sie sehr wohl mit dem Erreger der Krankheit infiziert sein und ihn weitergeben.

Noch ist es allerdings nicht sicher geklärt, ob diese Gehirnerkrankungen tatsächlich durch infiziertes Fleisch ausgelöst werden.

Der Erreger wird mit dem Futter aufgenommen, soviel steht fest. Wenn die Symptome ausbrechen, ist er vermutlich im Gehirn: möglicherweise sind die für die Erkrankung kennzeichnenden Fibrillen auf »Befehl« des Erregers fehlerhaft produzierte Eiweiße. In der symptomfreien Zwischenzeit befindet er sich zweifellos irgendwo im tierischen Körper, möglicherweise in den Lymphorganen des Darms.

Wie auch immer – wenn die spongiösen Gehirnerkrankungen durch den Konsum infizierten Fleisches ansteckend sind, würden die Varianten beim Menschen zukünftig keineswegs unbedeutend bleiben, denn mit wachsender Verseuchung vieler Tierpopulationen in aller Welt würden die Zahlen der CJD-Kranken rasch ansteigen.

Nachlesen unter: Creutzfeldt-Jakob-Disease (Seite 175).

Lymphozyten versuchen zusammen mit Antikörpern einer Immunerkrankung Herr zu werden.

So hilft uns die Natur gegen Viren und Bakterien

Gesund durch Antikörper

Ohne daß wir es bemerken, arbeitet das runde Kilogramm Abwehrzellen des Immunsystems (Lymphozyten) eines erwachsenen Menschen ständig für unsere Gesundheit. Ein Teil der Lymphozyten ist unaufhörlich damit beschäftigt, kranke und fremde Zellen, Viren und Bakterien zu erkennen, Antikörper auszustoßen und gegen die krankmachenden Partikel zu schicken.

Antikörper sind ständig damit beschäftigt, im ganzen Körper fremde Zellen, Bakterien und Viren aufzuspüren.

Die Antikörper sind große Eiweißmoleküle, die sich mit einem bestimmten Teil ihrer Oberfläche räumlich an den Feind binden können, man nennt sie Immunglobuline. Im Unterschied zu den feindabwehrenden Zellen des Blutes sind sie dafür ausgerüstet, uns auch außerhalb des Blutes gegen eindringende Feindpartikel zu schützen, indem sie Membranen durchqueren können – jede Antikörperart ist dabei für bestimmte Aufgaben spezialisiert.

Wie immer in der Natur, hängen solche Spezialisierungen von der räumlichen Bauweise und Struktur der Beteiligten ab. Man unterscheidet also verschiedene Typen von Immunglobulinen: Immunglobulin G (IgG), IgA, IgM, IgD und IgE, die alle unterschiedliche Aufgaben haben.

Das IgG ist der wichtigste Typ von Antikörper (AK) im Kampf gegen bakterielle Gifte, gegen Viren und gegen Bakterien selbst. Die große Masse dieser Antikörper patrouilliert im Blut. Es ist das einzige Immunglobulin, das die Mutter dem ungeborenen Kind mitgeben kann. Ein Neugeborenes muß sich in den ersten 10 bis 12 Wochen auf die Antikörper seiner Mutter verlassen können, erst danach fängt sein Immunsystem an, eine eigene Abwehr aufzubauen.

Antikörper sind nicht von Geburt an vorhanden

Das Neugeborene ist durch mütterliche Antikörper gegen manche Krankheiten geschützt. Nach etwa drei Monaten finden diese Antikörper ihr natürliches Lebensende. Ab diesem Zeitpunkt muß das Baby geimpft werden.

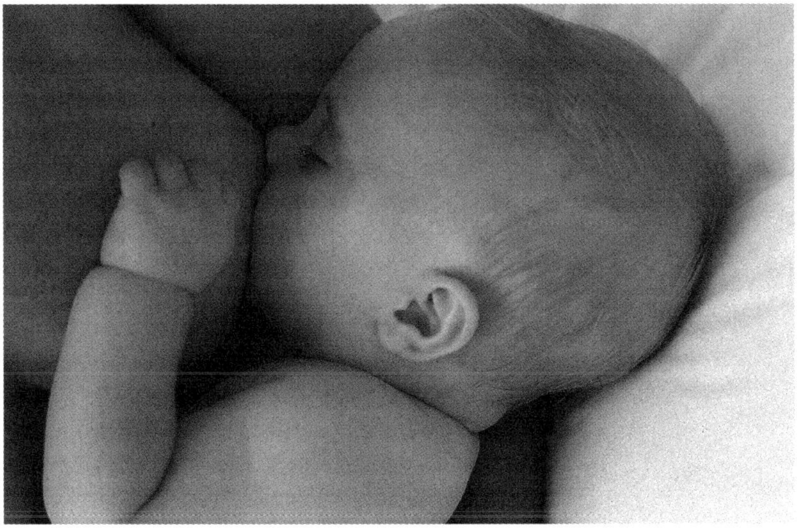

Über die Nabelschnur im Körper der Mutter und später über die Muttermilch erhält das Baby sein erstes Abwehrsystem.

Das IgG befindet sich jedoch nicht nur in Blutbahnen: Es schlüpft in das Wasser der Augenkammern, in die Rückenmarksflüssigkeit und in die Flüssigkeit der Bauchhöhle – Räume, in denen Krankheitserreger lebensbedrohend werden würden.

Das Immunglobulin A ist für den Schutz der Schleimhäute zuständig, gleich ob diese nun nach außen gewandt sind, wie Augen-, Nasen- und Rachenschleimhäute, – oder nach innen wie die der Gallenblase und des Darms. Auch die flüssigen Absonderungen (Sekrete) der Schleimhäute sind mit den Antikörpern beladen. Sie sind strategisch besonders günstig plaziert, denn die Hauptmasse der Keime wandert über die Atmungsorgane in unseren Körper ein. Das IgM ist ein Riesenmolekül, größer als die anderen, und nur im Blutkreislauf zu finden. Dafür reagiert es am schnellsten auf eine Infektion. Das Neugeborene kann mit diesen Antikörpern bereits geboren werden: man weiß dann, daß es schon im Mutterleib eine Infektion durchgemacht hat, denn es hat die Antikörper selber gebildet. Wenn Zweifel bestehen, ob das Kind bereits vor der Geburt eine Syphilis- oder eine Rötelninfektion hat, erkennt man dies an den IgM-Antikörpern.

Das Vorhandensein von Antikörpern gibt Aufschluß über die Krankengeschichte des Menschen.

Das IgD ist ein Antikörpertyp, der nur zum geringen Teil frei im Blut schwimmt. Die meisten dieser Immunglobuline bleiben auf dem B-Lymphozyten, der sie produziert hat, als Kontaktstelle (Rezeptor) sitzen.

In noch geringerer Anzahl kommt das IgE vor. Man nimmt an, daß es entwicklungsgeschichtlich gesehen für die Abwehr von Würmern zuständig war, eine in Mitteleuropa heute fast nutzlos gewordene Funktion. Man könnte fast meinen, daß diese Antikörper sich daraufhin ein anderes Betätigungsgebiet suchen mußten und seitdem einen Kampf gegen allerlei Eiweiße führen, den sie allerdings noch nicht ganz beherrschen. Das IgE wird direkt vor Ort, in den Schleimhäuten von Atemorganen und Magen-Darmtrakt, gebildet und lagert sich bevorzugt an die Mastzellen an. Bekommt es mit einer fremden Substanz Kontakt, schlägt die IgE-Mastzellen-Kombination Alarm und schüttet Überträgerstoffe, vor allem Histamin, aus. Folge: die Blutgefäße erweitern sich, der Blutdruck fällt ab – die Gefäßwände werden durchlässiger, Blut sickert hindurch und lagert sich unter der Haut an. Hautausschläge und Juckreiz breiten sich aus: die Allergie ist da, schlimmstenfalls der allergische Schock.

Immun durch Impfung

Die Impfung sorgt auf künstlich erstelltem Weg für eine Antikörperproduktion im menschlichen Organismus.

Der Mensch kann die Natur längst nicht in allen Dingen imitieren und schon gar nicht sie übertreffen. Aber dem Immunsystem gegen Viren und Bakterien zu helfen, hat er seit langem gelernt – was nebenbei gesagt zu dem irrtümlichen Glauben führte, Bakterien und Viren seien beherrschbar. Sie sind es nicht – wir erfahren es immer öfter.
Eine der Waffen der Mediziner ist die Herstellung von Antikörpern im Labor, die unter bestimmten Bedingungen immer noch lebensrettend sein können, z. B. nach dem Biß eines tollwütigen Tieres. Solche Antikörper, deren Baumuster die Gedächtniszellen des Immunsystems in der Regel nicht parat haben, weil der Mensch zum Glück sehr selten von einem tollwütigen Tier gebissen wird, werden gespritzt und fangen die Tollwutviren noch innerhalb der Blutbahn ab. Sie können sie so vollständig lahmlegen, daß kein einziges der gefürchteten Krankheitssymptome auftritt.
Diese Form der Immunisierung heißt »passiv« und ist als Therapie gegen die sich bereits im Körper befindenden Krankheitserreger zu verstehen. Früher wurden die Antikörperkonzentrate (Antiseren) aus dem Blut von Pferden gewonnen. Heute werden nur noch menschliche Immunglobuline verwendet, so daß allergische Reaktionen gegen das Pferdeserum weitgehend ausgeschlossen werden können. Gefürchtet

war früher der allergische Schock nach mehrmaliger Verabreichung von Pferdeserum. (Eine Ausnahme bilden die Antiseren gegen Schlangengift: die herkömmlichen Schlangenseren sind heute noch Pferdeseren. Tests werden derzeit mit Hühnerseren gemacht, gegen welche die Immunabwehr im allgemeinen wesentlich schwächer reagiert.)

Normalerweise aber verstehen wir unter Impfung die vorbeugende Schutzmaßnahme gegen eine gefährliche Virus- oder Bakterieninfektion, die Schutzimpfung also, man nennt sie auch »aktive« Immunisierung. Prinzipiell beruht sie darauf, daß dem menschlichen Körper bestimmte Bakterien oder Viren gespritzt werden, worauf er Antikörper dagegen entwickelt. Natürlich müssen die verwendeten Keime in ihrer Struktur so verändert sein, daß sie den Impfling nicht krank machen. Deshalb werden sie im Labor geschwächt oder abgetötet. Das Immunsystem des zu Impfenden trainiert seine Gedächtniszellen an den antigen (»fremd«) wirkenden Teilen des Infektionserregers und bildet passende Antikörper aus.

Der beste Schutz wird erreicht, wenn der Erreger lebt und sich vermehrt, denn das bedeutet, daß der Lernprozeß über einige Wochen anhalten kann. Als Ergebnis haben alle an der Immunabwehr beteiligten Partner das betreffende Virus erkennen »gelernt«. Diese Vorbeugung wird bei Masern, Polio, Gelbfieber und Typhus angewandt.

Allgemeine Faustregel:
Fit gegen Viren durch Impfung!
Behandlung von Viruserkrankungen ist schwierig!
Fit gegen Bakterien durch Stärkung des Immunsystems!
Behandlung von Bakterienerkrankungen ist einfach (im allgemeinen)!

Problematische Impfungen

Es gibt aber auch Keime, die für den Patienten nach der Impfung gefährlich werden könnten, falls sie zufällig die Schwächungsprozedur überstehen, wie z. B. Pest- oder Cholerabakterien. Das Risiko kann keiner tragen. Solche Krankheitserreger werden deshalb bei der Gewinnung des Impfstoffs abgetötet. Leider ist der immunisierende Effekt dann weniger groß, weshalb die Impfungen in Abständen aufgefrischt werden müssen. Verträglichkeit und Impfschutz erhöhen sich jedoch, wenn in den Impfstoffen die Immunität erzeugenden Eiweiße konzentriert enthalten sind.

In der Praxis gibt es gegen viele Viruserkrankungen sowie gegen die toxische (giftige) Wirkung von Bakterien guten, unproblematischen Impfschutz, lebenslang z. B. gegen Masern, langdauernd gegen Gelbfieber, Polio, Mumps, Röteln, Diphtherie, Tetanus. Gegen Bakterien selbst schützt die Impfung – sofern sie überhaupt möglich ist – häufig nur kurz, z. B. gegen Typhus, Pest, Cholera und Keuchhusten.

Mit konsequenten und großangelegten Impfprogrammen könnten Krankheitserreger endgültig vernichtet werden.

Im großen und ganzen ist deshalb die vorbeugende Impfung gegen Viren das beste Mittel. Impfungen sind wichtig, nicht nur für den einzelnen, sondern für die Menschheit insgesamt. Mit großangelegten Impfprogrammen kann es nämlich gelingen, Krankheiten ganz auszurotten. Mit den Pocken ist dies gelungen. Die Weltgesundheitsbehörde WHO konnte sie 1980 für »ausgestorben« erklären. Als nächstes geht die WHO die Ausrottung der Kinderlähmung an, die in den unterentwickelten Ländern ein ungeheures Problem darstellt.
Das Gelingen solcher großen Ziele ist natürlich von der Finanzkraft der Organisation bzw. der reichen Länder abhängig. Und zumindest in den westlichen Ländern könnte man auch von der Bevölkerung verlangen einzusehen, warum die Teilnahme an Impfungen, auch an freiwilligen, sinnvoll ist. Es müßten z.B. nicht nur Mädchen, sondern auch Jungen gegen Röteln geimpft werden, denn ein Virus kann nicht beseitigt werden, wenn es sich in der einen Hälfte der Bevölkerung ungehindert tummeln darf!

Heilung durch Antibiotika

Antibiotika sind großartige Heilmittel, von der Natur selber zur Verfügung gestellt. Wirksam sind sie ausschließlich gegenüber Bakterien, nicht gegenüber Viren, was häufig verwechselt wird. Wer von ihnen spricht, meint meistens Chemotherapeutika, zu denen, außer den natürlichen Antibiotika, alle auf chemischem Wege hergestellten Substanzen gegen Bakterien, Viren und Parasiten gehören.

Antibiotika sind natürliche Wirkstoffe, die Bakterienwachstum hemmen oder töten.

Antibiotika im eigentlichen Sinn sind echte Stoffwechselprodukte von Bakterien und Pilzen, die eine hohe Wirksamkeit gegen bestimmte Bakterien haben. Auch vor der Entdeckung der antibiotischen Substanz Penicillin im Schimmelpilz Penicillium chrysogenum durch Alexander Fleming 1928 wußten weise Menschen unter Naturvölkern, die Ärzte seit der Antike und die aus ihren Schriften lernenden Mönche im Mittelalter, daß man eitrige Erkrankungen mit bestimmten, pilzhaltigen Erden, mit schimmelbesetztem Hühnerkot oder Käseschimmel behandeln kann. Der Haken an der Sache war natürlich, daß der Schimmelpilz eines antiken griechischen Arztes von der Insel Kos keineswegs identisch war mit demjenigen, der anderswo gefunden wurde, ebensowenig wie die Art der bakteriellen Infektion die gleiche gewesen sein kann. Deshalb ist es nicht möglich zu bestätigen, daß die Anweisung des »Lorscher Arzneibuches« aus dem 8. Jahrhundert, Käseschimmel mit Schafdung in Honig zu verrühren, auch wirklich geholfen hat – aber vom Prinzip her war es ein großartiges, »modernes« Rezept. Zigeuner und Indianer blieben im Gegensatz zum Mitteleuropäer mit ihrer natürlichen Umgebung verbunden und behielten das Wissen um die Schimmelpilze und die Erden, denen die größte Heilkraft zukam, in ihrer Erinnerung und Tradition.

In früheren Kulturen und bei Naturvölkern war und ist die heilende Kraft von Schimmelpilzen bekannt.

Natürliches Keimgift in Knoblauch und Zwiebeln

Im ursprünglichen Sinn bedeutet Antibiotikum »das von der lebenden Zelle produzierte Keimgift«. Auch die bakterientötenden Substanzen von Knoblauch und Zwiebel gehören dazu; ihre vorbeugende Anwendung gegen Seuchen ist uns aus dem alten Ägypten bekannt.

Zugegeben, alle diese Mittel sind ungenau in der Dosierung, lassen sich nicht exakt reproduzieren oder überhaupt nicht herstellen. Darüber hinaus verkamen sie im Mittelalter und in der Neuzeit in der Hand vieler ihrer Anwender zur wirkstoffreien Dreckapotheke. Dennoch haben Heilkundige sich ihrer erfolgreich über Jahrhunderte, sogar Jahrtausende, bedient, während wir selber – auf wissenschaftlicher Basis – die Kraft von heilenden Bakterien- und Pilzsubstanzen in wenigen Jahrzehnten fast verspielt haben. Aus Unkenntnis haben wir die kostbaren antibiotisch wirkenden Naturstoffe verschwendet – die Bakterien antworteten mit Genänderungen, so daß ihnen die Antibiotika nichts mehr anhaben konnten. Was wir negativ als Resistenz bezeichnen, ist für den Bakterienstamm schließlich nichts anderes, als daß er auf seine veränderte Umwelt zweckmäßig reagierte – er lernte u. U. sogar, ein Zuviel an angebotenem Antibiotikum in den eigenen Stoffwechsel einzubauen.

Durch inflationäre Anwendung von Antibiotika sind heute viele Bakterien resistent dagegen.

Vielleicht sind die neuentdeckten Stoffe, die jüngst aus Haien isoliert worden sind, ein ebensolcher Glücksfall für die Medizin wie einst Penicillin (1928) und Bacitracin (1945). Im Hai scheint das sogenannte Squalamin das Immunsystem zu regulieren, im Labor tötet es zuverlässig einige der größten Problemkeime ab. Vielleicht ist Squalamin der Anfang zur Entdeckung einer neuen Klasse von »natürlichen« Antibiotika.

Einstweilen aber müssen wir uns auf die chemisch hergestellten, zunehmend auch gentechnisch erzeugten Arzneimittel gegen Bakterien und Viren stützen, deren Anwendung viele Probleme mit sich bringt.

Kann die Wissenschaft die Natur übertreffen?

Chemotherapeutika: Retter oder Versager?

Mit Hilfe von im Labor künstlich hergestellten Therapiemitteln gab es einen Sprung in der Wissenschaft.

1909 gelang Paul Ehrlich der Coup, mit dem man den Beginn der wissenschaftlichen Chemotherapie (Behandlung mit Substanzen, die Krankheitserreger abtöten) ansetzen könnte: Er stellte gezielt ein wirksames, den Körper nicht allzusehr schädigendes Mittel gegen die Infektionserkrankung Syphilis her: Salvarsan. Ab da ging es Schlag auf Schlag – Chemotherapeutika (zur Behandlung, z. B. Antibiotika) und später auch Chemoprophylaktika (zur Vorsorge) gegen Viren, Bakterien und Parasiten (z. B. Malaria, Toxoplasmose, Würmer) wurden selbstverständlich.

Eingriff in die Struktur der Bakterien

Chemische Substanzen gegen Bakterien unterscheiden sich grundlegend von denjenigen, die Viren bekämpfen sollen. Bakterien haben einen eigenen Stoffwechsel, in den hemmend oder abtötend eingegriffen wird. Die Viren aber haben keinen Stoffwechsel. Wo also eingreifen?
Bei Bakterien unterscheidet man grob zwei Wirkungsbereiche in der Bekämpfung: das bakteriostatische und das bakteriozide Antibiotika. Bakteriostatisch heißt: das Antibiotikum hemmt nur die Vermehrung der Bakterien. Die Keime geben weiterhin munter ihre Giftstoffe, oder worauf immer ihre schädigende Wirkung beruht, ab – teilen sich aber wenigstens nicht mehr. Allerdings ist die normale Teilungsgeschwindigkeit, also das Tempo, mit dem sich die Bakterien vermehren, sehr unterschiedlich: Bei den Kolibakterien im Darm dauert sie 20 Minuten, beim Tuberkulosebakterium bis zu 18 Stunden. Folglich würde es bei langsamen Bakterien viele Stunden dauern, bis überhaupt eine Wirkung eintreten kann.
Selbstverständlich lauern die teilungsgehemmten Bakterien darauf, daß die lästigen Hemmstoffe endlich aus ihrer Umgebung verschwinden. Tun sie das nicht, verkümmern die Bakterien allmählich von selbst, weil die Nährstoffe in ihrer Umgebung aufgebraucht sind oder sie in ihrem eigenen Abfall ersticken. Dann können sich die Immunzellen an das Aufräumen machen. Das dauert einige Tage, aber der Patient beginnt, sich langsam besser zu fühlen. Hört aber die

Antibiotikabehandlung zu früh auf, weil der Patient die Einnahme der Tabletten vergißt oder sein Immunsystem vorgeschädigt ist, erholen sich die Bakterien wieder – sie fangen an, sich zu teilen, und die Symptome der Erkrankung verschlimmern sich wieder.
Bakteriozid bedeutet, daß die Antibiotika die Bakterien abtöten, manche sogar radikal. Einige Antibiotika können nur während der Vermehrungsphase der Bakterien wirksam werden, in der die Keime besonders empfindlich sind. In der Phase ihrer Größenzunahme, des Wachstums also, finden Antibiotika bei solchen Bakterien keine Angriffsmöglichkeit. Ein Patient könnte deshalb in dieser Zeit irrtümlich zum Schluß kommen, die Bakterien seien tot. Vielleicht setzt er dann eigenmächtig das Antibiotikum ab. Er tut es mit Sicherheit gegen den Rat des Arztes. Denn dieser könnte ihm erklären, daß Bakterien auch auf Grund ihrer Stoffwechselsituation, d. h. ihrer jeweiligen Lebensphase, resistent gegen das Antibiotikum sein können. Das Chemotherapeutikum muß deshalb immer lange genug verabreicht werden, auch noch nach Abklingen der Symptome.

Nie gegen die Anweisungen des Arztes zu früh mit der Tabletteneinnahme aufhören.

Was zu beachten ist:

Antibiotika schädigen in der Regel auch »gute« Bakterien, wie die unserer Darmflora. Deshalb muß man als Nebenwirkung bei der Behandlung mit weicherem Stuhlgang rechnen. Das ist nicht problematisch, denn die Darmbakterien erholen sich nach Absetzen des Medikamentes und arbeiten wie gewohnt.
Mehr Aufmerksamkeit sollte man der Tatsache widmen, daß unser Immunsystem durch Antibiotika gedämpft werden kann. Einerseits werden durch die Therapie die Bakterien bekämpft, andererseits die Selbstverteidigung unseres Körpers blockiert. Diese nachteilige Wirkung kann man durch große Mengen Vitamin C auffangen. Also: viel frisches Obst und Gemüse während einer Therapie mit Antibiotika essen!

Im einzelnen greifen die Antibiotika an ganz bestimmten Stellen des Bakteriums ein, an der Zellwand oder an der Zellmembran, oder sie stören die Herstellung des genetischen Materials oder einiger Bausteine. Manche Antibiotika können gegen bestimmte Bakterien also niemals wirken, weil ihr Wirkungsprinzip das gar nicht zuläßt.

Antibiotika, vor 50 Jahren gerade mal entdeckt, stellen heute einen eigenen Produktionszweig.

400 Antibiotikasorten verhindern nicht die zunehmende Resistenz von Bakterien.

Beispielsweise muß Penicillin die Zellwand der Bakterien durchdringen, und das gelingt nur bei einigen bestimmten Bakterien.
Zuweilen werden die Antibiotika durch spezielle anatomische Barrieren daran gehindert, den Zielort zu erreichen: Rückenmarksflüssigkeit, Prostata, Knochen, Niere sind – aus guten Gründen – gegen fremde Stoffe optimal abgeschirmt.
Bedenken muß man schließlich, daß auch die Gefahr besteht, Antibiotika einmal überzudosieren, und daß es zu allergischen Reaktionen oder Nebenwirkungen kommen kann.
Insgesamt gibt es ungefähr 400 Antibiotikasorten, aber die Zahl täuscht die Fülle von Behandlungsmöglichkeiten nur vor, denn sie greifen alle auf die wenigen möglichen Wirkungsmechanismen zurück. Und die Bakterien »lernen«, sich zu wehren, wie wir an der zunehmenden Resistenz sehen.

Viren – schwer faßbar

Die Behandlung von Viruserkrankungen ist sehr viel schwieriger als die von Bakterieninfektionen. In der Mehrzahl der Fälle muß der behandelnde Arzt sich auf die Linderung der Symptome beschränken. Selbst bei lebensbedrohenden Viruserkrankungen, bei denen ein Chemotherapeutikum angewandt wird, kann immer nur versucht werden, das Virus an der Ausbreitung zu hindern. In der Zelle abtöten läßt sich das Virus nicht, d. h. bis heute haben wir kein Medikament, das die Ursache der Krankheit beseitigen könnte, so wie ein Antibiotikum bei Bakterien.

Bis heute können wir mit keinem Medikament der Welt Viren in Zellen abtöten.

Mit Herpes oder Aids infizierte Menschen behalten die Viren ihr Leben lang. Das Medikament kann höchstens die Vermehrung des Virus verhindern. Die Gründe dafür sind zum einen, daß das Virus keinen eigenen Stoffwechsel hat und sich in der befallenen Zelle »versteckt«, zum anderen, daß sein Erbgut so unterschiedlich sein kann, daß es die normalen Abwehrmechanismen des Immunsystems unterläuft. Beides zusammen verhindert ein erfolgreiches Zusammenspiel zwischen Chemotherapeutikum und Immunsystem. Dennoch ist bereits eine Anzahl von Chemotherapeutika entwickelt worden. Prinzipiell gibt es mehrere Möglichkeiten, das Virus zu behindern: durch die Besetzung der speziellen Kontaktstellen der Zelle für das Virus sowie durch Unterbindung von in der Zelle ablaufenden Prozessen, die zur Herstellung oder Freisetzung der Viren notwendig sind.

Nur wenige Stoffwechselschritte sind so spezifisch für das Virus, daß ein Wirkstoff eingreifen könnte. Wenn das Virus sich beispielsweise eines eigenen Enzyms bedienen muß. Dies ist bei einem Enzym von HIV der Fall, das durch Azidothymidin (AZT) blockiert werden kann. Jedes Virus bedient sich jedoch eigener Enzyme, so daß für jedes Virus ein eigener Wirkstoff entwickelt werden muß. Sobald er weniger virusspezifisch ist, trifft er die normalen Stoffwechselvorgänge der Zelle: Das bedeutet, daß die Nebenwirkungen bei der Behandlung unakzeptabel groß werden. Der Arzt muß also im Einzelfall abwägen, ob es so wichtig ist, die Virusvermehrung zu verhindern, daß der Patient die Nebenwirkungen in Kauf nehmen muß.

Resistenzbildung

Vor mehr als drei Jahrzehnten wurde erkennbar, daß Bakterien gegen Antibiotika resistent werden können. Trotz der Zurückhaltung bei der antibiotischen Therapie – die zuerst bei banalen Wundinfekten begann –, konnte nicht verhindert werden, daß die Resistenz auf ursprünglich empfindliche Stämme übertragen, vererbt, wurde. Tatort: vorwiegend die Krankenhäuser, trotz oder wegen der Hygiene und ständiger Anwendung von Desinfektionsmitteln.

Im Haushalt grüne Seife statt Desinfektionsmittel! Gründlich scheuern ist wichtiger als desinfizieren!

Desinfektionsmittel im Haushalt?

Im normalen Haushalt sind Desinfektionsmittel nicht nötig! Im Gegenteil: Nach der Vernichtung unproblematischer Keime, an die wir uns gewöhnt haben, können sich gefährlichere Stämme ausbreiten.

In den Krankenhäusern stieg die Zahl großer Operationen (z. B. Organtransplantationen, Herzklappen- und Gelenkersatz) in den letzten Jahren sprunghaft an, wodurch immer mehr Antibiotika zum Einsatz kamen. Andererseits vermehrten sich damit zwangsläufig die resistenten Einzelkeime, die schnell zu resistenten Stämmen heranwuchsen.

Die Anwendung von Antibiotika sollte stets sorgfältig geprüft werden.

In anderen Ländern, wie z. B. Spanien, werden Antibiotika rezeptfrei verkauft. Folglich werden sie oft bedenkenlos und voreilig gegen Krankheiten eingesetzt – und die Bakterienstämme lernen daraus. Auf diese Weise haben sich gerade unter den »Allerweltskeimen« viele resistente Stämme gebildet, wie bei Staphylokokken (Eitererreger), Gonokokken (Tripper), Haemophilus (Lungenentzündung), usw. Deshalb breiten sich Bakterien, die wir längst besiegt zu haben glaubten, weltweit plötzlich wieder aus, wie z. B. Tuberkulose und Syphilis, beide im Gefolge von Aids.

Allergien gegen Antibiotika

Beim Arzt nicht sofort nach Antibiotika verlangen! Zu häufig angewandte Antibiotika machen Bakterienstämme resistent. Sie fördern aber auch die Allergiebereitschaft des Kranken gegen bestimmte Antibiotika. Diese Allergie könnte unter Umständen sogar eine spätere lebensnotwendige Behandlung mit Antibiotika bereits bei einer harmlosen Erkrankung unmöglich machen!

Gegen Viren gibt es eine ungleich geringere Anzahl von wirksamen Medikamenten als gegen Bakterien, und es gibt sie noch nicht sehr lang. Um so bestürzender ist die Beobachtung, daß auch sie schon anfangen, unwirksam zu werden. In den USA sind bereits mehrere

Stämme von HIV (Aids) resistent geworden. Darüber hinaus scheinen die resistenten Stämme gefährlicher zu sein als die ursprünglichen. Mittlerweile steht auch fest, daß die kombinierte Anwendung mehrerer Chemotherapeutika die Resistenzbildung nicht verhindert. Es ist also nicht zu übersehen, daß die Krankheitserreger nicht nur mit der Entwicklung der Wissenschaftler Schritt halten, sondern sie überholen.

Der Wettlauf zwischen wissenschaftlicher Suche nach neuen Wirkstoffen und der Anpassung der Viren steigert mehr und mehr sein Tempo.

Derzeit dreht sich deshalb das Karussell Wirkstoffsuche – Entwicklung – Anwendung – Resistenz immer schneller. Wachsende Verarmung, zunehmende Wander- und Fluchtbewegungen in die Länder der westlichen Welt, sexuelle Freizügigkeit und Drogenkonsum sind der Motor der Infekte und auch der Resistenzentwicklung. Die letztere besonders in der westlichen Welt, denn in den ganz armen Ländern können häufig aus Not überhaupt kaum Antibiotika eingesetzt werden.
Insbesondere kriegerische Auseinandersetzungen, mit den großen Flüchtlingsströmen, Lagern und den fast unvermeidlichen Seuchen, zu deren Behebung und Linderung Hilfskräfte aus der ganzen Welt herbeieilen, sind aufs beste geeignet, unterschiedliche Bakterien- und Virusarten durcheinanderzuwirbeln. Möglicherweise werden wir in einigen Jahren wissen, welche Krankheiten aus dem Ruandakrieg in alle Welt verschleppt und welche Keime dort resistent geworden sind. Die Waffen gegen Krankheitskeime werden stumpf. Eine Besserung ist nicht in Sicht.

Und in Zukunft?

Der ganze komplizierte Mechanismus des Immunsystems und das Zusammenspiel der verschiedenen Abwehrzellen mit Hilfe von Botenstoffen ist die Spielwiese der Mediziner, Biochemiker und Gentechniker. Wenn wir auch im Verhältnis zu der ungeheuren Zahl von Keimen, mit denen unser Immunsystem täglich fertig werden muß, nur selten erkranken, so sind wir den wenigen wirklich krankmachenden recht häufig wehrlos ausgeliefert. Kaum jemandem ist ständig bewußt, um wieviel besser wir z. B. seit der Erfindung der Antibiotika leben – höchstens einmal, wenn Meldungen zu Killerbakterien in den Medien mit dicken Schlagzeilen auftauchen. Aber Allerweltsinfektionen sind auch heute noch für den Tod zahlreicher Kinder und Erwachsenen in den Ländern der dritten Welt verantwortlich: meistens, weil Medikamente für Vorbeugung oder Therapie nicht verfüg-

Gegen viele Viruserkrankungen gibt es immer noch kein faktisch wirksames Gegenmittel.

bar oder nicht erschwinglich sind. Noch weit zurück sind wir bei der gezielten Behandlung von Viruserkrankungen. Medikamente gegen Aids gibt es nicht. Was auf den Markt kommt, behandelt die Symptome, nicht die Ursache. Darüber hinaus gibt es eine beträchtliche Anzahl von Viruserkrankungen, gegen die man bis heute aus unterschiedlichen Gründen keinen guten oder überhaupt keinen Impfschutz geben kann: z. B. Virusgrippe, Schnupfen, Herpes.

Impfstoffe – gentechnologisch entwickelt

Da die Vorbeugung allemal besser ist als die Therapie, ist insbesondere die Neuentwicklung besserer und billigerer Impfstoffe gegen Infektionserkrankungen heute mehr denn je gefordert. Gentechnische Methoden wecken in jüngster Zeit hohe Erwartungen, weil sie – zumindest prinzipiell – die Kosten niedrig halten könnten. Vor allem aber erwartet man, daß schnell darauf reagiert werden kann, wenn ein Virus seine Strukturen ändert, an denen er von unserem Körper als »fremd« (antigen) erkannt wird. Aids, Grippe und Schnupfen sind Spezialisten im Abwerfen ihrer Antigenstrukturen auf der Oberfläche, deshalb besonders schwierige Kandidaten.

Prinzipiell beruhen die neuen gentechnischen Methoden darauf, daß das für die Antigenstruktur entscheidende Gen aus dem Virus oder dem Bakterium isoliert, mit unterschiedlichen Methoden vermehrt und dann zur Impfung verwandt wird.

Trotz aller hoffnungsvollen Ansätze gibt es bisher aber erst einen einzigen zugelassenen gentechnisch hergestellten Impfstoff: denjenigen gegen Hepatitis B. Er ist tatsächlich billiger als der herkömmliche. Bei anderen Verfahren wurde der Verdacht bereits ausgesprochen, daß gentechnisch hergestellte Impfstoffe weder billiger noch unbedingt ungefährlich sind.

Impfstoffe, aus Antikörpern gewonnen, könnten in naher Zukunft dazu dienen, fremde, krankhafte Zellen aufzuspüren und zu zerstören.

Einen ganz anderen Ansatz haben Impfstoffe, die aus Antikörpern bestehen. Zu ihrer Herstellung werden Gedächtniszellen mit bestimmten Tumorzellen verschmolzen, die eine unaufhörliche Produktivität besitzen. Die Gedächtniszelle liefert den Bauplan für einen immer gleichen Antikörper, die Produktionskraft der Tumorzelle garantiert eine kontinuierliche Vermehrung. Die sogenannten monoklonalen Antikörper entstehen. Im Tierversuch werden solche Impfstoffe bereits erprobt.

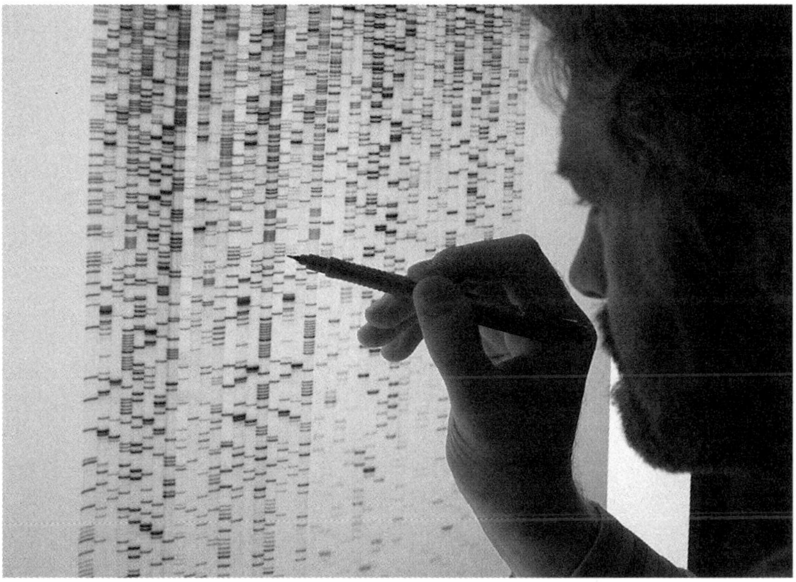

Gene kann man richtiggehend »lesen«: Hier wird die Sequenz eines Nukleoids entziffert.

In nicht allzu ferner Zeit werden möglicherweise schon verschiedene Antikörper als zugelassene Medikamente zur Verfügung stehen, mit deren Hilfe sich fremde oder krankhafte Zellen gezielt suchen lassen, sichtbar gemacht werden und sich behandeln oder zerstören lassen. Oder es gelingt, mit entsprechenden Antikörpern die bei Autoimmunkrankheiten wie ein Pferd durchgehenden Abwehrzellen (T-Lymphozyten) zu stoppen.

Gene werden in die Viren eingeschleust, um Viren wie z. B. das HIV in der Zelle durch Veränderung seiner selbst zu bekämpfen.

Die allerjüngste Entwicklung verspricht eine Therapie mit Antikörpern, die innerhalb der Zelle wirksam werden. Erstmals ist es Wissenschaftlern gelungen, Gene, also die Erbinformation für Antikörper, in die Zelle zu schleusen und an definierter Stelle wirksam werden zu lassen. Erklärtes Ziel ist, Viren wie HIV, die sich in den Zellen verstecken, am Ort zu bekämpfen. Es ist jedoch unwahrscheinlich, daß in diesem Jahrzehnt noch viele Antikörperpräparate auf den Markt kommen. Die Übertragung vom Tierversuch auf die Behandlung beim Menschen ist meist noch nicht gelungen, die Zulassungsverfahren stehen noch aus, und die Kosten sind hoch.
Deshalb müssen wir uns derzeit noch auf herkömmliche Methoden verlassen, so unvollkommen sie auch sein mögen.

SELBST HANDELN – GESUND BLEIBEN

Wen' s erwischen soll, den erwischt es auch. So könnte man denken – und folglich gegen mögliche Infektionen nichts unternehmen. Zu einem gewissen Grade ist das richtig: Wer z.B. dem Lassavirus begegnet, hat gar keine Zeit mehr, Vorsichtsmaßnahmen zu ergreifen. Andererseits: Hätte man' s gewußt, wäre man mit Mundschutz und Handschuhen angerückt und gesund wieder nach Hause gegangen.

Es kommt eben darauf an, das Richtige zu tun. Aber was ist das Richtige gegenüber diesen gefährlichen unsichtbaren Krankheitsüberträgern? Ganz einfach: die Gesundheit mit aller Kraft bewahren, die Keime nicht an sich heranlassen – oder sich immun machen. Das bedeutet unter anderem: ausgewogen und mäßig leben, weniger Streß an sich heranlassen, Umweltschädigungen vermeiden, Hygiene beachten, gesund essen und trinken. Dazu die speziellen Vorsichtsmaßnahmen gegen bestimmte Krankheiten, wie sie weiter hinten beschrieben werden.

Praktisch jeden Erreger, der schwere Krankheiten verursacht, kann man überlisten, auch ansteckende Leberentzündung (Hepatitis), Salmonellose oder Aids, die bei uns eine größere Gefahr sind als das Lassafieber.

Besondere Risiken vermeiden

Infektionsträchtige Orte und Zeiten

Infektionserreger gelangen an den gesunden Menschen in der Mehrzahl der Fälle von außen heran. (Ausnahme: nach Operation oder Transplantation, bei chronisch Kranken, bei aus sonstigen Gründen herabgesetzter Immunabwehr, in der Schwangerschaft u. ä.) Selbst ein Schnupfen entsteht nicht einfach durch »Erkältung«. Deshalb möglichst eine Umgebung meiden, in der sich Krankheitserreger garantiert befinden:

- Menschenansammlungen im Herbst zur Grippe- und Erkältungszeit (Risiko: Schnupfen, Influenza, grippaler Infekt).
- Gewässer, die mit Badeverbot belegt sind (Risiko: Durchfallerkrankungen, Lungenentzündungen, schwere Hautinfektionen, in Tropen auch wurm- oder egelverseuchte Gewässer meiden).
- Reisen in Seuchengebiete (Risiko: Cholera, Malaria, Diphtherie, Hirnhautentzündung, Pest).

Wichtig ist auch:

- Eierspeisen, Hähnchen und nicht einwandfreie Mayonnaise während einer Hitzewelle (Risiko: Salmonellose) vom Speiseplan streichen.
- In warmen oder tropischen Gebieten auf ungekochte Speisen und nicht abgekochtes Wasser verzichten.
- Im Haushalt und persönlich auf allgemeine Hygiene achten.

Gefährliche, durch Blutsauger übertragene Infektionen

Krankheit	Überträger	Keim	Verbreitung
Rückfallfieber	Kleiderlaus	Bakterium	Europa
Frühsommer-meningoenzephalitis (FSME)	Holzbock	Virus	Europa, Rußland
Lyme-Borreliose	Holzbock	Bakterium	Europa, USA
Sandflohfieber	Sandfliege	Virus	Italien, Portugal, Asien
Louping ill	Holzbock	Virus	England
Westl. Nilfieber	Moskito, Zecke	Virus	Mittelmeer, Ost-, Westafrika
Denguefieber	Tigermoskito	Virus	Afrika, Asien, Mittelamerika
Gelbfieber	Moskito	Virus	Afrika, Mittelamerika
Rift-Valley-Fieber	Moskito	Virus	Afrika
Fleckfieber	Kleiderlaus	Rickettsie	Afrika, Andenhochtäler
Aids	Wanzen	Virus	Tansania
Aids	Blutegel	Virus	Kamerun
Hepatitis B	Wanzen	Virus	Tansania
Tollwut	Fledermäuse	Virus	Südamerika

Stechende Insekten und Blutsauger

Auch in Deutschland können gefährliche Insekten auftreten.

Im allgemeinen sind in Deutschland Insekten als Krankheitsüberträger im Gegensatz zu den Tropen kein Problem. Die fliegenähnliche Kriebelmücke verspritzt zwar Gift, nicht aber Krankheitserreger. Sie lebt bevorzugt an fließenden Gewässern in vielen Gegenden Deutschlands, tritt in warmen Jahren in Schwärmen auf und sucht Rinder heim, den Menschen nicht – die Mücke mag ihn nicht. Wenn sie sich aber doch an ihm vergreift, kann es vereinzelt zu allergischen Reaktionen kommen.

In warmen Jahren allerdings wandern schon mal stechende Insekten aus dem Süden ein, z. B. 1994 der Tigermoskito aus Italien, der gefährliche Viren überträgt.

Und Touristen können krankheitsübertragenden Insekten in Südeuropa begegnen, bei denen die Infektionen sich erst zu Hause bemerkbar machen.

Insektenstiche nach Möglichkeit vermeiden. Insektenabweisende Lotionen verwenden, für Säuglinge und Kleinkinder auch Moskitonetze.

Nicht zuletzt gilt es auch, sich in jedem Fall gegen die berüchtigten Anophelesmücken zu schützen, die Malaria übertragen – auch wenn diese als sogenannte Protozoenkrankheit nicht zu den bakteriellen Erkrankungen gehört. Meldungen von neuen Impfstoffen oder Medikamenten erweisen sich meistens als verfrüht oder trügerisch. Bisher sind die Malariaerreger Herr über alle neuen Medikamente geworden. Deshalb breitet sich die Malaria wieder aus. Nach einer Meldung aus den USA hat Malaria sogar den Umstieg auf heimische Mücken geschafft und infizierte in New Jersey mehrere Menschen. Die Wissenschaftler befürchten, daß sich die Malaria nun auch auf die USA ausbreiten könnte.

»Natürliche Mittel«

Wo auch immer man sich befindet, es ist in jedem Fall besser, sich energisch vor den aggressiven Mückenweibchen zu schützen. Bei den Mücken sind in diesem Fall die Männer die harmlosen Vertreter.
Für Abhilfe sorgt entsprechende Kleidung, die bloße Stellen bedeckt. Dünne Kleidung wird von Mücken durchstochen, deshalb schützt man die Haut am besten mit mückenabweisenden Essenzen: ätherische Öle (besonders Lavendelöl, auch Lorbeer- oder Zitronellöl) halten die Tiere einige Stunden ab.

Knoblauchsaft tötet Zecken, Läuse und Flöhe im Experiment ab. Nur Seidenraupen finden den Knoblauchduft herrlich. Aber wer fühlte sich schon jemals von Seidenraupen belästigt? In Zeckengegenden könnte eine knoblauchhaltige Mahlzeit vor dem Waldspaziergang durchaus genügen, um die Tiere von der Haut fernzuhalten.

»Ratgeber«

Knoblauchsaft und Lavendelöl sind gegen einheimische Insekten ausreichend. Gegen Moskitos, Stechmücken, Zecken, Läuse, Flöhe in anderen Ländern vom Apotheker beraten lassen.

Bei einem Aufenthalt in tropischen und subtropischen Regionen sollte man sich unbedingt von einem darauf spezialisierten Arzt bzgl. Impfungen beraten lassen.

Alle gängigen chemischen Präparate beruhen auf der gleichen Wirksubstanz, so daß es kaum Unterschiede in den Produkten gibt.
Wurde man doch gestochen: Stichstelle vorsichtig zwischen Taschentüchern ausdrücken und mit Zitronensaft oder Essigwasser, notfalls Spucke, betupfen.
In jüngster Zeit wurden in Kamerun Blutegel entdeckt, die Aidsviren sowie Kolibakterien (Darmbakterien) enthalten. Ohne Zweifel ist HIV auf diesem Wege übertragbar, wobei sich die Gefahr vor allem erhöht, wenn der Blutegel gewaltsam entfernt wird. Es mindert die Infektionsgefahr, sich solange untätig zu verhalten, bis der Egel sich satt und zufrieden mit etwa 15 Kubikzentimeter Menschenblut davonmacht. Die hochgradig verseuchten Gewässer Kameruns sollten auf jeden Fall gemieden werden.
Natürlich besteht der Verdacht, daß Blutegel auch in anderen Ländern Afrikas verseucht sein könnten. Von Blutegeln aus deutschen Apotheken geht vermutlich keine Gefahr aus, da diese Tiere aus kontrollierten Zuchten stammen.

Infektiöse Stäube

Zwar sind es meistens Zufälle, aber es kommt doch vor, daß wir uns durch Staub aus dem Kot oder dem Fell von Tieren infizieren. Das besondere Problem ergibt sich dadurch, daß die übertragenen

Gefährliche Erkrankungen und die übertragenden Warmblüter

Krankheit	Überträger	Keim	Verbreitung
LCM (Lymphozyt. Choriomening.)	Labormäuse, Goldhamster	Virus	weltweit
Hantavirus	Nagetiere	Virus	Deutschland, Europa
Q-Fieber	Schaf, Ziege, Rind	Rickettsie	Deutschland, Europa
Newcastle-Disease	Geflügel	Virus	Deutschland, Europa
Ornithose	Ziervögel,Geflügel	Bakterium	weltweit
Fleckfieber	Ratte (Läusekot)	Rickettsie	Afrika, Asien, Südamerika
Lassafieber	Ratte, Hausmaus	Virus	Westafrika
Argentinisches hämorrhagisches Fieber	Feldmaus	Virus	Argentinien
Tularämie (Hasenpest)	Hasen, Kaninchen, Ratten, Mäuse	Bakterium	weltweit

Krankheiten – wegen ihrer Seltenheit – auch dem Hausarzt meistens nicht geläufig sind. Vielleicht spielte der Sohn auf einem eingestaubten Dachboden (Hantavirus) – oder man selber hielt mit dem Auto neben der Schafweide einer Tierklinik (Q-Fieber). Alles schon vorgekommen... Es wäre gut, wenn man dem Hausarzt einen Tip geben könnte, oder – noch besser – sich vorsieht.

Krankheitsschwangere Umluft

Klimaanlagen sind bisweilen gefährlich.

Nicht vermeiden lassen sich Infektionen durch Altluft innerhalb von Klimaanlagen in geschlossenen Räumen, z. B. in Flugzeugen. Bisher sind solche Infektionen relativ selten vorgekommen, aber möglicherweise werden sie sich in Zukunft häufen, denn aus Kostengründen wird an Frischluft in Flugzeugen zunehmend gespart, wie auch an den Luftfiltern.

Mangelnde Frischluft läßt Bakterien und Viren breiten Raum – die Infektionsgefahr ist besonders in Flugzeugen hoch.

Bei älteren Flugzeugen waren es noch 100 Prozent Frischluft, die den Passagieren zur Verfügung standen, derzeit sind es etwa 50 Prozent, bei der nächsten Flugzeuggeneration werden die Luftfilteranlagen nur noch für 15 Prozent Frischluft sorgen. Rechnen müssen Vielflieger daher mit Infektionen durch Schnupfen- und Grippeviren, durch Staphylokokken, Legionellen und Tuberkulosebakterien. Nur durch das Pockenvirus, mit dem sich letztmals im Jahr 1963 25 Passagiere auf einem Flug von Australien nach Zürich ansteckten, sind wir nicht mehr gefährdet.

Ein Passagier muß nicht passiv sein ...

Vielleicht kann hartnäckiges Nachfragen des »Verbrauchers« und ggf. das Umsteigen auf andere Fluggesellschaften mittelfristig für eine Verbesserung sorgen. Versuchen sollte man es auf jeden Fall.

Intensivmedizin – kritisch betrachtet

Ein anderes Feld, über das der »Verbraucher« sich hartnäckig informieren muß, befindet sich im Herzen der Medizintechnik. Wir wissen, daß trotz der Sorgfalt der Ärzte von hier aus ein massiver Gefahrenherd für Patienten ausgehen kann. Mittlerweile ist es unbedingt erforderlich, zu erfragen, ob Blutersatzmittel, Organspenden, tierische oder menschliche Hormonpräparate einwandfrei sind; d. h. man sollte sich kundig machen, aus welchem Land sie stammen und welche Firma sie hergestellt hat. Selbst wenn dem einzelnen Patienten die genaue Erkundigung noch keine Hilfe bringt, wird die Gesamtheit der kritischen Fragen zur größeren Transparenz führen. Ärzteschaft, Krankenkassen und Pharmafirmen müssen durch den Patienten davon überzeugt werden, daß er als »Verbraucher« das Recht hat, zweifelhafte Präparate bzw. Präparate zweifelhafter Firmen abzulehnen, und dieses Recht auch in Anspruch nimmt. Auch hier sollte sich der Patient nicht als willenloses, passives Objekt ansehen; vielmehr kann er mittels Eigeninitiative und kritischem Bewußtsein auf negative Zustände, wie den Import ausländischer Blutkonserven ohne hinreichende Untersuchungen, einwirken.

Gefährliche Transfusionen

Durch nicht ausreichend gereinigte Blut- und Organpräparate wurden nachweislich in den letzten Jahren fahrlässig übertragen: ansteckende Leberentzündung (Hepatitis), Gelbfieber und Aids. Die tödliche Gehirnkrankheit Creutzfeldt-Jakob-Disease wurde ohne schuldhaftes Verhalten – weil sie nicht diagnostizierbar ist – über Implantate und Operationsbestecke an Patienten weitergegeben.

Bestrebungen gehen dahin, nur einheimische Blutkonserven zu verwenden, da für diese die umfangreichsten Sicherheitsmaßnahmen gesetzlich vorgeschrieben werden können. Jedoch bleibt die Hoffnung trügerisch, und es wird »echte« Sicherheit auf diesem Gebiet nicht geben. Die finanziellen Gewinnmöglichkeiten bei Blut- und Organspenden sind derart gewaltig, daß eine unkontrollierbare Grauzone weiterhin existieren wird. Der Enthüllungsjournalismus spricht geradezu von einer »Blutmafia«.

Jeder einzelne kann durch kritische Nachfrage die Sicherheit aller verbessern helfen.

Prävention

Patienten, die sich einer voraussehbaren bzw. geplanten Operation unterziehen müssen, sollten die Möglichkeit ergreifen, Blutkonserven aus Eigenblut herstellen zu lassen. Dadurch ist eine Verunreinigung mit Krankheitserregern weitgehend ausgeschlossen.

Wenn alles strahlt – UV und Ozon

UV-Belastung

In der Stratosphäre dünnt sich das Ozon kontinuierlich aus – dafür nimmt es in unserer Atemluft kräftig zu. Beides ist aus unterschiedlichen Gründen schlecht für unsere Gesundheit.
Das Ozon weit oben hat Leben auf der Erde überhaupt erst ermöglicht: ohne seine schützende Wirkung kämen die UV-Strahlen der Sonne der

einer UV-Lampe im Bakterienlabor gleich – sie würden alle molekularen Stoffwechselvorgänge, die zum Leben notwendig sind, gewaltig unterbinden.
Stabil sind die Molekülbindungen der Eiweiße und der Erbsubstanz von Mensch, Tier und Pflanze nämlich fast nur im sichtbaren Licht, dessen Wellenlänge oberhalb von 320 Nanometern liegt. Darunter brechen diese Bindungen auf, u. a. im Bereich der UV-B-Strahlung bei 320 bis 280 Nanometern.

Zu viele Sonnenbäder erhöhen die Hautkrebsgefahr: Die UV-Strahlung läßt Pigmentzellen mutieren.

Besonders empfindlich sind die Eiweißbausteine und das genetische Material, weshalb wir beim Bombardement mit UV-Strahlen sozusagen bis ins Innerste der Zelle getroffen werden. Gegen einen Beschuß mit Strahlen dieser Intensität sind die Pigmentzellen (Melanozyten) in der Haut nicht mehr gewappnet: Normalerweise schicken sie gegen die Sonne dunkle Farbstoffe in die Oberhaut, die wir als Bräunung wahrnehmen. Unter UV-Einstrahlung entgleisen ihre Erbinformationen. Die schwarzen Farbstoffe werden in den unkontrolliert wuchernden Zellen abgelagert, verlieren die Schutzfunktion und wandeln sich zur gefährlichsten aller Krebsarten. Hautkrebs, besonders die Melanome, nehmen bei hellhäutigen Menschen und an hellen Hautpartien von Tieren stark zu. Manche Wissenschaftler nehmen an, daß die Melanome besonders dann Chancen haben, sich zu entwickeln, wenn der Mensch schon durch Breitbandantibiotika, Beruhigungsmittel, Empfängnisverhütungsmittel, Bräunungslotionen und »leere Fertignahrung« (Vit. B6-Mangel) vorgeschädigt ist.

Auch hier hilft ein intaktes Immunsystem

Die erhöhte UV-Strahlung macht sich infolgedessen zuerst bei Menschen bemerkbar, deren Immunsystem ohnehin stark beansprucht ist: bei Kindern und Jugendlichen, Schwangeren, älteren Menschen sowie Menschen mit Krankheiten bzw. nicht voll funktionsfähigem Immunsystem.

UV-Strahlen zerstören aber auch Enzyme, die für die normale Funktion der Stoffwechselabläufe in den Zellen notwendig sind sowie alle Reparaturmechanismen. Kein Wunder also, daß die Immunorgane der Haut, Langerhans-Zellen genannt, in Mitleidenschaft gezogen werden.

Nachweisen kann man bisher, daß unter starker UV-B-Einstrahlung Herpesinfektionen plötzlich aufblühen. Man vermutet aber auch einen fördernden Einfluß auf Aids und andere Infektionen.
Die fortwährende Zerstörung der Ozonschicht kann – wenn überhaupt – nur noch durch ganz schnelle Konsequenzen politischer Art gebremst werden. Niemand kann Abhilfe für sich selber schaffen – außer vielleicht, daß er in den Ferien statt nach Australien doch lieber nach Österreich fährt. Und man sollte sich mit langen Ärmeln und Hosenbeinen sowie Hut bedecken, wie früher, als man noch nichts von den schädlichen Strahlen wußte, sie aber instinktiv mied.
Vor sehr intensiver Sonneneinwirkung schützen Sonnencremes. Notwendig werden sie vor allem auf dem Wasser und im Gebirge sowie bei sehr Hellhäutigen oder aus anderen Gründen besonders Empfindlichen. Vor allem Kinder muß man eincremen – selbst wenn man bis vor einigen Jahren der Meinung war, daß die aufgetragenen Chemikalien gefährlicher sein könnten als ein Sonnenbrand.

Bestimmte Viren leben bei hoher UV-Strahlung erst richtig auf, was durch die Zerstörung der Ozonschicht noch verstärkt wird.

Selbstschutz ist geboten

Am besten den Arzt nach dem geeigneten Präparat fragen, damit die Salbe der Haut und nicht nur der Pharmaindustrie hilft.

Ozon

Die zweite Gefahr, die von Ozon ausgeht, ist direkt und eine Folge der von Menschen gemachten Luftverschmutzung: Aus der Mischung von Kohlenwasserstoffen, Kohlenmonoxid und Stickoxiden von Autoabgasen, Haushalts- und Industrieabgasen, aus der Landwirtschaft und von Mülldeponien bildet und konzentriert Ozon sich dort, wo es nichts zu suchen hat: am Boden, in unserer Atemluft.

Reizstoff Ozon

In der Mikrobiologie wird Ozon als starkes Desinfektionsmittel angewandt: Bakterien werden durch das Zellgift Ozon leicht vernichtet. Falls die Luftverschmutzung weiter fortschreitet, muß der Mensch aufpassen, daß ihm nicht dasselbe passiert. Bereits heute entgeht kaum jemand im Bereich der Industrienationen den schädlichen und reizenden Wirkungen des Ozons. Die ersten Symptome, unter denen heutzutage schon immer mehr Menschen leiden, sind Reizungen der Augen-, Rachen- und Bronchialschleimhäute – womit also bereits Spuren des Ozons die normale Funktion wichtiger Abwehrorgane gegen Infektionserreger beeinträchtigen. In den Zellen beeinträchtigt Ozon Enzyme, Aminosäuren und ungesättigte Fettsäuren, so daß nach den Funktionsstörungen auch sichtbare Schäden entstehen. Mikroskopisch kann man diese z. B. in dem irreparablen Verlust von Flimmerhärchen sehen.

Ozonvergleichswerte

Natürlicher Höchstwert von Ozon:	**60–80** Mikrogramm/ Kubikmeter Luft
Empfindliche werden gereizt bei:	**90–120** Mikrogramm/ Kubikmeter
Ozonwarnung:	über **180** Mikrogramm/ Kubikmeter
Spitzenbelastung in Los Angeles:	**700–1000** Mikrogramm/ Kubikmeter

Bei Sommersmog sollten Kinder sich nur in den Vormittagsstunden oder abends draußen austoben. Nachmittags sollten sie ruhiger spielen.

Die Höchstwerte werden unter Einfluß des Tageslichts, von 12 bis 19 Uhr, und in Schönwetterperioden erreicht, paradoxerweise auch gerade in Reinluftgebieten. Gefährdet sind Menschen, die unter diesen Bedingungen gezwungen sind, tief und viel zu atmen: Straßen- und Bauarbeiter, Sportler. Ferner sind besonders Kinder, die ja eine höhere Atemfrequenz haben, und diejenigen betroffen, die sowieso schon unter Atemwegserkrankungen leiden.

Die schädlichen Wirkungen des Ozons summieren sich, d. h. allmählich wird der Schaden chronisch. Verlorengegangene Flimmerhärchen werden nicht ersetzt, weitere gehen kaputt. Auf Dauer baut sich eine nicht mehr rückgängig zu machende Beschädigung auf. Und damit wird der Mensch immer empfindlicher. Atemwegserkrankungen werden in den nächsten Jahren zwangsläufig zunehmen, wenn es nicht gelingt, die Ozonwerte auf einem niedrigen Niveau einzufrieren. Besonders die Kinder von heute werden darunter zu leiden haben.

Strategien für die Gesundheit

Auf natürliche Weise die Immunabwehr stärken

Die Abhärtung des Körpers mit Wasser gegen banale Infektionen ist ein altes Verfahren – als ein Teil der Kneippkur lange umstritten und von den Schulmedizinern früher angefeindet. Und das, obwohl man eigentlich schon immer wußte, daß der Mensch sich auf bestimmte Weise gegen Infektionen unempfänglicher machen kann. Allerdings hatte dies nichts mit den fortschreitenden Erkenntnissen der Wissenschaft zu tun. Sebastian Kneipp, der zunächst sich selber kurierte, hatte als Theologe gewiß keine Ahnung von der sich entwickelnden Wissenschaft von Bakterien.

Die Kneippkur, im 19. Jahrhundert entwickelt, wird auch heute noch vorbeugend und unterstützend angewandt.

Kaltes Wasser streßt die Zellen

Seitdem nachgewiesen werden konnte, daß sich als Folge einer Kneippkur die Zahl der Immunglobuline (IgM, Eiweißstoffe zur Immunabwehr) deutlich erhöht, gilt sie als Bereicherung, nicht als Alternative zur Schulmedizin. Darüber hinaus stellte man in Untersuchungen fest, daß auch die Zahl der Freßzellen und anderer Abwehrzellen anstieg. Der Kältereiz des Wassers hat nicht nur einen lokalen Effekt, den man ebenfalls ausnutzen kann, sondern regt ein Netz aus Nervenzellen im Gehirn an. Da dieser kurzfristige Reiz als Streß interpretiert wird, alarmiert die Hirnanhangsdrüse (Hypophyse) die Nebennierenrinde, die daraufhin das Streßhormon Kortisol aus der Nebenniere ausschüttet. Nicht geklärt ist, ob möglicherweise die gekühlte Haut auf den Reiz hin selber ein Hormon (ACTH) produziert, das wiederum für die Kortisolfreisetzung sorgt. Normalerweise bewirkt Kortisol einen allgemeinen Alarmzustand, der u. a. auch das Immunsystem auf Sparflamme schaltet. Aber nach einigen Wochen abhärtender Kneippkur wird Kortisol nachweislich überhaupt nicht mehr ausgeschüttet. So kann mit Hilfe von Hormonen nachgewiesen werden, daß der Körper gegen Kältestreß abgehärtet wurde.
Die heutzutage unbestrittene Abhärtung kann dennoch nicht in allen Details erklärt werden. Sicher ist, daß durch den Kältereiz des Wassers die Blutzirkulation verbessert wird, was natürlich auch den Organen des Immunsystems zugute kommt. Denkbar ist aber auch, daß der

Möglicherweise besteht die Wirkung der Wasserabhärtung darin, daß das Immunsystem frühzeitig Alarm schlägt – während die Keimzahl noch niedrig ist.

Kältereiz den Immunzellen einen Schubs gibt, sie wacher macht gegenüber Infektionserregern, die in zu geringer Zahl eindringen, um ordentliche Abwehrreaktionen auszulösen, oder überhaupt zu wenig als »fremd“ (antigen) wirken.

Dieses Verfahren ist allerdings gewöhnungsbedürftig. In der Regel – mit Ausnahme besonders magerer und älterer Menschen – ist kaltes Wasser auf warmer Haut, z. B. bettwarmer Haut, das ideale Mittel. Höchstens 30 Sekunden lang darf der Haut mit dem kalten Wasser Wärme entzogen werden, und nach der Anwendung muß der Körper schnell wieder warm werden. Also zurück ins Bett oder ganz warm einpacken.

Empfindliche Menschen sollten anstelle von kaltem Wasser erwärmtes (35 bis 39° C) verwenden. Wasseranwendungen mit steigenden oder sinkenden Temperaturen oder auch mit Wechsel von warmem und kaltem Wasser setzen eine genaue Kenntnis Ihres Gesundheitszustandes voraus und können nicht ohne Anleitung von Bademeistern praktiziert werden. Zweckmäßig ist deshalb eine Kneippkur, bei der die Technik erlernt werden kann. Es kann dann auch ein individueller Behandlungsplan erarbeitet werden, der kalte, warme oder heiße Waschungen, Teil- oder Ganzgüsse, Bäder mit unterschiedlichen Wassertemperaturen bis hin zum Dampfbad, Wickel, Packungen und Kompressen beinhalten kann.

Empfehlung

Zur Abhärtung des Gesunden, aber auch bei fieberhaften Infektionskrankheiten, kann folgende Ganzwaschung gute Dienste leisten:

Ein rauher Waschlappen wird in kaltes Wasser getaucht und ausgedrückt. Zügig und mit gleichmäßigem Druck reibt man im Stehen vom rechten Handrücken über die Außenseite des Arms zur Schulter, anschließend von der Handfläche über die Arminnenseite bis zur Achselhöhle, den Hals, die rechte Schulter; an der rechten Seite über Rücken und Gesäß, außen am Bein entlang bis zum Fußrücken, an der Innenseite wieder hoch bis zur Brust. Danach wird in der gleichen Weise die linke Seite bearbeitet, zum Schluß die Fußsohlen. Der Kopf wird ausgelassen.

Bewußt Streß herabsetzen

Das Selbstverteidigungssystem des Körpers ist entwicklungsgeschichtlich vermutlich uralt, denn fast jedes Lebewesen reagiert bei Aufregung mit dem unbewußten Signal an den Körper: Kampf oder Flucht.

Bei solchem Streß werden schleunigst Herz und Kreislauf mobilisiert. Die Folge: Der Blutdruck steigt, Zuckermoleküle als Energiespender werden in den Blutkreislauf geworfen, und zu den Skelettmuskeln strömt Blut. Der Körper ist jetzt zum Äußersten bereit. Alles, was weder dem Kampf noch der Flucht dienen kann, wird auf Sparflamme gesetzt. Für den Augenblick sind dies die Verdauungsorgane, die Nieren, die Fortpflanzungsorgane – und das Immunsystem. Als Folge davon werden weniger Lymphokine ausgeschüttet, das sind die Botenstoffe, die den Anstoß zur Antikörperbildung geben. Die Killerzellen und die Freßzellen arbeiten nun mit verminderter Kraft.

Dieser ganze, in sich selber fein abgestimmte Prozeß, wird als Streßkaskade bezeichnet. Gesteuert wird sie durch ein Hormon des Regulationszentrums im Gehirn (Hypothalamus), das der Hirnanhangsdrüse (Hypophyse) signalisiert, das Hormon ACTH auszuschütten, das wiederum für die Freisetzung von Kortisol sorgt.

Wenn Unvorhergesehenes für den Körper eintritt, so schaltet er in den Reservegang und läuft auf vollen Touren.

Das Immunsystem wird reduziert – Infektionen können vermehrt auftreten.

Streß verausgabt die Körperenergien

Kortisol im Blut sorgt für den notwendigen Alarmzustand des Körpers bei Streß. Dieser kann lebensrettend sein. Wird aber der erhöhte Kortisolspiegel ständig aufrechterhalten, bleibt der Alarmzustand bestehen: Energiereserven werden laufend mobilisiert, und der Körper verausgabt sich über das erträgliche Maß. Das Immunsystem läuft dauerhaft auf Sparschaltung, und der Invasion von Keimen ist Tür und Tor geöffnet.

Jeder hat wahrscheinlich schon die Erfahrung gemacht, daß er bei Ärger, Aufregung – vielleicht vor einer Prüfung – und überhaupt in »stressigen« Zeiten plötzlich obendrein noch einen Schnupfen, Halsweh, Herpesbläschen oder sogar eine Gürtelrose entwickelt. Bekannt ist auch, daß z. B. Tennisspieler der Weltklasse – als Sportler ohne Frage bestens durchtrainiert – dennoch von einer Erkältung oder

Dauerstreß schadet den Abwehrkräften.

Grippe nach der anderen geplagt werden. Weitaus schwerwiegender, aber ebenfalls bekannt ist das Phänomen, daß nach dem Tod eines Lebenspartners der Zurückgebliebene häufig erkrankt und nicht selten kurze Zeit später ebenfalls stirbt.

Dies alles gibt deutliche Hinweise darauf, daß unser Immunsystem keinesfalls gleichmäßig und selbständig wie eine Maschine auf Viren oder Bakterien reagiert. Das Gehirn – von Gefühlen, Gedanken, optischen und akustischen Eindrücken sowie dem Willen geleitet – hat offensichtlich ein großes Einspruchsrecht.

Mitspracherecht der Gefühle

Mittlerweile steht auch fest, daß die Übermittlung vom Gehirn an das Immunsystem nicht nur über Hormone und Botenstoffe reguliert wird, sondern ebenso über das vegetative (unbewußte) Nervensystem, das auch alle anderen inneren Organe mit Informationen versorgt. Diese Kommunikation findet nicht auf einer Einbahnstraße statt, sondern es scheint eine lebhafte Diskussion zwischen allen beteiligten Partnern zu geben. Wissenschaftler freuten sich diebisch, als sie den Nervenfunkverkehr erstmals als heftiges Knattern hörbar machen konnten.

Noch gibt es kein Meßsystem, das uns das genaue Ausmaß der Wirkung des Stresses auf das Immunsystem beim einzelnen Menschen zeigen kann. Unter anderem scheint es vom Lebensalter abhängig zu sein: für denselben Menschen sind in der Regel im höheren Alter geringfügige Dinge aufregender als im jüngeren. Möglicherweise ist das mit eine Ursache dafür, daß beim älteren Menschen die Immunitätslage wieder unstabiler wird und damit die Neigung zu banalen Infektionen wächst.

Gelassenheit hilft der Gesundheit

Die schädliche Wirkung von Dauerstreß kann nur gebremst werden, wenn man seine individuellen Streßfaktoren genau analysiert. Gehen Sie bewußter mit persönlichen psychischen und physischen Belastungen und Einflüssen von außen um! Gelassenheit ist für die Gesundheit nützlicher als hektisches Hinundherjagen der Gefühle. Sie können es, seien Sie ganz sicher. Ohne Fachmann oder Fachfrau.

Einen wissenschaftlichen Beweis, daß ein frohes, ausgeglichenes Gemüt das Immunsystem stärkt, gibt es nicht – der Volksmund widerspricht dem.

Gesundlachen?

»Krebspersönlichkeiten« sind nicht nachzuweisen.

Der Volksmund geht davon aus, daß es möglich ist, sich gesund zu lachen, zumindest, daß es gesünder ist zu lachen als Trübsinn zu blasen. Es wäre die konsequente Vermeidung der schädlichen Folgen von Streß, Traurigkeit und Depression auf das Immunsystem. Nachweise hierfür gibt es noch nicht. Genausowenig wie die amerikanischen Kliniken für Meditation, Entspannungsübungen, Musiktherapie oder Hypnose (Mind-Body-Kliniken), die für viel Geld mehrwöchige Seminare veranstalten, den Nachweis für eine positive Wirkung auf Aids, Krebs oder andere Infektionserkrankungen bringen können.
Ebenfalls, so steht mittlerweile fest, gibt es keine sogenannten »Krebspersönlichkeiten«, also Menschen, die durch depressive Einstellung geradezu für Erkrankungen verschiedenster Art prädestiniert sind.

Die innere Einstellung

Dennoch sind die Psychoneuroimmunologen (befassen sich mit Psyche, Nerven und Immunsystem) überzeugt davon, daß die innere Einstellung des Menschen darüber mitentscheiden kann, ob ein Mensch krank wird oder nicht. Bei akuten Infektionserkrankungen

Auch wenn die Wirkung nicht nachgewiesen ist – versuchen Sie, Kranke aufzumuntern.

wird sie allerdings weniger ausschlaggebend sein als bei den langsamen Viruserkrankungen wie Aids, möglicherweise auch anderen Krankheiten mit einer jahrelangen Phase zwischen Infektion und Ausbruch.

Derzeit kann die Hoffnung auf eine positive therapeutische Wirkung, die über psychische Reaktionen vermittelt wird, nicht einmal durch eine amerikanische Studie gedämpft werden, nach deren Ergebnissen der Ausbruch des akuten Stadiums von Aids bei Depressiven und Nichtdepressiven zur gleichen Zeit stattfand.

Dennoch sollte man auf jeden Fall versuchen, Kranke, insbesondere kranke Kinder zu Hause und auf den Kinderstationen der Kliniken aufzumuntern.

Frohsinn hilft!

Daß Lachen gesund ist, weiß der Volksmund schon lange. Nach dem wissenschaftlichen Beweis im Immunsystem wird noch gefahndet.
Und gewiß wird man ihn finden!

Ob es ein Gesundlachen wirklich gibt, ist unklar. Dennoch: Lachen schadet auf gar keinen Fall – im Gegenteil.

Klug einkaufen – kritisch sein im Lebensmittelmarkt

Unzweifelhaft haben Lebensmittel einen entscheidenden Einfluß auf unsere Gesundheit. Dabei geht es gar nicht um offensichtlich verdorbene Ware – die leicht zu erkennen und zu vermeiden ist –, sondern im Gegenteil um die Produkte, die nach den deutschen Lebensmittelvorschriften mit den vielfältigsten Zusätzen versehen und nach ebenso komplizierten Vorschriften haltbar gemacht wurden. Darüber hinaus gibt es die importierten Lebensmittel, die mit anderen, im einzelnen nicht überprüften Zusätzen und Konservierungsmethoden behandelt wurden.

Insgesamt entsteht daraus eine breite Grauzone von Gefährdungen:

- Durch Minderwertigkeit der Lebensmittel aus ernährungsphysiologischer Sicht, etwa durch Vitaminverluste.
- Durch langfristig gefährdende Zusätze (krebserregende Stoffe).
- Durch Infektionserreger.
- Durch Medikamente, die den Lebensmitteltieren gegen Infektionen verabreicht wurden.

Die Nahrungsmittelindustrie

Der Käufer von Lebensmitteln kann sich nicht darauf verlassen, daß der Gesetzgeber den Verbraucher nach allen Richtungen gegen Gefährdungen abgesichert hat. Die verschiedensten Lobbys der Chemischen Industrie, der Pharmaindustrie, der Lebensmittelindustrie und der Fleischimporteure haben wachsweiche Bestimmungen durchgesetzt, so daß zahllose Medikamente wie Hormone, Antibiotika und krebserregende Stoffe in Lebensmitteln enthalten sind. Hinzu kommen definierte bzw. in ihrer Wirkung gar nicht abzusehende Gefährdungen durch Konservierungsmethoden, schließlich auch durch Infektionserreger in Fleisch, Eiern und Fertiglebensmitteln. Der Verbraucher muß sich, so gut es geht, selber orientieren, um diesen Gefahren zu entgehen.

Besonders gefährlich im Hinblick auf Infektionskrankheiten sind Antibiotikarückstände und Bakterien in Lebensmitteln.

Diese Gefahren werden leider keineswegs vermindert durch die Überprüfung von Schlachttieren. Diese ist stets nur eine Stichprobenuntersuchung, sowohl auf den Schlachthöfen wie an den Zollgrenzen. Darüber hinaus erfaßt sie nie alle Organe des Tieres, die aussagekräftig wären. Manches, wie z. B. eine Bestrahlung, kann überhaupt nicht nachgewiesen werden.

Antibiotika

Sämtlichen Tierarten in Massentierhaltung werden Antibiotika verabreicht. Nicht etwa nur bei akuter Erkrankung, sondern als Mittel zur Gesunderhaltung, zur Steigerung der Mastleistung um etwa 10 Prozent und zum Einsparen von Futter. Routinemäßig erhalten Kälber, Schweine, Puten, Hühner, Hähnchen und Karpfen die Medikamente. Die Antibiotika verteilen sich im Körper des Tieres, wobei sie sich je nach Art des Antibiotikums in den Organen unterschiedlich stark anreichern. Mit der Gülle können ausgeschiedene Antibiotika wieder auf die Felder gebracht werden und dort in den Kreislauf pflanzlicher Lebensmittel geraten. Verboten ist das Behandeln der Tiere mit Antibiotika nicht. Es muß nur eine Wartezeit bis zum Schlachten eingehalten werden. Diese wird oft umgangen, wie Stichprobenuntersuchungen zeigen.

Mangelnde Kontrollinstanzen

Nackenbraten und Hinterschinken des Schweins sowie Geflügel und Eier aus der Massentierhaltung meiden. Medikamentenrückstände, insbesondere Antibiotika, sind dort am wahrscheinlichsten.

Auch in der Milch befinden sich Antibiotika nach der Behandlung von Euterentzündungen. Selbstverständlich darf diese Milch nicht an die Molkerei abgegeben werden – aber schwarze Schafe gibt es überall. Wer sich privat beim Bauern Milch holt und feststellt, daß aus ihr partout keine Dickmilch werden will, hat zufällig antibiotikumhaltige Milch erwischt. Eier von Legehennen, die mit Antibiotika behandelt wurden, müssen in einem Zeitraum bis zu 60 Tagen nach der Behandlung vernichtet werden. Kaum glaublich, daß ein Massenproduzent diese Vorschrift einhält. Es gibt auch keinerlei Kontrollen, die die Eier auf Rückstände untersuchen.

Der Verbraucher kann sich nicht gegen Antibiotikarückstände absichern. Er kann auf Dauer einer möglichen Allergiebildung gegen ein Antibiotikum oder einem resistenten Bakterienstamm nur ausweichen, indem er seinen Fleischkonsum drastisch reduziert. Sofern man auf viel Fleisch nicht verzichten kann, sollte man immerhin die Nackenstücke und die Hinterschinken des Schweins vermeiden. Bei akuter Erkrankung werden die Antibiotika dort gespritzt, genau wie auch Beruhigungsmittel zum Transport, Beta-Blocker, Hormone, Vitamine und Mineralien.

Resistenzbildung bei Antibiotika

Nur für einen Teil der Resistenzen von Bakterien gegen Antibiotika kann man die zu häufige Anwendung in Kliniken verantwortlich machen.
Die Hauptlast an der Resistenzbildung tragen die an Tiere verfütterten oder sonstwie verabreichten Antibiotika. Gerade die Allerweltskeime wie Salmonellen und Staphylokokken, gegen die im Stall behandelt wird, machen auch den Menschen krank. Bei einer Salmonellose durch Geflügelfleisch könnte deshalb der behandelnde Arzt auf eine unerwartete Resistenz treffen.

An Tiere verfütterte Antibiotika führen hauptsächlich zur Resistenzbildung!

Bei der Milch greift leider keinerlei Vorsichtsmaßnahme. Wer hat schon Zugang zu antibiotikumfrei gehaltenen Kühen? Bei Eiern ist es anders, auch der Großstädter erreicht meistens eine Verkaufsstelle von Bioeiern.
Seit 1991 sind die Begriffe Öko und Bio europaweit geschützt. Im Prinzip muß, wenn Bio und Öko auf dem Etikett steht, die Ware auch entsprechend unbehandelt von chemischen Zusätzen sein. Für pflanzliche Nahrungsmittel gibt es bereits eine EG-Verordnung. Für tierische Nahrungsmittel bemühen sich verschiedene Lebensmittelketten derzeit unter dem Druck der vergangenen Fleischskandale, neue Gütesiegel und Qualitätsbescheinigungen zu etablieren. Man ist sich einig, daß in den Produkten mit Gütesiegel in Zukunft ein Milliardenmarkt steckt. Dies legt wiederum den Verdacht nahe, daß sich ein Etikettenschwindel anbahnen könnte. Vorläufig ist sicherlich noch mit Mißbrauch zu rechnen – z.B. durch Umetikettierung normaler Massenware. Dennoch hat man als gesundheitsbewußter Verbraucher keine andere Wahl, als auf solche Produkte zu vertrauen. Notfalls muß man die Betriebe selbst in Augenschein nehmen, aus denen man Fleisch, Milch oder Eier beziehen möchte.

Konservierung

Die Konservierung von Lebensmitteln durch Bestrahlung ist in der Bundesrepublik im Prinzip verboten, kann jedoch durch die erlaubte Bestrahlung zu Kontroll- und Meßzwecken umgangen werden. Bei importierten Lebensmitteln sind Kontrolle und Nachweis unmöglich. Bestrahlt wird mit radioaktiven Stoffen wie Cobalt 60 oder Caesium 137 (Abfallprodukt der Atomindustrie). Dabei spaltet sich Wasser, wobei u. a. Wasserstoffperoxid entsteht, ein sehr wirksames Desinfektionsmittel. Damit lassen sich zwar infizierte Wunden gut reinigen, aber da es ein Zellgift ist, hat es in der Speiseröhre und im Magen nichts zu suchen. Es ist nirgendwo in der Welt als Konservierungsmittel zugelassen. Darüber hinaus entstehen bei der Bestrahlung sehr reaktionsfreudige Radikale, an denen die Chemiker ihre Freude hätten, uns aber auch nicht mitteilen könnten, was sie im Lebensmittel bzw. im menschlichen Körper anrichten.

So sehr die Atomindustrie auch auf die Weiternutzung ihrer Abfälle in der Lebensmittelkonservierung dringt – entgegen halten muß man den Befürwortern der Bestrahlung, daß diese in keinem Fall ausreicht. Eine Wärmebehandlung ist zusätzlich unbedingt notwendig, um vorhandene Bakteriengifte unschädlich zu machen. Das stärkste bakterielle Gift überhaupt und gefährlichste Nahrungsmittelgift, das Toxin von Clostridium botulinum, wird nicht durch Bestrahlung, sondern durch Kochen zerstört.

Bestrahlung macht Lebensmittel nicht besser, sondern verdeckt fehlende Hygiene.

Ungeklärte Gefährdungen

Manche Wissenschaftler befürchten deshalb, daß durch zunehmende Konservierung mit Strahlen die Botulinusgefahr wachsen könnte. Ebenso würde salmonelleninfiziertes Geflügel nachträglich »verkehrsfähig« gemacht werden.

Im Zuge des europäischen Zusammenschlusses ist die Bestrahlung von Lebensmitteln als gängige Konservierungsmethode wahrscheinlich nicht zu verhindern. Der Verbraucher hat kaum eine Möglichkeit, solche Lebensmittel zu umgehen. Der einzige, wenn auch schwache Ansatz wäre die Forderung nach Deklarierung solcherart vorbehandelter Lebensmittel, um sie dann gar nicht einzukaufen.

Infektionserreger

In besorgniserregender Weise nehmen unter den infektiösen Erkrankungen durch Lebensmittel die Salmonellosen seit den achtziger Jahren zu, sowohl zahlenmäßig wie auch immer häufiger mit tödlichem Ausgang. Die meisten Opfer sind alte und sehr junge Menschen. Die Auslöser – vor allem bei seuchenhaften Erkrankungen in Seniorenheimen, Behindertenheimen, Krankenhäusern, Soldatenkasernen – sind meistens verdorbene Hühnereier, die roh in Eierspeisen, Kuchen, Panade, Mayonnaise, verarbeitet wurden. Eher Einzelfälle sind es bei verdorbenem Hühner- oder Schweinefleisch, Fisch oder Muscheln. Zuweilen führen Salmonellen in Imbißbuden zu kleineren Epidemien.

Die Salmonellose ist eine Lebensmittelvergiftung, die in den letzten Jahren stark zugenommen hat und vor allem alte und sehr junge Menschen tödlich bedrohen kann.

Eine neue Generation der Salmonellenerreger

Es gibt trotz der Meldepflicht für Salmonellenerkrankungen eine hohe Dunkelziffer, weil ein normal gesunder Erwachsener meistens nur Durchfall bekommt und sich ohne ärztlichen Beistand auskuriert. Jedoch werden die Salmonellen jetzt auch für gesunde Erwachsene gefährlicher. Seit 1989 breitete sich nämlich eine Unterart der Salmonellen aus, die die Eierstöcke der Legehenne dauerhaft besiedelt. Gleichsam wie in einem trojanischen Pferd werden diese Salmonellen mit jedem gelegten Ei weiterverteilt. Diese Unterart kann die Darmwand des Menschen leichter durchdringen als die früher verbreiteten Salmonellentypen und verursacht deshalb schwerere Krankheitserscheinungen. Auch ist dieser Typ hitzebeständiger als andere und resistent gegen verschiedene Antibiotika. Für gewöhnlich sind für das Angehen der Infektion hohe Keimzahlen nötig.

Was zu beachten ist:

Besonders gefährdet gegenüber Salmonellose sind Patienten, die vor kurzem gerade Antibiotika wegen einer anderen Krankheit eingenommen haben. Dadurch sind die normalen Darmbakterien tot, die andernfalls Nahrungskonkurrenten der Salmonellen gewesen wären. Die Salmonellen erhalten so zufällig die einmalige Chance, sich explosionsartig auszubreiten.

Möglichst frische Eier verwenden! Je länger die Kühlkette unterbrochen wurde, desto größer ist die Gefahr. Hackfleisch am Tage des Kaufs verzehren oder durchbraten.

Normalerweise wird die Nahrung bereits beim Erzeuger mit den Salmonellen infiziert, oder sie haften dem Lebensmittel, wie oft bei Eiern, äußerlich an. Leider hat der Verbraucher kaum eine Möglichkeit zu verhindern, daß die Bakterien beim Aufschlagen der Eierschale ins Ei gelangen.
Insbesondere Hähnchen werden während der Schlachtung verunreinigt: sie waren zwar selbst nicht krank, aber der Käufer hat nun gute Chancen, es zu werden. Denn während der Zeit, in der die Kühlkette vom Kauf bis zum Einlagern in den häuslichen Kühlschrank unterbrochen ist, vermehren sich die Bakterien schon kräftig.

Die Salmonellen werden durch Kühlschranktemperatur und durch Einfrieren nicht zerstört. Einzig und allein das Kochen der Lebensmittel schafft es, die Bakterien unschädlich zu machen.

Eier – bevorzugter Salmonellenherd

Nur beim hartgekochten Hühnerei kann man sicher sein, daß die Salmonellen nicht mehr infektiös sind. Temperaturen von 55° C müssen eine Stunde bzw. 60° C müssen 30 Minuten im Inneren des Gerichts herrschen, um die Bakterien abzutöten. Beim Zubereiten von Fertiggerichten werden diese Temperaturen oft nicht erreicht. Auch die Garzeit in der Mikrowelle reicht nicht immer aus, vor allem weil eine unregelmäßige Erwärmung der Speisen stattfindet.

Hartgekochte Eier nicht abschrecken. Auf weichgekochte Eier aus der Massenproduktion verzichten!

Äußerlich erkennbar ist der Bakterienbefall nicht, er ändert auch nicht Geruch oder Aussehen von Fleisch, Eiern oder zubereiteten Speisen. Um so pingeliger muß derjenige auf die Hygiene achten, der möglicherweise salmonellenbelastetes Fleisch zubereitet: Vom Abtropfwasser beim Auftauen bis zum verwendeten Tranchiermesser oder der Geflügelschere könnte alles verunreinigt sein. Auch ohne Verdacht auf Salmonellen sollte man das Hühnerauftauwasser vorsichtig entsorgen.

Die Salmonellosen werden voraussichtlich in den nächsten Jahren weiter um sich greifen. Rein biologisch sind die Salmonellen die Verursacher. Die Schuldigen aber sind die Eiergroßproduzenten und die Nahrungsmittelindustrie. Sie werden auch weiterhin wegen des

Profits jegliche Eindämmung der Salmonellen, die beim Futter und bei der Tierhaltung ansetzen muß, verhindern. Deswegen muß bezweifelt werden, daß das neue akustische Diagnoseverfahren, bei dem Mißtöne die Verunreinigung von Eiern mit Salmonellen anzeigen, eine wesentliche Verbesserung bewirken wird.

Infizierung bei Lebensmittelzubereitung

Vorsicht auch vor minderwertigen Hähnchenfleischprodukten. Sie bestehen aus zerkleinerten Fleischresten, Lymphgewebe und Speicheldrüsen, die zusammengeklebt, geformt oder zugeschnitten werden. In diesen Hähnchenschnitzeln oder Hähnchen-Cordon-Bleu kann alles enthalten sein – auch Bakterien. Denn je öfter die Fleischstücke mechanisch behandelt werden, desto größer ist die Infektionsgefahr während des Produktionsvorgangs.

Gelegentlich kann es durch Schweinefleisch, Karpfen (auch andere Fische) oder Geflügel zu Infektionen mit Rotlauf kommen. Betroffen ist nur die Person, die das Fleisch im rohen Zustand zubereitet, meistens also die Hausfrau. Auch wenn die Untersuchung am noch lebenden Schlachtschwein ordnungsgemäß durchgeführt wurde, kann das Tier durch Rotlaufbakterien infiziert sein. Diese Krankheit bricht häufig erst bei Streß aus, also beim Transport zum Schlachthof, und äußert sich zu diesem Zeitpunkt noch nicht in den typischen roten Flecken auf der Haut.

Der »Rinderwahnsinn« ist vermutlich eine Viruserkrankung, die uns künftig noch Probleme machen dürfte.

Seit etwa einem Jahrzehnt hat sich beim englischen Milchvieh eine Erkrankung ausgebreitet, die wegen ihrer bestürzenden Symptome und dem unausweichlichen Tod »Rinderwahnsinn« genannt wurde. Es handelt sich um eine Gehirnerkrankung, bei der die Gehirnzellen absterben. Da die Erkrankung eindeutig ansteckend ist, vermuten die Wissenschaftler als Ursache ein Virus, das allerdings bisher noch nicht nachgewiesen werden konnte. Jedoch ist der Übertragungsweg sicher: Die vorher unbekannte Krankheit nahm ihren Ursprung von Schafskadavern, die wegen der Schafskrankheit Scrapie in der Tierkörperbeseitigungsanstalt vernichtet werden sollten. »Dank« einem neuen Verfahren, mit dem die tierischen Eiweiße der Kadaver weniger als vorher geschädigt werden sollten, gelang es den Engländern, noch mehr und noch billigeres »Hochleistungsfutter« aus diesem Abfall zu erzeugen. Das Verfahren war so schonend, daß auch der Erreger von Scrapie die Umwandlung in einen Futterbestandteil überlebte.

Hühner in Legebatterien nehmen oft über minderwertiges Futter Erreger auf. Bei der Massentierhaltung breiten sich diese schnell aus.

Der BSE-Erreger ist enorm infektiös – auch Menschen können daran sterben.

Die mit dem Hochleistungsfutter auf maximale Milchleistung getriebenen Milchkühe aber überlebten das neue Verfahren nicht: Sie starben zu Tausenden an Scrapie, bei Rindern nunmehr BSE (Rinderwahnsinn) genannt. Wie viele Kühe mit noch nicht besonders offensichtlichen Symptomen als gesundes Schlachtvieh verarbeitet wurden, ist nicht bekannt. Inzwischen sind etwa 70 Prozent der englischen Herden mit BSE verseucht. Außerdem wurde von Wissenschaftlern bewiesen, daß der Erreger für viele weitere Tierarten infektiös ist. Unbestritten ist die Tatsache, daß auch Menschen an dieser Art von Gehirnerkrankung (CJD, GSS, s. unter Unkonventionelle Viren, Seite 76) gestorben sind.

Der wissenschaftliche Nachweis, daß das verzehrte Rindfleisch den Menschen mit BSE infiziert, steht noch aus. Der Verbraucher, der nicht warten kann, bis die Beweise aufs letzte Tüpfelchen vorliegen, muß also selber abwägen, ob er die Gefährdung ignorieren darf, oder ob er besser seinen Appetit auf jegliches Rindfleisch zügeln soll, bis Näheres bekannt ist.

Das englische Landwirtschaftsministerium hat sich bisher trotz der Indizien für die große Gefahr erfolgreich gegen Exportverbote von möglicherweise infiziertem Fleisch und lebenden Kälbern, aber auch gegen alle anderen Vorsichtsmaßnahmen, die nicht nur der oberflächlichen Beruhigung von Laien dienen, gewehrt. Das deutsche Landwirtschaftsministerium hat deshalb notgedrungen und nach langem Zögern, – auf Betreiben vieler entschlossener Verbraucher und mit Unterstützung einiger weniger mutiger Wissenschaftler – ein einseitiges Importverbot ausgesprochen, das jedoch durch die routinemäßigen Einspruchsverfahren der EG und Englands unterlaufen werden wird. So bleibt dem Verbraucher, der zu Recht lieber auf BSE-haltiges Rindfleisch verzichtet, solange dessen Ungefährlichkeit nicht mit absoluter Sicherheit nachgewiesen ist, auch hier keine andere Möglichkeit, als sich selber um ungefährliches Rindfleisch zu kümmern.

Verhängnisvolles Kraftfutter

Da offensichtlich auch geringe Mengen des verseuchten englischen Kraftfutters schon gefährlich sind, kann man unbelastetes Fleisch von Erzeugergemeinschaften nur kaufen, wenn dort niemals verdächtiges Kraftfutter verfüttert wurde, alle Rinder des Bestandes aus eigener Zucht stammen und auf den Weiden niemals aus England importierte Schafe oder Schafe aus unbekannter Zucht gegangen sind.

Bei importierter Ware besteht innerhalb der EG-Staaten immer die Gefahr, über Einfuhr aus Zwischenländern das Ursprungsland zu vertuschen.

Auf Rindfleisch aus dem Supermarkt sollte man uneingeschränkt verzichten, bis die Wissenschaftler Klarheit geschaffen haben. Selbst bei angeblich deutscher Ware kann niemand sicher sein, ob an das Tier nicht – mittlerweile verbotenes englisches – Kraftfutter verfüttert wurde. Es hat auch keinen Zweck, auf Ware auszuweichen, die als Import aus anscheinend unverdächtigen Ländern deklariert ist. Es wird überall skrupellos vertuscht oder umetikettiert: unbestrittene Tatsache ist, daß Großbritannien lange Zeit trotz der BSE-Beunruhigung in mehreren Ländern ständig steigende Rindfleischexporte meldete. Ein großer Teil dieses Fleisches kommt über Holland und Frankreich als holländisches bzw. französisches Rind in unsere Supermärkte.

Noch ungeklärt ist die Infektionsmöglichkeit von Schweinen, Geflügel und Fischen durch das scrapiehaltige Futter. Medizinisch denkbar ist, daß die Tiere auf Grund ihrer kurzen Lebensspanne klinisch nicht erkranken, den Erreger dennoch weitergeben. Ebenfalls ist die Gefahr noch nicht einmal andiskutiert, die aus Milch, Butter und Käse erwachsen könnten. Dem Verbraucher in Deutschland bleibt nur der Verzicht auf Butter und Käse aus England (und Holland) und die Hoffnung, daß die Gefahr überschätzt wird.

Allgemeine bakterielle Verunreinigungen

Dreck auf Fleisch in den Theken der Supermärkte gibt es nicht nur in Österreich und England, sondern auch in Deutschland. Auch hier wurde schleimiges, faulendes Fleisch entdeckt, infiziert mit hohen Zahlen von Bakterien.
Ohne im einzelnen darauf einzugehen, soll erwähnt werden, daß die Schlachtbedingungen in manchen Schlachthöfen Deutschlands katastrophal sind und ohne Berücksichtigung von Tierschutz, Hygiene, Mitarbeiterschutz und gesetzlichen Bestimmungen ablaufen. Es gibt

Achten Sie als Verbraucher auf die hygienischen Verhältnisse im Supermarkt, vor allem bei Fleisch.

in ihnen immer wieder Tierärzte sowie Fleischkontrolleure, die bedenkenlos als infiziert aussortiertes Fleisch freistempeln, gefälschte Stempel oder Protokolle verwenden bzw. ausfertigen. Nachweislich werden zuweilen illegal Schlachtungen gesunder und kranker Rinder und Schweine am gleichen Schlachtband vorgenommen. Bei unter solchen Bedingungen erzeugtem Fleisch ist davon auszugehen, daß es hochgradig verunreinigt ist, selbst wenn man dies als Verbraucher nicht erkennen kann. Man wird nicht nur finanziell betrogen, sondern ist durch solches Fleisch krankheitsgefährdet.

Mit den jüngsten innereuropäischen Bestimmungen sind die Stichprobenuntersuchungen an den Grenzen entfallen. Nunmehr sollen die Untersuchungen des Fleisches auf den Schlachthöfen ausreichen, um dessen Qualität zu sichern. Damit werden die Kontrollinstanzen für den Verbraucher kaum mehr nachvollziehbar.
Derzeit bahnt sich die Schließung mancher kleinerer Schlachthöfe an, während die bisher schon großen ausgebaut werden. Die Transportwege für die lebenden Tiere und die Schlachtgeschwindigkeit werden sich weiterhin erhöhen, ebenso wie der Mißbrauch durch die »Fleischmafia«.

Mit den »offenen Grenzen« für Nahrungsmittel innerhalb der EG und der Zunahme von Großbetrieben erhöht sich für den Verbraucher die Gefährdung, verunreinigtes Fleisch zu konsumieren.

»Guten Appetit!«

Die Verpackung des Billigfleisches aus dem Supermarkt mag adrett aussehen, aber das ist auch alles. Wahrscheinlich stammt das Kotelett von einem Schwein, das in seinem kurzen Leben an einem schwachen Herzen litt, das mit Hormonen, Antibiotika, Vitaminen und Psychopharmaka vollgestopft wurde, um in rasantem Tempo sein Schlachtgewicht zu erreichen und gerade noch lebend am Schlachthofförderband anzukommen. Wenn Sie dieses Fleisch dann blaß, weich und wäßrig auf Ihrem Teller liegen haben, sind längst nicht alle Arzneimittel und Bakterien im Fleisch zerstört und unwirksam geworden.

Auch reine Gemüseesser leben nicht ungefährlich: In Folienverpackungen brüten Listerien und gasbildende Bakterien.

Den Ausweg aus dem genormten Industrieprodukt Fleisch bietet der Kauf von Fleisch direkt bei den Ökobauern. Diese ziehen Schweine bzw. Rinder artgerecht auf, füttern natürlich, sind teilweise auch zu alten Rassen zurückgekehrt, die nicht auf Schnellmast getrimmt wurden, und haben sich bereits zu Genossenschaften zusammengefunden. Der Direktkauf beim Bauern versetzt diesen in den Stand, endlich von seiner Arbeit leben zu können. Und dem Verbraucher schadet es nicht, wenn er wegen der etwas höheren Kosten seinen Fleischverbrauch einschränkt. Dafür ist das Fleisch aus der natürlichen Haltung reich an Mineralien, Vitaminen und Eiweiß bei einem ausgewogenen Verhältnis von Muskelanteil und Fett. Etwas mehr pflanzliche Nahrungsmittel sind überdies gesund für uns. Schließlich sind wir Mischkostesser – so sieht es die Natur vor.

Verschiedene weitere Schadstoffe

Der Verbraucher ist gut beraten, Verfahren oder Zusatzstoffe mit Mißtrauen zu betrachten.

Für viele Pestizide, Tierarzneimittel, Düngemittel, Lebensmittelhilfsstoffe, Desinfektionsmittel, Verpackungsmaterialien, die auf einem oder anderem Weg Eingang in die Lebensmittelkette finden, steht inzwischen fest oder wurde der Verdacht geäußert, daß sie unsere Abwehrkräfte beeinträchtigen können. Es besteht nicht die geringste Ursache, den Beteuerungen der Gruppen, die diese Stoffe herstellen oder vertreiben – auch nicht den für sie tätigen Sachverständigen – zu glauben, alle diese Beimengungen seien gänzlich ungefährlich für die menschliche Gesundheit. Die Geschichte der Ware Lebensmittel – von der Pflanze bis zum Nutztier – lehrt im Gegenteil, daß anfangs vermutete Gefahrlosigkeit meistens nur das Ergebnis technischer Unzulänglichkeiten bei den Untersuchungen oder eines verschwiegenen Risikos war.

Zum Schutz des Verbrauchers

Bei jeglichem Verdacht auf Schädlichkeit oder individuelle Unverträglichkeit sollte man sich an Verbraucherschutzgemeinschaften oder ähnliche Organisationen wenden, im schlimmsten Fall an die Presse. Staatliche Stellen versuchen häufig Verdachtsmomente abzuwiegeln, und nur zu oft gehen die Interessen von Fleischindustrie, Lebensmittelindustrie, Pharmaindustrie u. a. Hand in Hand mit den jeweils herrschenden Parteien. Die Parteien haben im allgemeinen keinen Nutzen von einer Verschärfung der Vorschriften zugunsten der Verbraucher gegen die Industrie.

Vitamine, Vitamine – richtig ernähren

Ratschläge für eine gesunde Ernährung insgesamt zu geben, ist hier nicht unser Thema. Selbstverständlich sollte man sich gesund ernähren – um den zahlreichen Erkrankungen, die aus Überfluß oder aus Mangel oder wegen fehlender Inhaltsstoffe oder schädlicher Inhaltsstoffe oder, oder... zu entgehen. Hier geht es primär um die Ernährung, die dazu beitragen kann, Infektionen zu vermeiden.

Eine ausgewogene Ernährung durch qualitativ hochwertige Produkte sorgt für einen gesunden Vitaminhaushalt.

Gemüse und Gewürze sind Infektionskiller.

Es kommen also in erster Linie alle Stoffe in der Nahrung in Frage, die in ausreichender Menge vorhanden sein müssen, damit wir nicht leichte Opfer von Bakterien oder Viren werden. Darüber hinaus gibt es einige Nahrungsmittel – Gemüse oder Gewürze – die uns nicht nur schmecken, sondern die ihrerseits Infektionserreger in die Flucht schlagen bzw. abtöten können.

Als effektive Helfer gegen Bakterien und Viren gelten Vitamine. Unser gesamter Organismus hat nach außen hin einen Schutzschild:

Vitamin A als Schutz für die Schleimhäute.

sowohl die Haut als auch die Schleimhäute gehören dazu. An einigen Stellen erstreckt sich die Schleimhaut weit in den Körper hinein wie ein Fjord in das Festland: z. B. bei den Atemwegen oder im Magen-Darmkanal. Für den Arzt und den Patienten befinden sich Darm oder Bronchien natürlich innerhalb des Körpers.
Aber für einen Infektionserreger ist das anders: sofern es ihm gelingt, den Flimmerhärchen in den Atemwegen zu entgehen, sind die oberen Bronchien für ihn immer noch »Außenwelt«. Solange der Keim keine einzige Stelle der Schleimhaut gefunden hat, die geschädigt ist, hat er keine Chance, ins Innere, d. h. in Zellen, Blutgefäße, Nervenbahnen, einzudringen.

Kein frühzeitiges Altern

So lange die Zellen prallvoll mit Vitamin A sind, wird ein Erreger auch kein einziges Schlupfloch finden einzudringen. Wenn das Vitamin A allerdings fehlt, entsteht eine Lücke in der Abwehr, so daß Keime leichter eindringen können und sich in den Zellen suhlen und vermehren können. Und daß nach der Zerstörung der obersten Zellagen Haut, Schleimhaut, Augenbindehaut usw. nicht mehr so gut funktionieren können, liegt auf der Hand. Verdauungsstörungen und Hustenreiz, Infektionen der Schleimhäute von Blase und Vagina, Trockenheit der Bindehaut u. a. sind mögliche Folgen. Bei so guten Voraussetzungen fällt es auch Bakterien nicht schwer, sich anzusiedeln. Nicht zu vergessen, daß die Zellen frühzeitig altern und anfällig für Krebs werden.

Vitamin A bzw. dessen pflanzliche Vorstufen, die Karotene, aus denen der Körper dann sein Vitamin A macht, haben aber noch eine weitere, ganz wichtige Funktion: Sie sind als Antioxidantien (Schutzstoffe, die z. B. Freie Radikale abfangen) an der Kommunikation zwischen den Abwehrzellen beteiligt. Nur unter Beteiligung von Antioxidantien können sich Abwehrzellen untereinander verständigen, erfahren sie, wo der Feind lauert, können ihn aktiv durch Bewegung erreichen und schließlich den sich anhäufenden Bakterienmüll beseitigen. Ohne Antioxidantien wird die Abwehr immer langsamer und bleibt endlich vergiftet liegen.

Täglicher Bedarf

Die Deutsche Gesellschaft für Ernährung empfiehlt für den Erwachsenen eine tägliche Dosis von 2 Milligramm Beta-Karoten. Nach neueren Untersuchungen ist diese Dosierung viel zu niedrig. Einige Wissenschaftler haben mittlerweile herausgefunden, daß 15 Milligramm Karotene täglich optimal sind als Vorsorge gegen Herz-Kreislauferkrankungen und Krebs, nach anderen Studien wird der Bedarf mit 6 bis 8 Milligramm berechnet.

Nicht nur die Karotten enthalten das wichtige Karoten, sondern z. B. auch Aprikosen, Käse, Spinat.

Karotene sind besonders reich in Butter, Käse, Löwenzahn, Sauerampfer, Karotten, Aprikosen, Spinat und Feldsalat enthalten. Da der Bundesbürger im Durchschnitt höchstens 1,5 Milligramm Karotene pro Tag zu sich nimmt, ist ganz klar, daß er eine alles andere als optimale Versorgung hat. Um 15 Milligramm Beta-Karoten mit der Nahrung aufzunehmen, müßte er z. B. essen:

Beta-Karoten-Gehalt

Nahrungsmittel	Beta-Karoten mg/kg Gemüse	15 mg enthalten in g Gemüse
Karotten	**70**	**215**
Spinat	**60**	**250**
Feldsalat	**37,5**	**400**
Brokkoli	**25**	**600**
Tomaten	**5**	**3000**
Sauerampfer	**29**	**116**

Früher galt zu Recht die Leber als hochwertiger Vitamin A-Lieferant. Wem Kadmium, Blei, Quecksilber, Östrogen, Zartmacher, Psychopharmaka u. a. in der Leber nicht den Appetit verschlagen, sollte sich den Chemiemix gerne in die Pfanne werfen. Alle anderen müssen sich an grüne und gelbe Gemüse halten.

Man muß auch bedenken, daß die Aufnahme von Vitamin A in den Körper vermindert wird durch Östrogenpräparate (Pille), sehr fettarme Kost, Leberschäden und Gallensäuremangel. Vitamin A kann man kaum überdosieren. Schäden kann es erst bei täglicher Überschreitung des normalen Bedarfs um das Sechs- bis Zwölffache über Monate hinaus geben, bei Karoten aus Pflanzen allerdings gibt es gar keine Vergiftungsmöglichkeit. Eigentlich sollte die Karotenzufuhr durch Gemüse ausreichen, um uns unsere Gesundheit zu bewahren – so hat es die Natur eingerichtet. Also zunächst einmal mehr Gemüse essen!

Vitamin E als Radikalfänger

Zuviele Freie Radikale im Körper richten sich gegen den eigenen Wirt: Sie greifen Zellen an und unterbinden deren Stoffwechsel.

Ein anderes Vitamin, das wir dringend als Schutzfaktor benötigen, ist Vitamin E. Wie Vitamin A ist es ein Antioxidans, ein Radikalfänger. Die zerstörerischen Freien Radikale entstehen bei der Spaltung von Wasser in Wasserstoff und Sauerstoff – also praktisch überall in unserer Umwelt. Mit zunehmender Luftverschmutzung, mit höheren Ozonwerten und energiereichen Strahlen, mit immer noch steigenden Mengen von Nitraten, Stickoxiden und Tabakrauch in unserem normalen Umfeld erhöht sich auch die Menge der Freien Radikale, von denen wir pausenlos bombardiert werden: Haut, Augen, Lungengewebe müssen sich in einem fort gegen ihre Aggressivität wehren.

Negative Auswirkungen der Freien Radikale

Auch in unserem Körper haben die Freien Radikale eine Wirkung: Sie attackieren die Zellen, die ihr natürliches Alter erreicht haben. Ihre Gegenspieler, die Antioxidantien, sorgen zwar für die Reparatur der Schäden, solange sie können – aber allmählich häufen sich doch Zellreste und Bruchstücke an, wenn der zelluläre Stoffwechsel altersbedingt gestört ist. Die Altersflecken in der Haut sind sichtbare Zeichen dieses Mülls, der im übrigen nicht schädlich für uns ist.
Besonders gefährlich sind die Freien Radikale an sehr zarten Membranen, wie z. B. der Außenhaut von roten Blutkörperchen. Ohne Vitamin E als Eskorte verklumpen die Blutkörperchen und versagen beim Sauerstofftransport. Dadurch erhalten die Körperzellen zuwenig Sauerstoff, »ersticken« also. Sie sind nunmehr leichte Opfer von Krankheitserregern. Die Wissenschaftler hegen auch den Verdacht, daß die Freien Radikale – ungebremst – Krebs auslösen könnten.

Positive Komponenten der Freien Radikale

Vitamin E sorgt für ein abgestimmtes Verhältnis der Radikale in unserem Körper. Zudem verschafft es der Abwehr Beweglichkeit.

Dieses Prinzip der Radikale als Zerstörer nutzt der Körper allerdings ebenfalls aus: mit ihnen rückt er Bakterien und Viren auf den Leib. So sind also die Freien Radikale nicht nur einfach schädlich, sondern auch nützlich – aber dieses System muß ständig auf den jeweiligen Bedarf fein abgestimmt werden. Dafür sorgen Enzyme, die der Körper auf der einen Seite selber herstellt, auf der anderen Seite von außen erhalten muß. Mit der Nahrung werden die Vitamine E, A und C aufgenommen, außerdem Selen, das wiederum zu einem Bestandteil der körpereigenen radikalfangenden Enzyme wird. Ein ausgewogenes Verhältnis zwischen vorhandenen Freien Radikalen und Radikalfängern zu halten, wird unserem Organismus noch dadurch erschwert, daß das wichtige Vitamin E nicht gespeichert werden kann, es also immer in optimaler Menge zur Verfügung stehen muß, um seine Schutzwirkung zu entfalten.

Vitamin E arbeitet der Abwehr zu

Soviel zum Groben. Im einzelnen ergeben sich natürlich auch noch besondere Aufgaben bei der Infektabwehr, z. B. sorgt Vitamin E gemeinsam mit dem Vitamin A für die Beweglichkeit der weißen Blutzellen beim Angriff auf Bakterien. Eine weitere Rolle spielt das Vitamin E auch bei langandauernden Entzündungsprozessen, indem es die übermäßige Wirkung von Stoffen (Mediatoren), die die Entzündung unterstützen, unterdrückt. Wo diese Mediatoren sich ansammeln, werden verschiedene Arten von Freßzellen durch das Vitamin E dorthin gelockt.
Insbesondere wenn man sich überwiegend mit Fast food ernährt, wird der tägliche Bedarf an Vitamin E nicht gedeckt. Die Wissenschaftler raten auch bei Vitamin E zu viel höheren Dosen als früher üblich: 30 bis 60 Milligramm pro Tag (früher 12 Milligramm pro Tag). Inzwischen sind sogar Mengen von 60 bis 100 Milligramm pro Tag in der Diskussion.
Reich enthalten ist Vitamin E in kaltgepreßten Speiseölen (starke, lang einwirkende Hitze zerstört Vitamin E), Mandeln, Margarine, Getreideprodukten, Eiern, Nüssen. Beim Kochen treten Verluste bis zu 50 Prozent ein, Licht und Sauerstoff reduzieren den Gehalt an Vitamin E weiter.

Wissenschaftler raten heute zu höherer Vitamin-E-Zufuhr – zum Schutz vor Infekten aller Art.

Vitamin E

Nahrungsmittel	Vit.E mg/100 g Lebensmittel	30 mg Vit.E enthalten in g Lebensmittel
Mandeln	**36**	**83**
Margarine	**16**	**187**
Sonnenblumenöl	**60**	**50**
Maiskeimöl	**120**	**25**
Milch	**0,1** (in 100 ml)	**30 Liter**

Den Bedarf des »Rostschutzvitamins« E wird man also nicht über Milch decken können. Toxische, also schädliche Mengen erreicht man kaum mit Vitamin E. Eine besonders gut radikalfangende Kombination wäre ein Salat aus Sauerampfer oder Feldsalat, angemacht mit Maiskeimöl.

Vitamin-E-Bedarf

Erhöhten Bedarf an Vitamin E haben:

- Schwangere
- Leistungssportler
- Raucher
- Chronisch Kranke
- Wer über 40 Jahre ist
- Wer oft Alkohol trinkt

Vitamin C als Schutz der Zellmembranen

Mit Vitamin E zusammen arbeiten insbesondere Vitamin C und das Spurenelement Selen am Schutz aller Membranen. Vitamin C ist im Unterschied zu E wasserlöslich, was sowohl auf den Ort, an dem es in den Körper aufgenommen wird, die Art der Aufnahme als auch auf die

Wirkung einen Einfluß hat. Vitamin C kümmert sich vor allem um die sogenannte Basalmembran, das ist gewissermaßen das unterste Netz, auf dem die Zellschichten aufliegen. Unter Vitamin-C-Mangel lockert sich das Netz auf und verliert die Festigkeit zwischen den Bauteilen. In extremen Fällen von Vitamin-C-Mangel kann die Basalmembran so dünn werden, daß Blutzellen durch die Maschen treten.

Vitamin C ist auch notwendig für die ordentliche Arbeit bestimmter Immunzellen, den sogenannten Granulozyten, den Schnellstartern bei der Abwehr von Bakterien. Diese können innerhalb kurzer Zeit ihre zellschädigenden Geschütze klarmachen; als Gegenspieler würde ein System benötigt werden, das in ebenso kurzer Zeit Wasserstoff abgeben oder aufnehmen könnte.

Vitamin C sorgt für die Erstreaktion des Körpers auf Eindringlinge wie z. B. Bakterien.

Sofortreaktion der Abwehr

Bei einer Virusinfektion kommt es innerhalb von wenigen Stunden zu einem meßbaren Abfall der Vitamin-C-Konzentration in den weißen Blutkörperchen (Leukozyten). Sie selber verbrauchen das Vitamin, können dadurch schneller an den Gegner heranrobben und ihn leichter verschlingen. Und die Gedächtniszellen erhöhen mit Vitamin C den Ausstoß an Antikörpern. Deshalb ist die Sofortreaktion des Immunsystems unmittelbar vom gerade verfügbaren Vitamin C abhängig. Als Puffer für Vitamin C besitzen wir glücklicherweise noch die Nebennierenrinde, die die Natur für uns sehr zweckmäßig ausgerüstet hat: Wenn bei Streß – z. B. durch Kälte oder durch eine Invasion von Krankheitserregern – Streßhormone aus der Nebennierenrinde ausgeschüttet werden, wird die Erste Hilfe in Form von Vitamin C gleich mitgeliefert.

Vitamin-C-Bedarf

Der tägliche Bedarf an Vitamin C ist nach Empfehlung der Deutschen Gesellschaft für Ernährung für:

Schulkinder und Erwachsene:	**75** Milligramm, mindestens **30** Milligramm pro Tag
Schwangere Frauen:	**125** Milligramm
Stillende Frauen:	**125** Milligramm

Heute wird der Bedarf an Vitamin C auf 100 bis 200 Milligramm pro Tag geschätzt.

Die WHO schlägt 60 bis 80 Milligramm täglich vor. Diese Dosis wehrt immerhin den Skorbut (Vitamin-C-Mangelkrankheit, früher sehr berüchtigt bei Seefahrern) ab. Aber ansonsten zeichnet sich ab, daß diese Empfehlungen viel zu niedrig sind, vor allem unter den heutigen Ernährungsbedingungen und Umweltbelastungen.

Vitamin-C-Gehalt

Nahrungsmittel	Vit.C mg/100 g Nahrungsmittel	100 mg Vit.C, enthalten in g Lebensmittel
Rote Paprika	**204**	**49**
Grüne Paprika	**100**	**100**
Schwarze Johannisbeeren	**200**	**50**
Sauerampfer	**119**	**84**
Zitronen	**80**	**125**
Orangen	**50**	**200**
Brokkoli (gekocht)	**34**	**294**
Spinat (gekocht)	**25**	**400**
Äpfel	**9**	**1.1 kg**

Auf jeden Fall sollten Raucher, Kaffetrinker und Alkoholkonsumenten sich täglich zusätzliche 30 Milligramm Vitamin C gönnen, ferner alle, die starken körperlichen Belastungen ausgesetzt sind. Da man Vitamin C aber überhaupt nicht überdosieren kann, darf man unbedenklich so viel natürliches Vitamin C zu sich nehmen, wie man will. Wer mit Medikamenten behandelt wird, sollte auf dem Beipackzettel nachlesen, ob dieses den Bedarf an Vitamin C erhöht.

Sofortmaßnahmen bei Erkältungen

Als Vitamin-C-Stoß bei beginnender Erkältung sollte man 400 Milligramm täglich zu sich nehmen und an den folgenden Tagen immer noch mehr als sonst.

Naturgemäß ist das Vitamin sehr empfindlich gegen alle Prozesse, die es oxidieren, d. h. verbrennen lassen, also gegen Erwärmen oder Kochen, gegen Licht und Luft. Daher ist leider kaum mehr Vitamin C enthalten, wenn man nach alter Hausfrauenart Holunderbeeren oder Johannisbeeren dampfentsaftet. Zum Glück findet man noch vielfach Betriebe, die im Auftrag kaltpressen – es lohnt sich. Käufliche Billigsäfte enthalten wenig Nahrhaftes neben Wasser, Geschmacksstoffen, Süßstoffen und sonstigen künstlichen Zusatzstoffen. Im Unterschied zu unserem eigenen empfindlichen und störanfälligen Vitamin-C-Haushalt braucht man sich darum bei seinen Katzen, Hunden und selbst der Käfigratte nicht zu kümmern. Die stellen ihr Vitamin C selbst her.

Der Vitamin-C-Haushalt unserer Haustiere funktioniert tadellos ohne jegliche Nachhilfe. Um unseren eigenen sollten wir uns um so mehr kümmern.

Bestandteile von Vitaminen

Im Reigen der Schutzstoffe und Radikalfänger dürfen einige Spurenelemente wie Kupfer, Mangan, Zink und Selen nicht fehlen. Sie finden sich in Käse, Milch, Fisch, Fleisch und Gemüse.

Mehr als 70 Enzyme des Körpers benötigen Zink für ihre Funktion, dennoch ist fast die Hälfte der Bevölkerung mit diesem Mikronährstoff leicht unterversorgt. Insbesondere sind für eine normale Reaktion des Immunsystems die Abwehr- und Freßzellen auf Zink angewiesen. Wenn es fehlt, sinkt deren Zahl ab, außerdem werden weniger Antikörper gebildet. Als Folge davon heilen z. B. Wunden schlechter (offene Beine). Besonders häufig kommt Zinkmangel vor bei Jugendlichen, die sich häufig von Fast food ernähren, bei Senioren, die insgesamt unzureichend essen, aber auch bei strengen Vegetariern und schwangeren und stillenden Frauen sowie bei Patienten mit chronischen Krankheiten wie Diabetiker. Menschen, die viel Sport betreiben, brauchen ebenfalls einen kleinen Zuschlag an Zink, genauso Frauen, die eine Antibabypille nehmen.

Betrachtet man den Nahrungsbedarf aus der Sicht der Vorbeugung gegen Infektionserkrankungen, dann benötigt der Mensch überhaupt keine Fleischnahrung: Vitamin C und A sind darin kaum enthalten, Vitamin E aber hat alle Hände voll zu tun, die schädlichen Abbauprodukte des Fleisches in Schach zu halten. An anderer Stelle könnte es sich nützlicher machen.

Enthalten ist Zink in Muskelfleisch, Fisch, Käse, Eiern, Milch sowie in Vollkornprodukten.

Mit der Milch verhält es sich anders. Allerdings nicht mit Chemiemilch, im Handel als H-Milch deklariert. (Als Depot diverser Gifte

Käse von Biobauern wird aus hochwertiger Milch hergestellt. In ihm sind Vitamine und Spurenelemente enthalten.

aus Landwirtschaft, Arzneimittel- und Chemieindustrie und als effizientes Mittel zur Gewinnmaximierung in der Milchindustrie wollen wir sie beiseite lassen. Die H-Milch ist keine brauchbare Unterstützung gegen Infektionen.)

Rohmilch

Früher oft verunreinigt – heute kein Problem mehr: Rohmilch.

Es geht um Rohmilch. Aus ihr wurde vor Jahrzehnten aus hygienischen Gründen – also aus Notwehr gegen Tuberkulose und Brucellose, von denen große Teile der deutschen Milchrinderbestände befallen waren und über deren unbehandelte Milch sich Menschen leicht anstecken konnten – durch Erhitzen eine trinkbare, ungefährliche Milch hergestellt. Seither haben staatliche Tuberkulose- und Brucellosemaßnahmen gegriffen. Diese Erkrankungen sind im allgemeinen in den Ställen ausgemerzt. Es gibt in Deutschland keine Milch, bei der man damit rechnen müßte, daß sie durch diese Seuchenerreger verunreinigt ist. Darüber hinaus ist die Hygiene in den Ställen sehr stark gestiegen: Verbesserte Kenntnisse sowie die Stillegung von Brunnen mit jaucheverunreinigtem Wasser schließen Infektionen nahezu aus. Die Gründe, die einstmals die Abtötung von Bakterien zwingend machten, sind damit entfallen.

Wir könnten unbesorgt ungekochte Rohmilch trinken. Rohmilch ist ernährungsphysiologisch besonders wertvoll. Neben Eiweiß, Milchfett, Milchzucker, Mineralstoffen und Vitaminen enthält sie vor allem die Milchsäurebakterien. Diese Milchsäurebakterien (Laktobazillen) werden bei der Erhitzung der Milch in der Molkerei zerstört, sowohl bei Vollmilch als auch H-Milch. Nur Vorzugsmilch (viel teurer) und Ab-Hof-Milch bleiben unbehandelt.

Im Darm bilden die lebenden Laktobazillen aus Zucker Milchsäure, die den Dickdarm optimal ansäuert und verhindert, daß unerwünschte Fäulniskeime wachsen. Das dürfte auch der Grund dafür sein, daß Jungtiere mit unbehandelter Milch gefüttert besser wuchsen und – über Generationen – mehr Junge aufzogen als bei Fütterung mit abgekochter Milch.

Entsprechendes stellten die Wissenschaftler in einer kontrollierten Studie bei Säuglingen fest. Säuglinge entwickelten sich sogar fast ebensogut mit Rohmilch wie mit mütterlicher Milch: bei Brustmilchkindern gedeiht die Darmbakterienflora optimal. Sie ist in der Lage, besonders viel Vitamin B1 und B2 zu bilden und Eiweiße vollständiger aufzuspalten als alle anderen Darmkeimarten.

Regulatoren des psychischen Wohlbefindens

Die Vitamine B1 und B2 sind für den Stoffwechsel so elementar notwendig wie Benzin oder Diesel für das Auto. Beide sind am Kohlenstoff-Stoffwechsel beteiligt. Aber weil wir uns angewöhnt haben, so viele Nährstoffe aus den Lebensmitteln zu entfernen, bevor wir sie essen, leiden wir mehr oder weniger unter einem leichten Mangel an beiden Vitaminen. Nervenschwäche, Depression, Konzentrationsmangel und Schlafstörungen können Folgen des Mangels von B1 und B2 sein. Und die Grundlagen dafür legen wir oft schon beim Säugling.

»Gesunde« Milch ist auch nach dem Verfallsdatum noch verwendbar: Sie wird zu Sauermilch.

Bis heute ist nicht geklärt, ob die kindlichen Allergien auf Milch möglicherweise eher eine Reaktion auf die unnatürliche Veränderung als auf das Nahrungsmittel selbst sind.

Wir sind es nur leider derart gewohnt, die Erhitzung als Normalbehandlung von Milch anzusehen, daß wir darüber gar nicht mehr nachdenken. Wir sollten uns öfter vor Augen halten, daß frische stehengelassene Milch zu köstlicher Sauermilch umgewandelt wird, sich also selber konserviert. Erhitzte stehengelassene Milch dagegen schmeckt bitter, faulig und ist ungenießbar. Frische Buttermilch und Joghurt enthalten ebenfalls Milchsäurebakterien.

Knoblauch

Schon im alten Ägypten erkannte man die krankheitsabwehrende Wirkung von Knoblauch. Er schützt vor allem die Darmflora.

Ein Gemüse, das Vitamin C in hoher Dosis enthält, ist der Knoblauch. Natürlich ißt kein Mensch soviel, daß er seinen Vitamin-C-Bedarf über Knoblauch decken könnte. Mit dem Vitamin Thiamin (B1) ist das anders. Ein Stoff im Knoblauch, das Allicin, verbindet sich nämlich im Darm mit Thiamin, und dieser Komplex kann wesentlich besser aus dem Darm aufgenommen werden als Vitamin B1 allein. Überhaupt könnte man Knoblauch als ein reines Wundermittel bezeichnen, vor allem gegen Infektionen. Dabei ist es gar nicht nötig, die Wirkstoffe des Knoblauchs zu isolieren und als Medikament aufzubereiten, es genügt, der Nahrung öfter Knoblauchzwiebeln hinzuzufügen und zu essen. Vor allem krankmachende Darmbakterien werden im Wachstum durch Knoblauch gehemmt, während die normale Darmflora weitgehend verschont bleibt. Im Experiment tötete Knoblauch sogar Problemkeime wie Tuberkulosebakterien ab – Resistenzen gab es nirgends. Ungewöhnlich starke Wirkung hat Knoblauch auch auf gefährliche Parasiten (Amöbenruhr) und Pilze, auf Influenza- und Herpesviren. Neben dieser spezifischen Abwehr gegen Keime wirkt Knoblauch auch gegen Gärung und Fäulnis und vermindert die Aufnahme anderer schädlicher Stoffe. Es gibt also gar keinen Zweifel, daß Knoblauch in der Nahrung über verschiedene Inhaltsstoffe und biochemische Prozesse eine überaus gesundheitsfördernde Wirkung entfaltet.

Starke Geschosse gegen Infektionen

- Vitamin A
- Vitamin E
- Vitamin C
- Lactobazillen aus naturbelassener Milch und Milchprodukten
- Knoblauch

Gesund schlafen

Der Schlaf ist nicht ein Zustand, in den wir fallen, weil wir nichts Besseres zu tun haben oder weil wir vom besseren Tun müde geworden sind. Er hat seinen eigenen Nutzen und Wert, und Menschen denen er fehlt, werden auf Dauer krank; ein beständiges Schlafdefizit kann zu massiven Schädigungen führen. Schlafforscher, Physiologen und Biochemiker können uns heute eine Menge von dem erklären, was im Schlaf abläuft, vor allem, wie wichtig er für das gesunde Leben mit sprühender Widerstandskraft gegen Infektionen ist.

Ohne Schlaf würde der Mensch krank werden: Schlafmangel wirkt sich negativ auf das Immunsystem aus.

Eine entscheidende Aufgabe im Schlafgeschehen nehmen die Botenstoffe des Immunsystems wahr.

Botenstoffe regulieren das Schlafgeschehen.

Interleukin 1, einer der wesentlichen Botenstoffe in der Übermittlung zwischen den Zellen des Immunsystems, wird heutzutage als Hormon angesehen. Wie andere Hormone auch, übt es seine Wirkung im ganzen Körper aus und hat somit auch übergeordnete Funktionen. Ausgeschüttet wird es von den Freßzellen. Sobald es im Schlafzentrum des Gehirns angelangt ist, sinkt der Mensch in Schlaf.

Schlaf ist nicht nur Ausdruck von Inaktivität und Ruhe, sondern auch eine Umstellung der Körperfunktionen zu einer aktiven Regeneration.

Darüber hinaus sorgt es in Muskulatur und Gelenken für die vermehrte Bildung von Prostaglandinen (hormonähnlichen Substanzen), die wiederum lebensnotwendige Funktion haben: sie steigern den Zusammenbau bestimmter Eiweiße, regen die Muskulatur verschiedener innerer Organe zur Arbeit an und sorgen für die Erweiterung der Blutgefäße. Alles in allem sind dies Vorgänge, die zur Beruhigung, zur Erholung und zum Aufbau von Energien während des Schlafes beitragen.
Dazu stößt das Interleukin 1, von uns im Schlaf unbemerkt, die verschiedenen Abwehrzellen an, damit sie ihre Aufgaben ordentlich wahrnehmen. Das ist der gewöhnliche Zustand, in dem wir uns befinden sollten.

Müdigkeit bei Erkrankung

Bahnt sich aber eine Infektionserkrankung an durch Bakterien, die sich bereits im Organismus befinden, werden die Freßzellen durch Bakterien stimuliert: mehr Interleukin 1 als gewöhnlich wird freigesetzt, das Müdigkeitsgefühl steigt – und auch die Temperatur. Jeder kennt das Phänomen, daß er bei einer akuten Infektionserkrankung müde ist. Mit der Müdigkeit geht Fieber einher, das durch die fiebererzeugenden Substanzen der Freßzellen ausgelöst wird. Das »grippige« Schmerzgefühl im ganzen Körper wird über den Umweg der freigesetzten Prostaglandine erzeugt, wobei gleichzeitig die Empfindlichkeit gegenüber weiteren Botenstoffen, wie Histamin und Bradykinin, erhöht wird. Letzteres ist auch ein typisches Entzündungssymptom.
Steht man sehr unter Streß, ist der physiologische Ablauf des Schlafs und damit auch seine positive Wirkung auf das Immunsystem gestört. Es kommt zur Verkürzung der einzelnen Schlafphasen, diese werden oberflächlicher, und letzten Endes ergibt sich daraus ein echter Schlafmangel.
Derzeit werden im Tierexperiment mögliche therapeutische Wirkungen von Interleukin 1 geprüft. Vielleicht ebnet uns dieses Hormon einen Weg, mit dem schlafgestörten Patienten nicht nur zum Schlaf verholfen werden kann, sondern zu Erholung und Gesundheit. Nicht ohne Grund gibt es seit Jahrtausenden den Begriff des Heilschlafs. Aber die chemische Keule moderner Schlafmittel, mit nicht zu verharmlosenden Nebenwirkungen, hatten die Priesterinnen der Magna mater, der uralten Erd- und Muttergöttin, bestimmt nicht im Sinn.

Altersgemäße Vorsorge

Das Immunsystem ist in den unterschiedlichen Altersstufen auch völlig unterschiedlich reaktionsfähig. Seine Ausbildung beginnt im Moment der Geburt, wo es anfangen muß, ganz allein mit einwandernden Keimen fertig zu werden. Ausgelernt hat es – obwohl es sich sicherlich im Erwachsenenalter auf einem Höhepunkt der Kompetenz befindet – eigentlich nie. Merken kann dies jeder, der einen Schnupfen bekommt – es gibt immer wieder Erregertypen, mit denen das Immunsystem noch keinen Kontakt hatte. Jedoch sind die gewissermaßen normalen Reaktionen der erwachsenen Bevölkerung in diesem Buch hinreichend in allen Kapiteln geschildert. Hier soll es ausschließlich um die Altersstadien gehen, in denen das Immunsystem noch nicht oder nicht mehr angemessen reagieren kann.

Die unterschiedliche Reaktionsfähigkeit des Immunsystems erfordert gezielte Vorsorge in allen Altersstufen!

Kinder

Bei Kindern sind die häufigsten Infekte in den Atmungsorganen bzw. in Magen und Darm lokalisiert, denn das sind die bequemsten Eintrittsorte für Keime aller Art.

Atemwegserkrankungen

In den oberen Luftwegen verursachen diese Keime:
- Schnupfen
- Angina (Nasen-Rachen-Katarrh)
- Bronchitis
- Lungenentzündung

Infektionen sind beim Kindergartenkind am häufigsten, nach den Jahren in der Grundschule nehmen sie deutlich ab. Wenn das Kind aber immer wieder zu »Erkältungen« neigt, sollte man eine Kur mit Immunstimulantien (Substanzen, die die Immunabwehr steigern) vor der naßkalten Jahreszeit in Betracht ziehen. Am besten läßt man sich durch den Hausarzt beraten, da auch Wohnort, Höhenlage, Luftverschmutzung etc. eine Rolle spielen.
Kinder entwickeln bei simplen Viruserkrankungen leicht Fieber, durch das sie oftmals weniger beeinträchtigt scheinen als Erwachsene mit

der gleichen Temperatur. In diesem Fall ist es durchaus nützlich für die Entwicklung des Immunsystems. Daher soll man das Fieber nicht mit Medikamenten herabzusenken versuchen. Bis 38° C kann im allgemeinen toleriert werden. Erst wenn das Fieber Folgeerscheinungen wie Schüttelfrost, Krämpfe oder Erbrechen nach sich zieht, wäre es besser, das Fieber zu senken. Wadenwickel sind bei Kindern besser als medikamentöse Fiebersenkung und überaus leicht anzulegen.

Statt medikamentöser Fiebersenkung bei Kindern: Wadenwickel!

Natürliche Fiebersenkung durch Wadenwickel

Wadenwickel: Tücher werden in ein Wasser-Essig-Gemisch (1:1) eingetaucht und leicht ausgedrückt. Um beide Füße und Waden bis unterhalb des Knies wickeln, darüber trockene Tücher. Eine wasserundurchlässige Unterlage schützt das Laken. Nach etwa 30 Minuten die Wadenwickel wechseln. Oft ist jedoch bis dahin die Temperatur schon deutlich gesunken.

Sobald die Symptome über die gewöhnlichen Schnupfen- und Husten-Erscheinungen hinausgehen, sollte ein Arzt befragt werden, u. a. wenn der Ausfluß aus der Nase oder der Auswurf beim Husten gelblich (eitrig) werden, bei Kopf- und Ohrenschmerzen, Krampfanfällen, Mattigkeit, Benommenheit, Bauchschmerzen, Stechen in der Brust. Durchfallerkrankungen, auch mit Erbrechen, können – sofern sie nicht durch hohes Fieber, Benommenheit, Blut oder Eiter im Stuhl auf schwere Infektionen hindeuten – zunächst selber behandelt werden. Spätestens nach 36 Stunden muß Besserung eintreten, andernfalls sollte man den Arzt hinzuziehen. In Abständen verabreicht, ist ein Eßlöffel Cola hilfreich, nach Abklingen des Erbrechens eine Banane oder ein Apfel.

Senioren

Die Senioren zeichnen sich durch allmähliche Abnahme ihrer Immunkompetenz aus, das heißt, daß sie sich wieder an vermehrtes Auftreten von Infektionskrankheiten gewöhnen müssen, gegen die sie sich jahrelang immun glaubten (und es auch waren). Dazu gehören auch die banalen Erscheinungen wie Schnupfen oder grippale Infekte.

Ältere Menschen sollten sich deshalb nicht leichtfertig bereit erklären, kranke Enkel während der Abwesenheit der Eltern zu betreuen, womöglich weil sie sich für immun halten. Sie könnten sich wesentlich leichter als noch einige Jahre zuvor anstecken und erkranken dann gewöhnlich sehr viel schwerer als die Kinder, die schon bald wieder munter sind. Die echte Virusgrippe kann so schwerwiegende Symptome verursachen, sogar tödlich enden, daß eine Impfung auf jeden Fall angebracht ist. Da das Grippe-Virus seine Gestalt ständig ändert, bietet nur die jährliche Impfung gegen den grassierenden Virustyp Sicherheit. Vor allem in Seniorenheimen ist die Impfung sinnvoll.

Infektionsanfälligkeit im Alter

Durch die abgeschwächte Immunität kommt es auch zu einer Zunahme von Gürtelroseausbrüchen (Herpes zoster). Um eine zusätzliche bakterielle Infektion zu verhindern, sollten Antibiotika verabreicht werden, wie diese überhaupt beim älteren Menschen eher nötig werden als beim jüngeren.

Die zunehmende Salmonellenverunreinigung von Eiern und Fleisch trifft besonders ältere Menschen. Die Behandlung ist zwar die gleiche wie bei jüngeren, doch darf man nicht lange mit der Therapie warten, sondern sollte sofort ärztliche Hilfe in Anspruch nehmen.

Hepatitis (Leberentzündung) nimmt im höheren Alter ebenfalls zu, jedoch ist dieses nicht eine Folge der größeren Empfänglichkeit, sondern der häufigeren Gefahrensituationen. Mit zunehmender Häufigkeit therapeutischer Eingriffe wie Operationen, Blutersatz, Einpflanzung künstlicher Gelenke, steigt proportional das Risiko, sich eine Hepatitis einzufangen.

Alte Menschen mit einem »erfahrenen« Immunsystem sind dennoch nicht vor Krankheiten gefeit: Die mitgealterte Abwehr kann sich der Gegner viel schwieriger erwehren.

Eine echte Erkrankung des Alters hingegen ist die Tuberkulose. Meistens darf sie nicht als Neuinfektion, sondern als Wiederausbruch einer alten, ruhenden Infektion verstanden werden. Da der Patient schon vor langer Zeit Antikörper gegen die Mycobakterien entwickelt hat, sind die Symptome längst nicht so stürmisch wie bei einer Neuinfektion. Häufig sind sie durch Symptome kaschiert, die ein älterer Mensch auch aus anderen Gründen haben kann: Husten, erschwerte Atmung, Appetitmangel. Zuweilen werden solche unauffälligen Symptome erst dann im richtigen Zusammenhang gesehen, wenn bei einem anderen Mitglied des Haushalts – auch dem Familienhund – Tuberkulose festgestellt wird.

Vor allem ältere Menschen müssen auf eine höhere Zufuhr von Vitaminen achten.

Aber nicht immer handelt es sich bei den herabgesetzten Abwehrkräften um Schicksalsmächte oder wie immer man es nennen könnte. Ihr Immunsystem aktiv unterstützen können Senioren durchaus, und zwar beim Essen. Es ist allgemein bekannt, daß ältere Menschen weniger essen, sei es, daß sie dem Essen weniger Wert beimessen oder daß ihnen der Appetit fehlt. Sie werden dadurch leicht mit den Schutzstoffen, den Antioxidantien, unterversorgt, wodurch bereits leichte Infektionen nicht mehr abgefangen werden können. Hinzu kommt, daß durch chronische Erkrankungen oft weniger Mikronährstoffe aus dem Essen aufgenommen werden können als beim Gesunden, bzw. deren Wirkung durch Medikamente aufgehoben wird. Die Senioren sollten daher unbedingt auf eine höhere Zufuhr der Vitamine A, E und C sowie auf die Mineralstoffe Zink, Kupfer, Selen und Mangan achten, sie evtl. sogar zusätzlich z. B. als Brausetablette einnehmen. Im Einzelfall ist eine Beratung durch den Hausarzt angebracht.

Hand aufs Herz

Kleine Checkliste zum Vitaminverbrauch

1 Essen Sie lieber Fleisch als eine große Portion Gemüse?
2 Rauchen Sie?
3 Trinken Sie täglich ein Gläschen Wein oder Bier?
4 Haben Sie eine chronische Erkrankung wie Zucker, Herz-Kreislaufstörungen oder anderes?
5 Benötigen Sie regelmäßig Medikamente?
6 Leben Sie im Ballungsgebiet mit Winter- oder Sommersmog?
7 Fühlen Sie sich öfter mal genervt durch Haushalt, Enkel, Pflichten?

Nur wenn Sie alle Fragen mit »nein« beantworten können, sind Sie möglicherweise gut mit den schützenden Vitaminen versorgt. Sollte sich aber ein »ja« dazwischenschmuggeln, empfiehlt es sich, Ihre Vitaminbilanz einmal genau unter die Lupe zu nehmen.

Vorbeugen mit Impfungen

Es gibt eine ganze Reihe von Standardimpfungen, die jeder in der Bundesrepublik lebende Bürger erhalten sollte – zu seinem eigenen Schutz natürlich, aber auch um der Gemeinschaft willen. Denn ein Krankheitskeim, der in eine beliebige Gesellschaft gerät und dort nur Geimpfte vorfindet, »läuft sich tot«, in der Regel zumindest. Je dichter der Impfschutz der Gesellschaft, desto schwieriger für das Virus, überhaupt Nahrung zu finden.
Deshalb schützen viele Geimpfte auch kleine Inseln von Nichtgeimpften. Wenn die Inseln aber zu groß werden, besteht die Gefahr, daß aus mehreren Ungeimpften eine Gruppe von Kranken wird, sich also eine lokale Epidemie entwickelt. In Deutschland gibt es für Impfungen die Empfehlungen der ständigen Impfkommission (STIKO). Sie gelten als Regel; Ausnahmen sollte der Betroffene mit seinem Arzt diskutieren.

Impfungen haben eine gesamtgesellschaftliche Bedeutung: Ein Erreger kann sich nicht zu einer Epidemie ausbreiten und stirbt eventuell sogar ab.

Impfkalender

Die unten stehende Auflistung gibt die wichtigsten Impfungen an im Zusammenhang mit Zeitpunkt und Abstand:

ab 3. Lebensmonat:

- Diphtherie/Keuchhusten/Tetanus — 3 x im Abstand von 4 Wochen
- Haemophilus influenzae — 2 x im Abstand von 6 Wochen
- Poliomyelitis — 2 x Schluckimpfung, Abstand 6 Wochen

ab 15. Lebensmonat:

- Masern/Mumps/Röteln — 1 x
- Diphtherie/Keuchhusten/Tetanus — 1 x
- Haemophilus influenzae — 1 x
- Poliomyelitis — 1 x Schluckimpfung

ab 6. Lebensjahr:

- Masern/Mumps/Röteln — 1 x
- Diphtherie/Tetanus — 1 x

ab 10. Lebensjahr:

- Poliomyelitis — 1 x Schluckimpfung

11.-15. Lebensjahr:

- Röteln, evtl. Diphtherie/Tetanus-Erwachsenenimpfstoff — 1 x

alle 10 Jahre:

- Diphtherie/Tetanus
- Poliomyelitis

Impfungen bei besonderem Risiko

Impfstoffe sind heute viel verträglicher als früher; nur für Risikogruppen gelten gewisse Ausnahmen.

Früher wurden bei Krankheiten viele Ausnahmen in der Impfroutine gemacht, da die individuellen Verträglichkeiten sich sehr stark unterschieden.
Heute ist dies allgemein nicht mehr nötig, weil die Impfstoffe sehr abgemildert sind und kaum mehr allergische Reaktionen hervorrufen. Im folgenden eine kurz dargestellte Zusammenfassung von Impfmöglichkeiten.

Risikogruppen

Erkrankung/Problem	**Durchführbare Impfung**
Hirnschädigung/Epilepsie	Alle; Keuchhusten risikoreich
Immunsuppression	Alle außer Polio und Tuberkulose
Aids	Solange Erkrankung nicht ausgebrochen ist: alle außer Tuberkulose
Frühgeborene	Alle

Krank?

Die meisten Viruserkrankungen nehmen einen anderen Verlauf als Bakterienerkrankungen, so daß man eine grobe Unterscheidungsmöglichkeit hat. Viele Viruserkrankungen sind am Anfang uncharakteristisch und daher nicht genau spezifizierbar, während die Bakterienerkrankungen sich bald als solche zu erkennen geben und sich einordnen lassen.

Checkliste für Infektionserkrankungen

Checkliste als grober Anhaltspunkt für Infektionserkrankungen:

Viruserkrankungen:
In zwei voneinander getrennten Phasen:

1 Kurzdauernde Abgeschlagenheit mit
- Muskel-, Kopf-, Gelenkschmerzen
- Temperaturerhöhung, evtl. leichtes Fieber
- Stimmungstief

2 Gewöhnlich nach wenigen Stunden bis zu zwei bis drei Tagen, (bei manchen Krankheiten nach mehreren Tagen bis Wochen)
- Virusspezifische Krankheitssymptome (z. B. Flecken)
- Fieber

Bakterienerkrankungen:
In der Mehrzahl der Fälle rasches Voranschreiten vom Beginn der Symptome bis zu deren Höhepunkt:

- Zügig eintretende Symptome am Angriffsort der Bakterien (Haut, Bronchien, Darm, Gehirn etc.)
- Ansteigendes Fieber, häufig bei Beginn schon hoch

Virus- und Bakterienerkrankungen kann man am unterschiedlichen Verlauf erkennen.

Viruserkrankungen mit uncharakteristischem Beginn:

Erkrankung	Anfangssymptom	Eigentliche Erkrankung
Schnupfen	grippal	Entzündung der Nasen- und Rachenschleimhäute
Grippaler Infekt	grippal	grippal
Grippe	grippal	grippal
Sommergrippe	grippal	grippal
Masern	grippal	Flecken, hohes Fieber, verquollenes Gesicht
Röteln	grippal	roter Hautausschlag
Hepatitis	grippal	Gelbsucht
Frühsommermeningo-enzephalitis (FSME)	grippal	Fieber, grippeähnliche Symptome, Hirnhautentzündung, evtl. Lähmungen
Polio	grippal	Lähmungen, Krämpfe
Hantafieber	grippal	hohes Fieber, Nierenentzündung
Aids	grippal	Lymphknotenschwellung, Fieber, Durchfall, Gewichtsabnahme

Viruserkrankung mit eher charakteristischem Beginn:

Erkrankung	Anfangssymptom	Eigentliche Erkrankung
Gastroenteritisviren	Durchfall	Durchfall
Mumps	keine	Schwellung der Ohrspeicheldrüse, Fieber
Windpocken	Bläschen, Juckreiz	Verstärkung der Symptome
Tollwut	lokal, Übelkeit	Krämpfe, Lähmung

Bakterienerkrankungen mit uncharakteristischem Beginn:

Erkrankung	Anfangssymptom	Eigentliche Erkrankung
Keuchhusten	grippal	Krampfhusten
Lyme-Borreliose	grippal	grippal, Wanderröte, evtl. Gelenkschmerzen
Pseudotuberkulose (Erwachsene)	grippal	uncharakteristisch
Pseudotuberkulose (Kinder)	Fieber	Schmerzen im Bauchraum

Bakterienerkrankungen mit uncharakteristischem Beginn

Erkrankung	Anfangssymptom	Eigentliche Erkrankung
Tuberkulose	Müdigkeit, Fieber, Husten, Schwitzen, Mattigkeit	Verstärkung aller Symptome, dazu Befall verschiedener Organe
Leptospirose	Fieber, Erbrechen,	Gelbsucht, Hirnhautentzündung, starkes Krankheitsgefühl Nierenversagen
Listeriose	grippal	grippal

Bakterienerkrankungen mit charakteristischem Beginn

Erkrankung	Anfangssymptom	Eigentliche Erkrankung
Durchfall durch Bakterien	Durchfall	Verstärkung der Symptome
Salmonellose	Brechdurchfall, Fieber	Verstärkung der Symptome
Magengeschwür	Magenschmerzen	Verstärkung der Symptome
Diphtherie	Racheninfekt, starkes Krankheitsgefühl	Verstärkung der Symptome
Scharlach	Rachenröte, hohes Fieber, starkes Krankheitsgefühl	Verstärkung der Symptome, Hautrötung
Gonorrhoe	örtlich an Geschlechtsorganen	Verstärkung der Symptome
Syphilis	lokal, Lymphknoten-schwellung	Ausschläge auf der Haut, Fieber, Kopfschmerz
Tetanus	Muskelstarre, Krämpfe	Atemlähmung, Tod
Rotlauf	lokal, Schmerz	Verstärkung der Symptome
Nekrotisierende Fasciitis	lokal, Blasenbildung, Schmerzen	Verstärkung der Symptome

Bakterienerkrankungen mit eher charakteristischem Beginn

Erkrankung	Anfangssymptom	Eigentliche Erkrankung
Legionärs-krankheit	trockener Husten, hohes Fieber	Lungenentzündung, hohes Fieber
Botulismus	Erbrechen, Muskellähmung	Verstärkung der Symptome
Ornithose	Husten, Kopfschmerzen, Fieber	Lungenentzündung, hohes Fieber
Q-Fieber	grippal, plötzlich hohes Fieber	Lungenentzündung, hohes Fieber
Rückfallfieber	hohes Fieber, Kopf-, Gliederschmerzen	hohes Fieber, Verstärkung der Symptome

Was können wir selber behandeln?

Kindergartenkinder sollte man mindestens während der ersten drei Tage, während der stärksten Ansteckungsgefahr also, zu Hause behalten.

Der uncharakteristische Beginn der meisten Viruserkrankungen erlaubt weder dem Arzt noch dem Betroffenen, auf Anhieb eine zutreffende Diagnose zu stellen. Das heißt: niemand weiß, was sich aus dem allgemeinen Unwohlsein entwickelt. Es heißt auch: eine unklare Diagnose kann höchstens eine Behandlung von Symptomen gestatten. In erster Linie geht es also darum, Kopf- und Gelenkschmerzen zu lindern und allenfalls die erhöhte Temperatur zu senken. Normalerweise wird es ausreichen, wenn sich der Kranke hinlegt, mäßig warm hält und viel trinkt. Das wird nicht nur ihm helfen, sondern auch anderen. Vor allem denjenigen, die er nicht ansteckt, weil er sich nun nicht zu seiner Dienststelle oder in die Schule quält.

Frühzeitiges Vorbeugen

Wer es sich als Erwachsener leisten kann, sollte ebenfalls in den ersten drei Tagen einer Virusinfektion zu Hause bleiben. Volkswirtschaftlich gesehen, wäre es vernünftig, Infektketten, wenigstens der Erkältungs- und Durchfallkrankheiten, auf diese Weise abzubrechen. Da die Durchseuchung mit diesen »harmlosen« Erregern nicht immun gegen die vielen Varianten macht, bringt sie weder Erwachsenen noch Kindern einen gesundheitlichen Vorteil. Die Krankenkassen wären dankbar, die Pharmafirmen allerdings nicht, denn Schnupfen bringt enorme Umsätze.

Sobald die eigentlichen Krankheitssymptome einsetzen, ist es Sache des Arztes zu entscheiden, ob und wie behandelt werden muß.

Was gehört in die Hand des Arztes?

Selbstbehandlung von Viruserkrankungen nur, soweit sie erkennbar harmlos sind.

Da viele Bakterienerkrankungen schlagartig einsetzen, steht von Anfang an meistens fest, wo die Bakterien wirksam sind, d. h. Darm, Bronchien, Haut, Niere etc.. Da außerdem die Symptome sich verstärken, je ungehemmter die Bakterien sich vermehren können, ist es sinnvoll, den Kampf gegen sie so früh wie möglich aufzunehmen.
Die Erkrankung verläuft kürzer und leichter, wenn die Bakterien mit

Antibiotika bekämpft werden. Ob es statt dessen aber dem Immunsystem überlassen werden soll, mit den Bakterien fertigzuwerden, kann allein der Arzt entscheiden. In vielen Fällen wird er sich darauf beschränken, die Entwicklung der Erkrankung zu beobachten und Medikamente zu verabreichen, die die Beschwerden lindern. Vor allem bei jüngeren Patienten und bei Kindern wird er den Kampf gegen relativ harmlose Bakterien dem Immunsystem überlassen – auch um die Widerstandskraft zu stärken.

Bei Verdacht auf Bakterieninfektion: so früh wie möglich zum Arzt!

Sollte eine Grippe einen ungewohnten Verlauf nehmen, ist der Arztbesuch dringend anzuraten.

Checkliste vor dem Arztbesuch:

1 War ich kürzlich in einer größeren Menschenansammlung? (Erkältungskrankheiten, Tuberkulose)

2 War ich einer Klimaanlage (Flugzeug,Bürohaus) ausgesetzt? (Atemwegserkrankungen)

3 Habe ich im Schwimmbad, See oder Meer gebadet? (Durchfallerkrankungen, Atemwegserkrankungen)

4 Bestehen Hautverletzungen oder Ekzeme? (örtliche Infektion, Tetanus, Fasciitis)

5 Habe ich Eier, Nudeln, frische Mayonnaise, Hähnchen gegessen? (Salmonellose)

6 Habe ich eine Mahlzeit aus einer aufgetriebenen Konservendose gekocht, probiert oder gegessen? (Botulismus)

7 Habe ich Hähnchen, Schweinefleisch oder Fisch zubereitet? (Salmonellose, Rotlauf)

8 Gab es im Bekanntenkreis, im Kindergarten oder in der Schule Masern, Windpocken, Röteln?

9 Kam in der Schule, im Kindergarten, auf Reisen Lausbefall vor? (Borreliose)

10 Wurde ich von einer Zecke gestochen? (Borreliose, Lyme-Borreliose, Hirnhautentzündung, FSME)

11 Hatte ich ungeschützten Geschlechtsverkehr? (Tripper, Hepatitis, Syphilis, Aids)

12 War ich vor kurzer oder längerer Zeit verreist? (z. B. Malaria, Denguefieber, Diphtherie, Milzbrand, Tularämie, Maltafieber)

13 Hatte ich Kontakt mit möglicherweise erkrankten Tieren, evtl. auch nur aus einigen Metern Entfernung? Tiertransport, Dachboden, Käfig? (Q-Fieber, Hantavirusfieber)

Berufsbedingte Gefährdungen

Wer von Berufs wegen mit Tieren, tierischen Produkten, mit infektiösen Menschen, mit Abfall oder Abwasser zu tun hat, hat sich wegen möglicher Gefahren vielleicht schon orientiert. Es gibt aber auch Situationen, in die man unversehens hineingeraten kann. Im folgenden daher eine Auflistung spezieller Gefahren, die vorwiegend im Beruf, aber auch bei der Ausübung des Hobbys auftreten können.

Berufsbedingte Gefährdungen ***(Krankheiten in Europa)***	**Jäger/Waldarbeiter**	**Abwasserarbeiter**	**Tierärzte**	**Landwirte**	**Geflügelzüchter**	**Zooangestellte/-händler**	**In der Medizin Tätige**	**Schlachter**	**Tierfutterhändler**
Leptospirose	●	●	●	●		●		●	
Zeckenbißfieber	●								
Tularämie	●								
Brucellose			●	●					
Hepatitis A, B, C							●		
Newcastle-Disease				●	●				
Ornithose					●	●			
Q-Fieber			●	●				●	
BSE			●	●		●		●	●
Rotlauf			●	●	●			●	
Euterpocken (Melkerknoten)				●					
Maul- und Klauenseuche				●				●	
Vesikuläre Schweinekrankheit				●					
Louping III				●					
Pasteurellose			●	●	●				
Milzbrand			●	●				●	

Infektionsquelle Haus- und Nutztier

Für gewöhnlich ist die Möglichkeit, sich an seinem eigenen Haustier anzustecken, geringer, als mancher glauben mag. Vor allem gibt es eine Fülle von Krankheiten, die sich wegen ihres ähnlichen Namens (–schnupfen u.a.) so geben, als seien sie identisch mit menschlichen Erkrankungen, und der Halter, Betreuer oder Spielkamerad des Tieres deshalb gefährdet sein könnte. Dies ist meistens nicht der Fall. Aufgeführt sind im folgenden Infektionskrankheiten, die sicher nicht auf uns übergehen können; fraglich ist es bei den mit Fragezeichen versehenen tierischen Warzen.

Mit etwas Vorsicht braucht man keine Angst vor einer Ansteckung durch Haustiere zu haben.

Auszuschließende Infizierung

Nicht ansteckend für Menschen:

- Staupe des Hundes
- Hepatitis des Hundes
- Katzenschnupfen
- Katzenleukämie
- Myxomatose des Kaninchens
- Zwingerhusten des Hundes
  (Ansteckung des Menschen durch diesen dem Keuchhustenbakterium sehr ähnlichen Keim extrem selten)
- Schweinepest
- Tetanus
- Tierische Warzen (?)

Dennoch sollte man nicht zu eng mit Hund, Katze oder Wellensittich schmusen, oder sich zumindest anschließend gründlich waschen. Denn mit dem sehr engen Kontakt können außer den im folgenden aufgeführten Bakterien- bzw. Viruserkrankungen auch Würmer, Trypanosomen und Pilze übertragen werden. In Ausnahmefällen kann auch der staubtrockene Kot eines Ziervogels infektiös sein, so daß zumindest nach dem Neukauf vor dem Einatmen des Staubes gewarnt werden muß.

Gefährdungen durch Haus- und Nutztiere ***(Krankheiten in Europa)***	**Kontaktpersonen zu Gefährdeten**	**Touristen**	**Papageien-Halter**	**Schäfer**	**Hausfrauen**	**Fischer**	**Haut- und Fell-verarbeiter**
Tularämie		●					
Brucellose		●					
Ornithose			●				
Q-Fieber	●						
BSE				●			
Rotlauf					●	●	
Louping III		●					
Milzbrand							●

Obwohl viele Tierkrankheiten nicht übertragen werden, sollte eine routinemäßige Untersuchung und Impfung des Haustiers vorgenommen werden.

Infektionsquelle Haustier

Krankheit	Übertragende Tierart	Träger des Keims	Symptom beim Tier
Listeriose	Kaninchen Hund Kanarienvogel	beschmutzte Nahrungsmittel	unbest. krank wie Staupe unbest. krank
Papageienkrankheit	Ziervögel	trockener Kot in Staubform	nicht sichtlich krank
Salmonellose	Meerschweinchen, Goldhamster, Streifenhörnchen, weiße Mäuse	Ausscheidungen	Durchfall oder gesunder Bakerienträger
Lungenentzündung	Meerschweinchen	Schleim, Käfigstreu	Mattigkeit, Husten, Niesen
Tularämie	Kaninchen Katzen	Kontakt, Fleisch	Abmagerung, Lymphknotenschwellung
Newcastle-Disease	Tauben	Schleim, Staub	Lähmungen, Krämpfe, Zitte
Leptospirose	Hunde Mäuse	Urin	hohes Fieber, Brechdurchfal keine
Lymphozytäre Choriomeningitis	Goldhamster		symptomlos
Choriomeningitis	weiße Mäuse Meerschweinchen		symptomlos oder Zittern, Krämpfe symptomlos oder Atembeschwerden
Tuberkulose	Hund, Katze (Siamesen), Ziervögel, Meerschweinchen	Sekrete, Tröpfchen, Kot, Harn	Geschwüre, Husten, Knoten am Kopf, Abmagerung, Lähmung
Tollwut	Hund, Katze	Tröpfchen aus Speichel, Biß	stille oder rasende Wut

Gefährdet	Erkrankung des Menschen	Häufigkeit des Vorkommens
Schwangere, Fötus	grippaler Infekt, Frühgeburt, Totgeburt, Tod in ersten Lebenstagen	selten
Mensch	hohes Fieber, Lungenentzündung	
alle, bes. Kinder	Salmonellose	
Kinder	grippal, Bronchitis, Pneumonie	
alle	Tularämie	
Taubenhalter	Konjunktivitis, grippal	gelegentlich
alle	Gelbsucht, Nierenentzündung, hohes Fieber	
alle	grippal, Meningitis	
Schwangere, Fötus	Enzephalitis, Abort, Mißbildungen	
alle	typische Tuberkulose-erscheinungen	
alle	Schmerzen an Verletzungsstelle, Lähmung, Krämpfe	

Nicht zu unterschätzen sind die durch Haustiere möglichen Infektionen: Vorsorge durch Hygiene! Impfen!

Wie wir uns helfen

Immunstimulantien?

Unter Immunstimulantien versteht man alles, was einen positiven Einfluß auf das Immunsystem haben kann – wobei es nicht einfach ist, diesen Einfluß überhaupt zu messen. Die Hauptaufgabe des Immunsystems ist es, Krankheitserreger unschädlich zu machen. Logischerweise könnte man als Maßstab für die Stimulierung des Immunsystems die Zahl der vernichteten Erreger verwenden oder die Dauer der Vernichtung. Auf den molekularen Bereich übertragen, würde eine Immunstimulierung bedeuten, daß die Immunzellen mehr oder gezielter arbeitende Erkennungsstellen, sogenannte Rezeptoren, ausbilden, oder daß mehr Botenstoffe ausgeschüttet werden oder sich die Zahl der Immunzellen erhöht.

Immunstimulierende – man nennt sie auch immunmodulierende – Wirkungen in diesem Sinne haben nachweislich verschiedene Pflanzen, die teilweise schon lange in der Volksmedizin Anwendung fanden:

Zur Steigerung der Immunabwehr werden in der Volksmedizin schon lange Pflanzen verwendet.

Immunfördernde Pflanzen

- Sonnenhut, Echinacea: stimuliert sehr effektiv Freß- und Abwehrzellen.
- Arnika, Bergwohlverleih: stimuliert Freß- und Abwehrzellen.
- Baptisia, Wilder Indigo: stimuliert Abwehrzellen.
- Aloe: stimuliert Abwehrzellen.
- Thuja, Lebensbaum: stimuliert Abwehrzellen und Interleukin 2.
- Knoblauch: steigert die Enzymaktivitäten.
- Minzöl: steigert die Antikörperbildung auf Schleimhäuten nach Inhalation.

Untersuchungen haben gezeigt, daß die o.g. Pflanzen, als standardisierte Präparate bzw. Kombinationspräparate, die Immunabwehr effektiv steigern können. Nicht nur Hochleistungssportler – bei denen Infekte am Wettkampftag oder kurz danach normal sind –, sondern auch ältere Menschen mit altersbedingt geschwächtem Immunsystem litten in kontrollierten Studien mit Immunstimulantien merklich weniger unter den üblichen Erkältungskrankheiten und Durchfällen. Entscheidend war die rechtzeitige Einnahme der Substanzen, d. h., die Immunmodulatoren müssen bereits geraume Zeit vor der Infektion bzw. der »gefährlichen« Jahreszeit gegeben werden.

Pflanzliche Immunstimulantien wirken bei frühzeitiger Anwendung – vor paralleler Einnahme mehrerer Medikamente ist Vorsicht geboten.

Ärztliches Pro und Contra

Die Immunmodulatoren werden von vielen Ärzten als sinnvoll für die Vorbeugung gehalten. Andere Ärzte sprechen ihnen jede Wirkung ab und argumentieren darüber hinaus, daß der – wenn überhaupt – zweifelhafte Nutzen nicht die Gefahren aufwiegen könnte. In einigen Fällen sind bei Patienten durch Immunmodulatoren schon allergische Schockzustände eingetreten, und sehr, sehr selten Todesfälle. Möglich ist aber, daß diese durch begleitende Medikamente ausgelöst wurden und nicht durch die Immunmodulatoren.
Auch die Tatsache, daß erst 15 Jahre nach Einführung des Immunstimulans Osterluzeikraut dessen krebserzeugender Effekt im Tierversuch bemerkt wurde, kann nicht als Argument gegen andere Immunstimulatoren herhalten. Geboten ist eine ganz allgemeine Vorsicht gegenüber der parallel verlaufenden Einnahme vieler Medikamente oder gegenüber Medikamenten, die nicht unbedingt lebensnotwendig sind.

Was zu beachten ist:

- Vorbeugend eingenommene Immunmodulatoren setzen die Anfälligkeit gegen virale Erkältungskrankheiten herab.
- Es profitieren von vorbeugender Einnahme besonders infektanfällige Menschen.
- Immunmodulatoren, die erst bei Beginn einer Erkältungskrankheit eingenommen werden, verkürzen die Krankheit und mildern die Symptome ab. Sie können die Erkrankung nicht mehr verhindern.
- Immunmodulatoren verkürzen die Krankheitsdauer bei Herpesbläschen, mildern den Juckreiz und lassen die Bläschen schneller eintrocknen.

Die stärkende und heilende Wirkung von Kräutern hat den großen Vorteil, kaum bis gar keine Nebenwirkungen zu hinterlassen.

Phytotherapeutika?

Daß pflanzliche Medikamente (Phytotherapeutika) nützlich sind, daran zweifelt wohl niemand, die ganze Arzneilehre hat vor Tausenden von Jahren mit ihnen begonnen. Wir haben uns jedoch so an synthetisierte Pharmaka gewöhnt, daß wir die alten Hausmittel – in der chinesischen Medizin bis heute angewandt – belächeln.

Die Herkunft von Heilpflanzen ist wichtig, denn die Zusammensetzung ihrer Wirkstoffe kann unterschiedlich sein.

Was bei Phytotherapeutika Probleme macht, ist die Definition des Wirkungsspektrums, die genaue Analyse der Inhaltsstoffe und ihre Standardisierung. Denn je nach Herkunft einer Pflanze, je nach Boden und Klima, ist die Zusammensetzung der Wirkstoffe unterschiedlich. Entscheidender Vorteil der Heilpflanzen ist ihre große therapeutische Breite und annähernd fehlende Nebenwirkungen. Auf der anderen Seite flankieren ausgesprochen viele Begleitsubstanzen die Wirkstoffe, und ihr Zusammenspiel und ihre Veränderung im menschlichen Körper lassen sich nur schwer bestimmen.

Studien zu all diesen Fragen werden derzeit an mehreren phytotherapeutischen Instituten oder anderen naturheilkundlich ausgerichteten Forschungszentren durchgeführt. Es sind bei weitem noch nicht alle Pflanzen entsprechend dem Arzneimittelgesetz geprüft.

Von den vielen Heilpflanzen sind natürlich nicht alle brauchbar gegen Infektionen. Manche aber haben nachgewiesene antibakterielle oder antivirale Wirkungen (zuweilen auch Wirkungen gegen Pilze und Einzeller sowie möglicherweise einige Krebsformen).

Bewährt haben sich für die äußere Anwendung, also für Wunden:

Arnika	entzündungshemmend, wundheilend
Boswellia *(Indischer Weihrauch)*	entzündungshemmend (in Indien bei Wunden und Geschwüren)
Echinacea *(Sonnenhut)*	Hemmung von Eiterbakterien (Staphylokokken); bei einigen Indianerstämmen Nordamerikas Verwendung zur Behandlung von schlecht heilenden Wunden, vor allem eitrigen Entzündungen
Johanniskrautöl	entzündungshemmend, wundheilungsfördernd
Kamillenblütenöl	entzündungshemmend, desinfizierend, wundheilungsfördernd
Knoblauch	gegen Eiterbakterien (Staphylokokken, Streptokokken)
Minzöl *(Japanische Minze)*	bei Schürfwunden, Schnittverletzungen; heilungsfördernd
Nelkenblütenknospenöl	Desinfektion in Zahnwurzelkanälen
Pfefferminzblätteröl	desinfizierend, wundheilungsfördernd
Terpentinöl	bei übelriechenden Wunden
Thymiankrautöl	bei übelriechenden Wunden; entzündungshemmend

Knoblauchsaft auf Wunden träufeln. Er desinfiziert und fördert die Wundheilung. Versuchen Sie es bei den Anfängen eines Pilzbefalls – auch bei Ihrem Hund – erst einmal mit Knoblauchsaft.

Spezielle Wirkungen auf der Haut haben:

Melissenöl in Melissensalbe	gegen Herpesbläschen
Nelkenblütenknospenöl	gegen Viren
Thuja	gegen Viren (insbesondere gegen Warzenviren)

Verschiedene ätherische Öle können die Haut durchdringen und im Körper ihre antibakteriellen, antiviralen, entzündungshemmenden oder heilungsfördernden Wirkungen entfalten. Das ist zum Teil erheblich milder als bei Inhalation.

Anwendung durch Einreibung oder durch Bäder:

Arnika	entzündungshemmend
Eukalyptusblätteröl	durchblutungsfördernd
Fenchelfrüchteöl	desinfizierend
Kamillenblütenöl	entzündungshemmend, desinfizierend, heilungsfördernd
Schafgarbenblütenöl	entzündungshemmend, desinfizierend
Terpentinöl	durchblutungsfördernd
Zimtrindenöl	desinfizierend

Gurgeln mit Salbeitee ist ein hilfreiches altes Hausmittel!

Kombinationspräparate aus dieser Gruppe zur Einreibung bei Kindern gegen Erkältung nicht im Bereich der Nase verwenden! Atemlähmung und Erstickung ist durch einen von Menthol ausgelösten Reflex möglich. Bei Einreibung auf Brust und Rücken dagegen verbessert sich die Trinkleistung von Kleinkindern bei Schnupfen erheblich.

Lokale Anwendung in Mund, Hals, Rachenraum:

Salbei	entzündungshemmend

Allgemeine Wirkungen zeigen folgende Präparate nach Einnahme als Tabletten etc.:

Baptisia *(Wilder Indigo)*	bei septischen Prozessen mit Fieber, zusammen mit Echinacea gegen Pseudomonas aeruginosa
Echinacea *(Sonnenhut)*	Hemmung von Staphylokokken, Herpes- und Influenzaviren; insektizide Wirkung
Eupatorium *(Wasserhanf oder Kunigundenkraut)*	schweißtreibend bei akutem Fieber
Fenchelöl	antiseptische Wirkung im Darm
Knoblauch	gegen Typhus, Dysenterie, Cholera, Ruhr, Grippeviren
Pfefferminzblätteröl	antibakteriell (Eiterbakterien: Staphylokokken, Streptokokken; besonders gegen Fäulniskeime des Darms)

Zur Erleichterung des Abhustens:

mit Inhalation eignen sich (nicht zur Hustendämpfung):
Anisöl
Fenchelöl
Fichtennadelöl
Kamillenöl: sehr zu empfehlen, das Mittel der Wahl; *hochwertige Kamille nehmen! Badekamille ist ungeeignet!*
Latschenkiefernöl
Melissenöl
Muskatöl (enthält Kampfer)
Pfefferminzöl (enthält Menthol)
Quendelöl
Terpentinöl
Thujaöl
Zitronenöl

Eukalyptusöl kann Atemwege verschließen. Nicht oder nur streng nach vorgeschriebener Dosierung verwenden!

Andere pflanzliche und tierische Therapeutika?

Es gibt viele Mittel aus der Naturheilkunde, die im einen oder anderen Fall gegen Infektionen geholfen haben mögen; andere sind möglicherweise grundsätzlich gut, aber behaftet mit Gefahren durch die Produktion, durch falsche oder ungeübte Anwendung. Die Wirksamkeit dieser Mittel soll nicht grundsätzlich bestritten, aber vor einigen Gefahren soll gewarnt werden – ohne das Thema erschöpfend zu behandeln.

● ***Honig:*** Die Volksmedizin hat gerne Honig zur Wundbehandlung verwendet, und manche Wunden verheilen damit auch erstaunlich schnell. Er verschließt die Wunde gut und tötet durch seinen Gehalt an Wasserstoffperoxid Bakterien ab. Zur Desinfektion ist nachweisbar Lindenhonig am besten geeignet. Dennoch ist er nicht steril. Er kann neben harmlosen Bakterien auch Clostridien enthalten, die Wundbotulismus verursachen. Insbesondere der Säuglingsbotulismus wurde als gesondertes Krankheitsbild bekannt: Wegen der besonderen Verhältnisse im Darm der Säuglinge bis zu einem Alter von sechs Monaten kann clostridienverunreinigter Honig gefährlich werden. Daneben tauchen im Honig zuweilen Rückstände von Pflanzenschutzmitteln oder Antibiotika gegen Bienenkrankheiten auf. Honig zur Wundbehandlung muß besonders hohe Anforderungen erfüllen und möglichst einem Betrieb entstammen, in dessen Nähe keine Pflanzenschutzmittel angewendet werden. Ein Honig aus dem Supermarkt ist nicht geeignet.

- ***Krappwurzelarzneien:*** Einige Inhaltsstoffe führen bei Tieren zur Krebsbildung. Die Zulassung wurde deshalb für alle Arzneien mit Krappwurzelbeimengungen widerrufen. Rubia tinctorum befindet sich in manchen Tees und Tropfen gegen Blasen- und Nierenleiden, Gicht, Rheuma, Gallensteine, Leber-Galle-Leiden.

- Bei ***Diättherapien mit chinesischen Kräuterpräparaten*** sind schwerwiegende Nebenwirkungen aufgetreten. Mittel gegen Muskel- und Gelenkleiden enthalten oft Beimischungen aus der westlichen Schulmedizin, die dort nicht hineingehören, andere, die in Hongkong gemischt wurden, unterliegen keiner Kontrolle und werden zuweilen fehlerhaft zubereitet.

Von einer Behandlung mit Bestandteilen des Schwarzbären wie Bärenfett usw. ist abzuraten, da diese Tierart sonst bald ausgerottet ist!

- In den Vereinigten Staaten blüht gegenwärtig ein lukrativer Schwarzhandel mit ***Bestandteilen des Schwarzbären*** zum Handel in chinesische Kolonien in aller Welt: Bärentatzen sollen Erkältungen heilen, Bärenfett Pickel zum Verschwinden bringen und Bärenfleisch Rheuma lindern. Es gibt noch zahllose andere Anwendungen bzw. Hoffnungen auf Wirkung. Die Popularität und Nachfrage nach diesen Mitteln steigen schnell, während der Amerikanische Schwarzbär abnimmt. Auch wenn Gallenblasen, Felle, Tatzen, Schädel, Zähne und Klauen nur in homöopathischen Dosen verwendet würden, wäre er bald ausgerottet. Nach unseren westlichen Vorstellungen können wir von diesen »Naturstoffen« keine Wirkung auf Infektionserkrankungen erwarten.

Überdruckbehandlung?

Die Behandlung verschiedener Krankheitszustände mit Sauerstoff unter Überdruck ist eine international anerkannte Methode, wenn auch in Deutschland vergleichsweise selten angewandt. Die Überdruckbehandlung kommt in bezug auf bakterielle und virale Erkrankungen nur bei äußeren Erkrankungen, hauptsächlich Wundinfektionen in Frage und zeigt sich hier sehr hilfreich.

Chinesische Heilmittel sollte man sich nur von sinologischen Instituten oder von dafür spezialisierten Ärzten verschreiben lassen.

Zwei Zustände sind zu unterscheiden:

- Infektionen mit anaeroben (sauerstoff-scheuenden) Keimen
- Wund- und Hautinfektionen, die durch Bakterien verursacht werden, die aber wegen besonderer Umstände der Wunde kaum auf Antibiotika ansprechen.

Die Behandlung des Gasbrandes ist ein klassisches Einsatzgebiet für die Sauerstofftherapie. Sauerstoff unterbindet nämlich die Produktion des Clostridientoxins, des Giftes, unter dem der Patient zu leiden hat. Der Kranke muß bereits bei Verdacht in die Sauerstoffkammer.

Sauerstoffbehandlung bei gasbildenden Infektionen

Auch andere Infektionen, die mit Gasbildung einhergehen (z.B. Nekrotisierende Fasciitis = Killerbakterien), lassen sich derart behandeln, selbstverständlich neben der Verabreichung von Antibiotika. Bei aus ganz anderen Gründen schlecht heilenden Wunden, z.B. bei Arterienverkalkung (Arteriosklerose), bei denen möglicherweise der Antibiotikatransport in das Gewebe stark gestört ist, kann die Überdrucktherapie eine eher zweifelhafte Heilung einleiten. Der in das Gewebe eindringende molekulare Sauerstoff aktiviert die Abwehr- und Freßzellen und fördert außerdem die Wundheilung.

Die Überdruckbehandlung wird bei Gasbrand, Wund- und Hautinfektionen eingesetzt.

Bedauerlicherweise fehlen in Deutschland Sauerstoffüberdruckkammern. (Adressen, an die man sich wenden kann, sind auf Seite 235 angegeben.)

Produkte aus der Gentechnik: Interferone, Tumornekrosefaktor, Stickoxide?

Die Gentechnik versucht, die Kommunikationsstrukturen zwischen Zellen herauszufinden – um sie manipulativ einzusetzen.

Es werden zunehmend mehr von solchen zwischen den Zellen wirkenden Stoffen entdeckt und analysiert. Alle miteinander haben sie eine Botenfunktion und werden zuweilen – bei bestimmten Krankheitsbildern – im Übermaß, oder umgekehrt, in zu geringem Maß produziert. So ist es nicht erstaunlich, wenn man sich von ihnen auch therapeutische Wirkung erhofft, sofern es gelingt, sie in reiner Form herzustellen. Immer wenn dies glückte, stellte sich nach einiger Zeit der Erprobung heraus, daß die Hoffnungen verfrüht waren – die zwischenzelluläre Kommunikation läuft eben doch nicht so simpel ab.

Botenstoffe

- ***Stickoxid:*** Gewebehormon, das nach der Entstehung in wenigen Sekunden zerfällt. Es hat gefäßerweiternde Wirkung und ist an der Steuerung vieler biochemischer Prozesse beteiligt. Beim septischen Schock wird Stickoxid in überschießender Menge abgegeben und ist mitverantwortlich für die Senkung des Blutdrucks, einer katastrophalen Reaktion des Körpers, die häufig den Tod nach sich zieht. Hemmstoffe, die die überschießende Freisetzung von Stickoxid verhindern sollen, werden zur Zeit entwickelt. Stickoxid verstärkt die antivirale Wirksamkeit von Freßzellen, indem es sich mit Sauerstoff zu einem Gift, dem Peroxynitrit, verbindet. Ob und wann sich Stickoxid als Botenstoff nutzen läßt, steht dahin.

- ***Tumornekrosefaktor (TNF):*** von ihm erhoffte man anfänglich eine tumorunterdrückende Wirkung, daher auch sein Name. Mittlerweile ist die Euphorie über den vermeintlichen Tumorkiller verflogen – er ist nunmehr nur noch ein Zytokin, ein Botenstoff, allerdings ein wichtiger. Auch er wird beim toxischen Schock im Übermaß freigesetzt, so daß man sich von TNF-Hemmern eine gezielte Therapiemöglichkeit gegen den Schock erwartet.

● ***Interferon-Alpha und Interferon-Beta:*** haben antivirale Wirkung. Die Interferone können gentechnisch problemlos produziert werden.

● ***Wachstumsfaktor G-CSF:*** bewirkt die Reifung der bakterienkillenden Abwehrzellen, der Granulozyten. G-CSF ist als Medikament zugelassen und muß wie Insulin gespritzt werden.

Methoden und Therapeutika, bei denen sich die Wissenschaftler nicht einig sind?

Fraglich wurde beispielsweise die zusätzliche, gegen Krankheiten hochdosierte vorbeugende Verabreichung von Vitaminen durch eine Studie aus Finnland. Insbesondere die Hypothese – mit der Tausende von Wissenschaftlern in aller Welt arbeiten –, daß die Antioxidantien Vitamin E, C und Beta-Karoten eine Schutzfunktion gegen Krebs haben, scheint durch die Untersuchungen jetzt zweifelhaft. Der finnische Wissenschaftler argumentiert, sicher nicht zu Unrecht, daß Vitaminpräparate ohne Verschreibung gekauft werden und dadurch weltweit ein Milliardengeschäft für die Pharmafirmen bedeuten. Er empfiehlt deshalb statt jeglicher Vitaminpillen abwechslungsreiche Kost mit viel Gemüse und Obst.

Ungeprüfte Methoden?

Spektakuläre und ungewöhnliche therapeutische Methoden sind mit Vorsicht zu genießen.

Manche davon rutschen bereits in den Bereich der Scharlatanerie ab. Beispielsweise Uropotie und Urodermie, die therapeutische Anwendung des eigenen Harns durch Trinken oder Verreiben auf der Haut. Solche uralten Naturmethoden werden hin und wieder als Sensation aufgekocht. Zuweilen steckt darin ein wahrer Kern. Wer also ohne weitere Hilfsmittel in einer einsamen Berghütte oder am Südpol von einer Fledermaus gebissen wird, mag seine Haut mit Harn desinfizieren, wenn er kein Desinfektionsmittel zur Verfügung hat.
Ansonsten aber sollte man auf definierte Arzneimittel vertrauen und keinen Heilsverkündern nachlaufen, die durchaus immer das eigene Geschäft im Sinn haben. Wir leben nun einmal in einer hochtechnisierten, komplexen Welt mit entsprechend angepaßten Körpern und Konstitutionen.

VIRUS- UND BAKTERIEN-ERKRANKUNGEN

Die immunologische Forschung macht ungeheure Fortschritte – und dennoch sind manche Infektionskrankheiten bis heute ein Rätsel geblieben. Viele Erkrankungen können wirkungsvoll bekämpft werden; andere – wie z.B. Aids – bedeuten nach wie vor das Todesurteil. Wer also dauerhaft gesund sein will, sollte bestimmte Vorsorgeregeln beachten und auf diese Weise den Gefahren, die von Bakterien und Viren drohen, aus dem Wege gehen. Vorbeugen und – im Ernstfall – richtiges Behandeln sind das A und O im Umgang mit den uralten Lebensformen der Bakterien und Viren, die uns nicht nur krank machen, sondern mit denen wir täglich auch ganz einvernehmlich leben.

Vorbeugen und behandeln

Aids

Erreger: HI-Virus (humanes Immundefizienzvirus).
Nachlesen unter: Retroviren (Seite 72).

Impfung: bisher nicht möglich.

Übertragung: beim Geschlechtsverkehr durch Sperma über kleinste Schleimhautschädigungen, durch virushaltiges Blut bzw. Blutprodukte. Der Infizierte ist bereits kurz nach der eigenen Infektion infektiös. Säuglinge können bereits im Mutterleib über das Nabelschnurblut von der Mutter infiziert werden oder später durch die Milch.

Symptome:
- Kurz nach der Infektion grippaler Infekt mit Fieber, Schweißausbrüchen, Magen-Darmsymptomen. Wird nicht immer wahrgenommen.
- Klinisch unauffälliges Intervall von sechs Monaten bis zu zehn Jahren oder noch länger dauernd.
- Danach das Stadium des Lymphadenopathiesyndroms (LAS): Lymphknotenschwellungen, Durchfälle, leichtes Fieber, Appetitverlust und Gewichtsabnahme, Hautveränderungen einschließlich Haarausfall. Dauer: ein bis fünf Jahre. Es kann ein abrupter Übergang zum nächsten Stadium stattfinden.
- Als Aids wird das Stadium bezeichnet, in dem durch den Abfall der T-Helferzellen andere Infektionskeime nicht mehr vom Körper abgewehrt werden können. Die Folge sind Bakterien-, Virus-, Pilzerkrankungen sowie Tumorbildung.

Humane Hilfe bieten bei Aids entsprechende Beratungsstellen in den Städten.

Am häufigsten: Lungenentzündung durch Pneumocystis carinii, Toxoplasmose des Zentralnervensystems, Pilz- und Einzellerbefall des Mundraums, der Speiseröhre, des Darms mit unstillbaren Durchfällen. Meistens sterben die Patienten nach der Ausbildung der Aids-Symptome innerhalb von vier Jahren.
Bisher waren sämtliche Behandlungsmethoden allenfalls von einem Aufschub der schweren und tödlichen Folgeerscheinungen begleitet. Dauerhafte Heilungen sind noch nicht bekannt geworden.

Diagnose: klinische Erscheinungen, Antikörpernachweis.

Behandlung: Bekämpfung der Begleiterscheinungen, Chemotherapeutika. Nach einer neuen Studie bewährt sich der Hefepilz Saccharomyces boulardii bei den schweren Durchfällen.
Besonderheit: Motor der Infektion, die ursprünglich als Epidemie unter Homosexuellen begann, war Geschlechtsverkehr mit häufig wechselnden Partnern. Nach dem Übergreifen auf andere Bevölkerungsgruppen wurden Armut, Prostitution, Drogenkonsum mit seinen Begleiterscheinungen und weltweite Wanderbewegungen einschließlich Flüchtlingselend zum Motor.

Tragische Infektion durch verseuchtes Blut!

Eine besondere Tragik lag in der Infektion Tausender von Patienten durch fahrlässig ungereinigte bzw. ungeprüfte Blutprodukte. Auch wenn die Schuld bei den betreffenden Unternehmen lag, können staatliche Stellen nicht von der unterlassenen Aufsichtspflicht freigesprochen werden.
Im christlichen und muslimischen Kulturkreis verschärft die von den religiösen Führern diktierte Abneigung gegen die Anwendung von Kondomen die Situation, in anderen Gegenden der Welt fehlen die finanziellen Mittel, um Kondome zu kaufen. Alles in allem ist die Verbreitung von HIV in den ersten 15 Jahren nach dem Wahrnehmen des »neuen« Krankheitserregers zu weit fortgeschritten, um ihre Ausbreitung noch eindämmen oder steuern zu können. Es ist davon auszugehen, daß sie manche Länder Afrikas nahezu entvölkern wird; andere Länder werden in die Armut zurückfallen.

Vorkommen: weltweit. Nach Schätzungen der WHO werden es im Jahr 2000 etwa 40 Millionen Infizierte sein, jedoch wurden alle bisherigen Schätzungen immer von der Realität übertroffen. In manchen Gegenden Schwarzafrikas sind bis zu 30 Prozent der Bevölkerung infiziert. Gegenwärtig sind die Steigerungsraten vor allem in Asien beängstigend.

Vorsorge gegen Aids:

- Keinen Geschlechtsverkehr ohne Kondome.
- Aufklärung der Jugend.
- Bekämpfung der Probleme im Zusammenhang mit Drogen.
- Äußerste Genauigkeit bei Herstellung, Kontrolle und Verabreichung von Blut- und Blutersatzprodukten.

Angina

Erreger: Coxsackie-, Herpesviren, Streptococcus pyogenes (s. auch Scharlach), andere Streptokokken.
Nachlesen unter: Enteroviren, Herpesviren, Streptokokken (Seite 60, 62; 28).

Impfung: nicht möglich.

Übertragung: durch Tröpfchen, Kontakt, Lebensmittel.

Symptome: Krankheitsgefühl und Abgeschlagenheit, Kopfschmerzen, Fieber, Halskratzen, Schluckbeschwerden, Rötung der Rachenschleimhaut. Bei Virusangina zusätzlich Schnupfen, Husten. Bei Streptokokkenangina plötzlicher Fieberanstieg, Erbrechen u. a.

Beschwerden bei Angina gründlich auskurieren!

Diagnose: Die Unterscheidung zwischen Virus- und Bakterienerkrankung ist nicht immer möglich.

Behandlung: bei Streptokokkenangina Penicillin.

Besonderheiten: Eine Sonderform ist Scharlach.

Vorsorge gegen Angina:
- Immunabwehr stärken.

Augeninfektionen

Erreger: Viren: Adeno-, Enteroviren; Bakterien: Streptokokken, Staphylokokken, Pseudomonas aeruginosa, Neisserien, Moraxellen u. a.
Nachlesen unter: Adenoviren, Enteroviren, Paramyxoviren; Staphylokokken, Streptokokken, Pseudomonaden, Neisserienähnliche Bakterien (Seite 60, 62, 65; 27–30, 39).

Impfung: nicht möglich.

Übertragung: durch Kontakt, virushaltigen Staub, bei Pseudomonas durch verunreinigte weiche Kontaktlinsen.

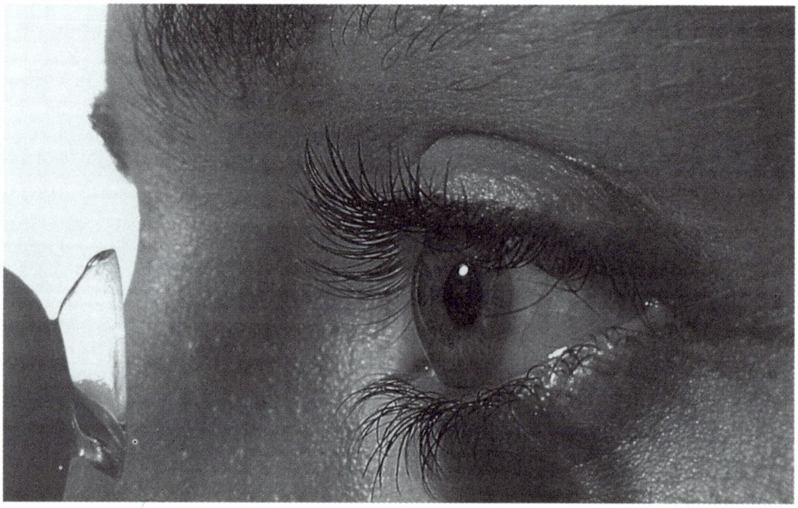

Kontaktlinsen müssen sorgfältig gereinigt werden, bevor man sie sich einsetzt.

Symptome: Entzündung der Augenschleimhäute bzw. der Hornhaut.

Behandlung: bei Bakterienbefall mit Antibiotika.

Vorsorge gegen Augeninfektionen:
- Hygiene vor allem bei Kontaktlinsen.

Borreliose, Läuse- und Zeckenrückfallfieber

Erreger: die Bakterien Borrelia recurrentis und duttonii.
Nachlesen unter: Spirochäten (Seite 48).

Impfung: nicht möglich.

Überträger: Kleiderläuse, Lederzecken (z. B. Taubenzecke).

Symptome: die Erkrankung beginnt etwa fünf bis acht Tage nach dem Befall durch Läuse oder dem Stich der Zecke plötzlich mit Schüttelfrost und Fieberanstieg auf 40 bis 41° C. Unbehandelt fällt die Temperatur nach fünf bis sieben Tagen unter Schweißausbruch ab, steigt nach mehreren Tagen wieder an usw. Die Fieberschübe wiederholen sich mehrmals, in immer kürzer werdenden Abständen, bei zunehmend niedrigerer Temperatur. Kopf-, Glieder- und Kreuzschmerzen begleiten das Fieber, sowie Übelkeit und Erbrechen.

Diagnose: nur während des Fieberanstiegs durch mikroskopischen Nachweis der Erreger im Blut des Patienten. Die Diagnosestellung ist manchmal langwierig, weil die Anzüchtung der Bakterien auf Nährböden unzuverlässig ist.

Behandlung: Antibiotika. Auch unbehandelt tritt unter den mitteleuropäischen Bedingungen meistens die Heilung spontan ein. Jedoch sollte man diese Krankheit nicht der Selbstheilung überlassen. Der Verlauf kann beim Kind durchaus dramatisch sein.

Nach dem Sommerurlaub in entfernten Ländern steigt der Läusebefall hierzulande wieder stark an! Kontrolle!

Besonderheiten: nicht immer stellen Ärzte sofort die Verdachtsdiagnose, auch nicht in der Klinik, denn die Infektion ist nicht sehr häufig.

Übertragungsgefahr durch Läuse und Zecken

Wenn Läusebefall oder Zeckenvorkommen bekannt sind, sollten Patient oder Angehörige darauf hinweisen. Borreliose kann bei Lausbefall in Schulen oder Kindergärten auch bei nur einem einzigen Kind vorkommen.

Vorkommen: in Mitteleuropa sporadisch. In Afrika, im Nahen und Mittleren Osten, in Zentralamerika häufiger.

Vorsichtsmaßnahmen und Bekämpfung:

- Die Läuse übertragen die Borrelien nicht durch den Stich, sondern nur, wenn sie beim Entfernen zerquetscht werden. Bei Läusebefall das Läuseshampoo deshalb ein bis zwei Minuten einwirken lassen, bevor es sehr vorsichtig in das Haar einmassiert wird.
- Gegen eine Lederzecke gibt es keine Vorsichtsmaßnahmen: Die Borrelien werden auf jeden Fall auf den Blutspender übertragen. Zu den Lederzecken gehören Ohrenzecken und Taubenzecken, von denen die Ohrenzecken in den USA wichtiger sind – hier sind es die Taubenzecken.

Taubenzecken

Taubenzecken hausen oft unbemerkt in ehemaligen Dachböden. In letzter Zeit häufen sich die Taubenzeckenallergien mit Fieber, Atemnot und Benommenheit. Ein neuer Allergietest bringt Klarheit, ob es sich um Taubenzecken handelt. In diesem Fall ist evtl. auch die Borrelie nicht weit.

Die sehr lichtscheuen Taubenzecken halten sich in Taubenschlägen, Käfigen und Ställen, aber auch alten Häusern mit porösen Mauern auf und saugen nachts 20 bis 60 Minuten an Tauben, Hühnern, Enten, Gänsen, Spatzen. Sie können, wenn es sein muß, bis zu sechs Jahre ohne Blutmahlzeit auskommen und leben dabei praktisch unbemerkt in Ritzen und Planken der längst geleerten Verschläge. Wenn keine Tauben zur Hand sind, machen sie sich nachts auch über den Menschen her, selbst wenn er einen Stock tiefer wohnt. Sie können sich leicht an glatten Wänden festklammern.

Vorsicht vor Taubenzecken. Sie können lange unbemerkt leben.

Der Stich der Taubenzecke wird im Schlaf nicht wahrgenommen, da die Zecke eine Art Betäubungsmittel absondert. Am folgenden Tag werden häufig ein blutiges Knötchen, zuweilen nicht gerinnendes Blut an der Stichstelle und heftige Stichschmerzen bemerkt.
In der ehemaligen DDR wurde früher die Taubenzecke als Gesundheitsschädling von seiten des Staates bekämpft, seit dem 3. Oktober 1990 nicht mehr. Der Hausbesitzer muß sich nun selber darum kümmern.

Vorsorge

Die Bekämpfung mit Insektiziden allein ist nicht unbedingt wirksam, weil die Zecken eine Zeitlang ihre Atmung einstellen können. Es gibt ein neues kombiniertes Verfahren von Heißluft und Kontaktgiften gegen Taubenzecken.

Vorsorge gegen Zecken- und Läuserückfallfieber:

- Taubenzecken im Haus und in Taubenschlägen ausmerzen.
- Läuse bekämpfen.

Lyme-Borreliose

Erreger: das Bakterium Borrelia burgdorferi.
Nachlesen unter: Spirochäten (Seite 48).

Impfung: nicht möglich. Im Freiburger Max-Planck-Institut für Immunologie sowie in den USA und Belgien ist ein Impfstoff in der Entwicklung.

Überträger: Zecken, Ixodes ricinus, der gewöhnliche Holzbock. Etwa 5 bis 10 Prozent der Zecken sind in Deutschland mit Borrelien verseucht, in manchen Flußtälern Süddeutschlands bis zu 30 Prozent.

Den Arzt aufmerksam machen, wenn man sich an einen Zeckenbiß erinnert!

Symptome: Nicht allen Ärzten geläufig! Kopfschmerzen, Gliederschmerzen und Fieber lassen häufig eher auf eine Sommergrippe tippen, als auf die ernstzunehmende Borreliose. An der Stichstelle der Zecke findet sich eine charakteristische ringförmige Rötung, die jedoch fehlen kann.

Im Verlauf der nächsten Wochen kann von der Zeckeneinstichstelle ein roter Fleck auswandern, während weiterhin Müdigkeit, Kopf- und Nackenschmerzen sowie Fieber besteht. Wanderröte auf der Haut.

Die Lyme-Borreliose kann als Hautkrankheit auch chronisch werden. Nach einem Stadium der Schwellung an Armen oder Beinen werden größere Hautbezirke fleckig oder insgesamt dunkler. Jahre später schmerzen diese Bereiche.

Spätfolgen:

- Auch ohne Hautveränderungen können Wochen bis Monate nach dem Zeckenstich Lähmungen und heftige, nachts wandernde, bohrende Schmerzen eintreten.
- Herzrhythmusstörungen oder Gelenkschmerzen. Diese lassen die Ärzte vielfach zuerst an Rheuma oder Gicht denken.

Wichtig für Camper und Trekker

In den USA verläuft die Erkrankung viel schwerer als hier.

Diagnose: schwierig.

Behandlung: frühzeitig Antibiotika, ausnahmsweise vor dem Nachweis des Erregers. Spontanheilungen sind im ersten Stadium möglich. Wenn der Erreger sich im Herzmuskel, in den Nerven und Gelenken festgesetzt hat, erreichen Antibiotika ihn nicht mehr.

Vorkommen: in Mittel-, Nord- und Osteuropa, Italien, Spanien, Nordamerika, besonders an der Atlantikküste, Nordasien.

Tendenz: in Deutschland stark ansteigend.

Was zu beachten ist:

In Deutschland kommen die Borrelien 100mal häufiger bei Zecken vor als die Viren, die FSME (Frühsommermeningoenzephalitis – Gehirnhautentzündung) erzeugen. Deshalb ist die Gefahr der Zeckenborreliose weitaus höher als die der Zeckenenzephalitis (Gehirnentzündung)!

Vorsichtsmaßnahmen und Bekämpfung:

- Die Zecken bevorzugen wenig kultiviertes Busch-, Heide- und Waldland mit hohem Wasserstand (aber nicht überschwemmt) und saurem Boden. Charakteristischer Pflanzenbestand sind: Wacholder, Schwingel und andere Gräser, Adlerfarn, Binse, Erlen- und Weidengebüsch.
- Begünstigend für Zecken sind dichter Besatz mit Wildtieren, mit weidenden Haustieren, Biwak-, Zelt- und Rastplätze des Menschen, Anlagen zur Haltung von Kleintieren, Furten, Tränken oder Ruheplätze von Wild.

Borreliengefahr frühestens zwei Stunden nach dem Stich der Zecke.

- Zecken sind zwischen März und Oktober aktiv, besonders gehäuft stechen sie im April und Mai (zeitlich wie FSME durch die gleiche Zeckenart).
- In trockenen Sommern Hauptaktivität der Zecken zu den Abend- und Nachtstunden, wenn Tau vorhanden ist.
- Entfernen der Zecken so früh wie möglich. Borrelien wandern frühestens zwei Stunden nach dem Festbeißen mit dem Speichel der Zecke in die Wunde.

- Die Zecke konsequent nach links unter gleichmäßigem Ziehen herausdrehen. Wer unsicher ist, kann eine Pinzette verwenden, vor allem, wenn die Zecke sehr klein ist. Nicht quetschen! Weder Öl, Benzin noch Klebstoff auf die Zecke träufeln. Weit vorne am Kopf angreifen, nicht am blutgefüllten Hinterleib.
- Bleibt der Kopf in der menschlichen Haut stecken, kann es zu einer geringfügigen lokalen Entzündung kommen. Lieber eine lokale Entzündung als eine Borreliose!
- Von Haustieren Zecken in gleicher Weise entfernen und vernichten. In Deutschland erkrankten Hunde bisher nicht an Borreliose, aber in den USA. (Als zurückgekehrter USA-Camper mit Hund auch an solche Folgen denken.)
- Natürlicher Feind der Zecke: Schlupfwespe.

Schlupfwespen hegen! Sie sind unsere Helfer gegen die Lyme-Krankheit und FSME!

Vorsorge gegen Lyme-Borreliose:

- Knoblauch schreckt Zecken ab!
- Falls man doch gestochen wurde, Zecken vor Ablauf von zwei Stunden entfernen.

Botulismus

Erreger: Bakterium Clostridium botulinum.
Nachlesen unter: Clostridien (Seite 44).

Impfung: nicht möglich.

Übertragung: durch das von den Bakterien gebildete Gift, das Botulinustoxin, in überalterten oder fehlerhaften Konserven, in nicht ausreichend geräucherten Wurstwaren.

Symptome: einige Stunden nach dem Verzehr Übelkeit, Schwindelgefühl, Erbrechen, Lähmung von Augenmuskeln (Lichtscheu, Doppelsehen) und Schlundmuskeln (Schluckbeschwerden), Austrocknung der Schleimhäute. Je nach Menge des aufgenommenen Toxins leichte Fälle bis zu schweren mit Todesfolge. Wundbotulismus und Säuglingsbotulismus sind Sonderformen. Bei Säuglingsbotulismus nach Aufnahme der Keime, z. B. im Honig, Verstopfung, Mattigkeit, Schluckschwierigkeiten, u. U. durch Atemstillstand plötzlicher Tod.

Das Botulinustoxin ist für den Menschen das stärkste aller bekannten Bakterientoxine.

Diagnose: Verdacht auf verdorbene Lebensmittel – bei überalterten Konservendosen u. U. Bombage (Konservendosen sind aufgetrieben), ranziger Geruch, optische Veränderung.

Behandlung: Gegengift (Antitoxin) auf Verdacht. Unbedingt Magenspülung, da wahrscheinlich noch Reste des Toxins vorhanden sind.

Besonderheiten: Hund und Katze sind nicht sehr empfänglich für das Toxin. Dennoch Doseninhalte, die verdächtig erscheinen, nicht an die Haustiere verfüttern.

Vorsorge gegen Botulismus:
- Auf Verfalldaten von Konservendosen achten!
- Verformte Konservendosen unschädlich entsorgen.
- Verdächtiges Lebensmittel keinesfalls probieren! Bereits Spuren des Giftes machen krank.

Bronchitis, Katarrh der oberen Luftwege, Lungenentzündung

Erreger: Viren: Adeno-, Rhino-, Entero-, Parainfluenza-, Influenzaviren; Bakterien: Haemophilus influenzae, Streptococcus pneumoniae, Moraxella catarrhalis, Pseudomonas aeruginosa.
Nachlesen unter: Adenoviren, Enteroviren, Paramyxoviren; Streptokokken, Neisserienähnliche Bakterien, Haemophilus, Pseudomonaden (Seite 60–62, 65; 28, 30, 38, 39).

Impfung: gegen Haemophilus influenzae und Influenzaviren.

Immunität: bei Haemophilus nicht bekannt, bei Influenza nur gegen den geimpften Typ dauerhaft.

Übertragung: durch Tröpfchen oder Kontakt.

Symptome: grippaler Infekt, häufig Beginn mit Virusinfekt, darauf aufgepfropft die bakterielle Erkrankung mit Husten, Fieber, evtl. Lungenentzündung, Mittelohrentzündung, Nasennebenhöhlenentzündung.

- Bei Kindern ist Haemophilus gefürchtet wegen der Entzündungen von Kehlkopf und Hirnhaut. Bei Erwachsenen, Entzündungen von Luftröhre, Bronchien und Lungen, zuweilen mit dramatischer Luftnot.
- Nach der Virusgrippe bzw. aus anderen Gründen geschwächten Patienten verursacht Haemophilus die Influenzapneumonie (Lungenentzündung).

Diagnose: wenn nötig, im Labor.

Behandlung: bei bakterieller Beteiligung mit Antibiotika.

Vorsorge gegen Bronchitis und Katarrh der oberen Luftwege:
- Impfung gegen Haemophilus und Influenza (vor allem Kinder und ältere Menschen)
- In »Grippezeiten« Kontakte reduzieren, vor allem Menschenmengen meiden.

Cholera

Erreger: Vibrio cholerae.
Nachlesen unter: Vibrionen (Seite 36).

Impfung: möglich mit eingeschränkter Wirkungsdauer.

Immunität: nach Erkrankung gegen den betreffenden Erregertyp lang anhaltend. Nach Impfung ca. sechs Monate.

Verunreinigtes Trinkwasser sowie verseuchte Meerestiere übertragen den Choleraerreger, welcher ohne Behandlung meist schmerzhaft zum Tod führt.

Übertragung: durch verunreinigtes Trinkwasser und Lebensmittel, Meerestiere wie Austern, Krebse, Muscheln.

Symptome: bis zu fünf Tage nach der Infektion plötzlicher Beginn mit wäßriger werdenden und schleimflockenhaltigen Stühlen (»Reiswasserstuhl«), dazu Erbrechen von großen Mengen Flüssigkeit. Ohne Behandlung Durstgefühl, Wadenkrämpfe, heisere Stimme, Blutdruckabfall und Apathie, denen meist der Tod folgt.

Diagnose: innerhalb einer von der Epidemie befallenen Region durch Augenschein, sonst Labor.

Auf Reisen sollte man sich vor verunreinigtem Wasser hüten; in einigen Ländern droht Choleragefahr.

Behandlung: in erster Linie Flüssigkeitsersatz. Antibiotika verkürzen die Zeit der Erregerausscheidung, können aber auch zur Resistenzbildung beitragen.

Besonderheiten: die Schwere der Erkrankung scheint blutgruppenabhängig zu sein. Blutgruppe 0 ist besonders gefährdet.

Am besten hält sich der Keim im alkalischen (laugehaltigem) Milieu; wenn die Magensäure durch Nahrung (fetthaltiges Essen) oder Medikamente abgepuffert wird, reichen weniger Keime zum »Angehen« der Infektion aus. (In Südamerika trugen die zum Aufschließen des Kokains verzehrten Prisen von gelöschtem Kalk bei den Kokakauern zur galoppierenden Ausbreitung der Cholera unter Indios bei.)

Vorkommen: Südostasien, Afrika, Südamerika. Kleinere Ausbrüche in Australien, USA, Türkei, Ukraine, Albanien. Mit Ansteckungsgefahr ist in Reisezeiten sowie durch Flüchtlingsbewegungen in Mitteleuropa immer zu rechnen.

Vorsorge gegen Cholera:

- Hygiene beachten.
- »Peel it, cook it or forget it« (»Schäl es, koch es oder vergiß es«).
- Zähne mit Mineralwasser putzen.
- Für Reisen in Choleragebiete Impfung (drei bis sechs Monate Impfschutz).

Chronisches Müdigkeitssyndrom (Chronic-Fatigue-Syndrome, CFS)

Erreger: Virus (?), Magnesiummangel (?), Schlafstörungen (?).

Impfung: nicht möglich.

Übertragung: unbekannt.

Symptome: monatelange Müdigkeit, Depressionen, Antriebslosigkeit, Konzentrationsschwäche, Muskelschmerzen, Erschöpfung.

Chronische Müdigkeit in Verbindung mit Schlafstörungen und Depression? Stärkung des Immunsystems durch Bewegung und Atemtherapie sind nicht zu verachten!

Behandlung: Magnesium wirkte bei einigen Kranken positiv.

Besonderheiten: Das Immunsystem befindet sich bei CFS im Dauerstreß mit Überproduktion von bestimmten Immunzellen. Gesichert ist, daß die Patienten dauerhaft unter Schlafstörungen leiden. Bei den sich inzwischen andeutenden Zusammenhängen zwischen Schlaf, Depression und Immunsystem könnte eine Schlafstörung ohne jede Beteiligung eines Virus die Ursache sein.

Vorsorge gegen Chronisches Müdigkeitssyndrom:

- Schlafstörungen behandeln.

Creutzfeldt-Jakob-Disease

Erreger: unbekannt; einstweilen als CJD-Agens, auch als Prion bezeichnet.
Nachlesen unter: Unkonventionelle Viren (Seite 76).

Impfung: nicht möglich.

Übertragung: gesichert nach Verabreichung von Wachstumshormon (aus Leichen), nach Hornhauttransplatation, nach neurochirurgischen Eingriffen am Gehirn, nach Impfung eines scrapiehaltigen Impfstoffes (auf der Basis von Schafserum), verdächtig auch infizierte Nahrungsmittel.

Der noch unbekannte Erreger von Creutzfeldt-Jakob-Disease führt alsbald durch Hirnschädigung zum Tod.

Symptome: fortschreitende Gedächtnisstörungen, Reizbarkeit, Desorientierung, motorische Störungen, Eintritt des Todes wenige Monate bis zu einem Jahr nach Krankheitsbeginn.

Diagnose: Elektroenzephalogramm (EEG), sonst nur durch Biopsie nach dem Tod.

Behandlung: keine.

Besonderheiten:

- Als ähnliche, wenn nicht identische Krankheiten gibt es noch das Gerstmann-Sträussler-Syndrom, das zu denselben Symptomen führt, jedoch eine erbliche Komponente zu haben scheint, sowie Kuru. Kuru war Folge eines Bestattungsritus bei Kannibalen in Neuguinea, bei dem menschliches Gehirn verzehrt wurde. Nach dem Verbot des Ritus ging die Zahl der Kuru-Fälle stark zurück, was aber nicht die völlige Ausrottung zur Folge hatte.
- Ein derzeit nicht auszuräumender Verdacht besteht darin, daß die Erreger dieser Hirnerkrankungen von einer Tierart zur anderen überwechseln können. Übertragungen auf dem Futterweg sind belegt, Infektionsmöglichkeiten auf experimentellem Weg über Injektion und Implantation ebenfalls. Es gibt deshalb keinen vernünftigen Grund zu behaupten, gerade der Mensch sei nicht ansteckungsgefährdet; zumal vieles darauf hindeutet, daß Menschen aus einschlägigen Berufen an CJD erkranken: Landwirte, Personal aus Schlachthöfen und Tierkörperverwertungsanstalten, Tierärzte. Theoretisch müßte die Ansteckbarkeit von der Menge der Keime abhängig sein: entsprechend würden die Symptome beim einen früher, beim anderen später ausbrechen.

Vorsorge gegen CJD:

- Vorsicht vor möglichen infizierten Lebensmitteln.

- Kritisch beim Fleischeinkauf sein.
- Rindfleisch aus englischem Import meiden.

Diphtherie

Erreger: Corynebacterium diphtheriae.
Nachlesen unter: Korynebakterien (Seite 43).

Impfung: möglich. Unbedingt anzuraten!

- Ab dem 3. Lebensmonat drei Impfungen im Abstand von 4 bis 6 Wochen, zusammen mit Impfungen gegen Tetanus und Keuchhusten.
- Im 2. Lebensjahr 4. Impfung Diphtherie/Tetanus/Keuchhusten.
- Im 6./7. Lebensjahr gegen Diphtherie als Auffrischung.
- Auffrischung alle 10 Jahre, zusammen mit Tetanus.

Immunität: lebenslänglich nach Erkrankung, nach Impfung langdauernd. Die Immunität besteht gegen die Wirkung des Bakteriengiftes, nicht aber gegen die Bakterien selbst. Das bedeutet, daß ein Mensch Bakterienträger sein kann, ohne selber krank zu werden. In Diphtheriegegenden kann man sich deshalb anstecken, ohne mit Kranken in Kontakt zu kommen!

Immunität nach Impfung nur gegen die Wirkung des Bakteriengiftes. Der Mensch kann immer noch Bakterienträger sein!

Überträger/Keimträger: ausschließlich der Mensch. Genesende und gesunde Personen können Keimträger sein!

Symptome: Beginn zumeist als lokale Infektion des Rachens, dabei ausgeprägtes Krankheitsgefühl, jedoch nicht immer hohes Fieber. Nach wenigen Stunden weißliche, später braune Beläge, die von der Rachenschleimhaut nur unter Blutungen abgetrennt werden können (Krupp). Erstickungsgefahr. Charakteristisch: fad-süßlicher Geruch, auch im Krankenzimmer. Im besten Fall nach vier bis fünf Tagen beginnende Heilung. Häufig aber Übergreifen auf den Körper mit Herz- und Nierenschäden, Herzkollaps, Lähmungen; zuweilen erst nach bis zu sechs Wochen als Spätschäden.

Bei der toxischen Diphtherie kommen schwerste Symptome noch vor Ausbildung der Rachenbeläge vor. Sie endet meistens tödlich, denn in diesem Stadium kann nicht mehr geholfen werden.

Diagnose: am Krankenbett durch den Arzt.

Behandlung: Serum gegen das Bakteriengift so früh wie möglich, noch vor der sicheren Diagnose verabreichen. Begleitend sollten Antibiotika gegen die Bakterien selbst eingesetzt werden, wobei die Schwere der Symptomatik berücksichtigt werden muß.

Besonderheiten:
- In den industrialisierten Ländern hat der Impfschutz bei den Erwachsenen abgenommen, weil Impfungen im Erwachsenenalter noch vor einigen Jahren wegen des Risikos nicht üblich waren, außerdem die besonders gefährlichen Stämme hier nicht vorhanden sind. Auf Grund der Verbreitung der Krankheit sollte man hier umdenken.
- Die Gefahr, sich durch einen eingeschleppten gefährlichen Stamm zu infizieren, vergrößert sich zunehmend. Die Gefährlichkeit des Bakteriums ist kein ureigenes Bakterienerbe, sondern wird von Viren eingeschleust.

Vorkommen: zunehmend in den Ländern der ehemaligen UdSSR, Ukraine, Polen, Litauen, Lettland, Estland; in allen Bevölkerungsschichten, auch in Kindergärten. Die Gefahr der Verschleppung in die Anrainerländer ist besonders groß geworden, wenn man die neuen Kommunikationsmöglichkeiten in Betracht zieht.

Bedenklich ist die Rückkehr der Diphtherie nach Europa: Auffrischungsimpfungen vornehmen!

Tendenz: Diphtherie trat schon immer wellenförmig auf, in früheren Jahrhunderten vor allem als gefürchtete Kinderkrankheit (Krupp, Würgeengel, Halsbräune). Seit 1975 kehrt die Erkrankung nach Europa zurück und hat schon mehrere begrenzte Epidemien verursacht.

Vorsichtsmaßnahmen: Unbedingt zu empfehlen sind Auffrischungsimpfungen mit einem neuen Impfstoff, der von Erwachsenen in der Regel gut vertragen wird. Zur Vermeidung von Überempfindlichkeitsreaktionen kann eine Vorprüfung erfolgen.

Vorsorge gegen Diphtherie:
- Kinder impfen lassen.
- Regelmäßige Auffrischungsimpfungen für Erwachsene.
- Stärkung der Immunabwehr.

Durchfallerkrankungen

Erreger: Gastroenteritisviren (Rota-, Reo-, und Adenoviren); Salmonellen, Darmbakterien (Escherichia coli), Tuberkulosebakterien, Cholerabakterien, Shigellenruhr (bakterielle Ruhr, Dysenterie), Yersinien (Pseudotuberkulose), Campylobacter, Staphylokokken.
Nachlesen unter: Adenoviren, Reoviren; Staphylokokken, Enterobakterien, Campylobacter, Mykobakterienartige (Seite 60, 63; 27, 30, 42, 46).

Impfung: nicht möglich. Gegen Rotaviren in Erprobung.

Übertragung: bei Viren, Kolibakterien, Shigellen durch Schmutz- und Schmierinfektionen, bei Yersinien durch rohes Schweinefleisch und verunreinigte Lebensmittel, bei Campylobacter, Staphylokokken durch verunreinigtes Fleisch, Milch, Trinkwasser und Eierprodukte (für letztere gilt besondere Vorsicht).

Symptome:

- Rotaviren: schwerer Durchfall, Erbrechen und Fieber, vor allem bei Kleinkindern bis zu zwei Jahren. Gefahr der Austrocknung (in Entwicklungsländern häufigste Todesursache von Kindern).
- Kolibakterien (Reisedurchfall): wäßriger Durchfall, Erbrechen.
- Shigellenruhr: zunächst wäßriger, dann mit Blut vermischter Durchfall, Erbrechen, Darmkrämpfe.
- Yersinia: bei Säuglingen und Kleinkindern wäßriger bis blutiger Durchfall, Erbrechen. Bei Schulkindern (Pseudotuberkulose) Schmerzen im Bauchraum rechts unten (»Pseudoappendizitis«, also vermeintliche Blinddarmentzündung), Fieber, seltener Durchfall. Die Yersiniose gibt beim Kind nicht selten Anlaß zu einer unnötigen Blinddarmoperation. Heilt nach etwa zwei Wochen aus. Beim Erwachsenen ebenfalls Durchfall, jedoch sehr häufig unter Beteiligung anderer Organe, außerdem »grippaler Infekt«.
- Campylobacter: mehrere Tage nach der Infektion Frösteln, Glieder- und Kopfschmerzen, dann plötzlich hohes Fieber. Darmkrämpfe, explosiver Beginn von zahlreichen wäßrigen bis schleimigen Durchfällen. Ende der Durchfälle nach ca. einer Woche.
- Staphylokokken: einige Stunden nach dem Verzehr des verdorbenen Lebensmittels starkes Erbrechen, Fieber, ausgesprochenes Krankheitsgefühl, evtl. auch Durchfall.

Die verschiedenen Durchfallerkrankungen weisen ähnliche Symptome auf. Verbunden mit hohem Fieber besteht akute Gefahr!

Diagnose: Stuhluntersuchung.

Behandlung: Ersatz des Flüssigkeitsverlustes, d. h. viel trinken. Cola trinken und Salzstangen essen. Zur Therapie hat sich der Hefepilz Saccharomyces boulardii bewährt, insbesondere auch beim Reisedurchfall als vorbeugendes Mittel. Eventuell Antibiotika bei hohem Flüssigkeitsverlust.

Vorkommen:

- Rota: weltweit. Bei uns vor allem in den Wintermonaten.
- Koli: früher häufig in Kinder- und Säuglingsheimen mit relativ langsamer Verbreitung. Umfassende hygienische Maßnahmen haben diese Epidemien weitgehend beseitigt. In allen Altersstufen verursachen Koli (andere Stämme als bei Säuglingen) die Reisedurchfälle. In den USA mehren sich Krankheitsfälle durch koliverunreinigtes Hackfleisch. Ursache ist vermutlich die rapide Abnahme der Schlachthygiene im Zuge der zunehmenden Monopolisierung und Brutalität der »Fleischmafia«. Der besonders gefährliche Stamm 0157 kann von einem blutigen Durchfall bis zu Blutarmut und Nierenversagen führen und Todesfälle verursachen. Diese Keimvariante gewinnt anscheinend überall an Boden.

Ein besonders gefährliches Kolibakterium kann bei verseuchtem Hackfleisch zu Nierenversagen und Tod führen.

- Shigellen: weltweit, in Europa sporadisch; in Entwicklungsländern als Epidemien.
- Yersinien: weltweit; Häufung im Winterhalbjahr.
- Campylobacter: weltweit; Häufung im Sommerhalbjahr.
- Staphylokokken: weltweit.

Vorsichtsmaßnahme und Bekämpfung: persönliche Hygiene, Hygiene bei Lebensmitteln. In warmen Ländern sollte man auf sauberes Trinkwasser (garantiert abgekochtes Wasser oder Wasser aus Flaschen) achten und rohe Lebensmittel meiden, nach dem englischen Spruch: »Peel it, cook it or forget it.« (»Schäl es, koch es oder vergiß es«.)

Vorsorge gegen Durchfallerkrankungen:

- Persönliche Hygiene.
- Vorbeugendes Einwirken auf staatliche Organe zur Verbesserung der Schlachthofhygiene (via Presse, über Landtagsabgeordnete etc.).

Frühsommermeningoenzephalitis (FSME, Zeckenenzephalitis)

Erreger: Flavivirus
Nachlesen unter: Flaviviren (Seite 66).

Impfung: möglich.
- Grundimmunisierung und zwei Wiederholungsimpfungen.
- Danach Wiederholungsimpfung alle 3 Jahre.

Auch bei einem harmlosen Waldspaziergang in einem zeckengefährdeten Gebiet besteht die Möglichkeit, von einer Zecke befallen zu werden.

Übertragung: durch die Zecke Ixodes ricinus, Holzbock; in Rußland auch durch rohe Ziegenmilch.

Symptome: ein bis zwei Wochen nach dem Zeckenstich erste Phase der Erkrankung. Grippale Erscheinungen mit Kopf- und Gelenkschmerzen, Schnupfen, Husten, eventuell Übelkeit, Fieber.
Danach kann der Kranke bis zu drei Wochen fieberfrei sein, während sich das zweite Stadium mit den Symptomen der Hirn- oder Hirnhautentzündung aufbaut: mit Schwindel, Erbrechen, Nackensteife, Krämpfen, Lähmungen, Fieber.

Diagnose: im Labor, sonst aus Vorbericht.

Besonderheiten:

- Bei der Impfung müssen Nutzen und mögliche Nebenwirkungen abgewogen werden. Von offizieller Seite wurde festgestellt, daß die Impfung eine extrem niedrige Rate an Komplikationen habe. Dennoch wird zur Impfung nur geraten, wenn man in einem Zeckengebiet wohnt. Zu berücksichtigen ist auch, daß die Gefahr, an FSME zu erkranken, wesentlich niedriger ist, als an Lyme-Borreliose, was möglicherweise in der Öffentlichkeit zu einer ganz falschen Gewichtung geführt hat:
Die Impfung schützt eben nicht grundsätzlich gegen alle Folgen eines Zeckenstichs.
- Als Nebenwirkungen der Impfung sind Lähmungen, Kopfschmerzen, Depressionen und Gehirnentzündungen bekannt geworden. Das Risiko dieser Impffolgen war bislang doppelt so hoch wie die Gefahr, an FSME zu erkranken.

Vorkommen: entsprechend dem Zeckenvorkommen hauptsächlich südlich des Mains, besonders auch Baden-Württemberg.

Vorsorge gegen FSME:

Eine Alternative zur Impfung: nach dem Zeckenbiß Behandlung mit Immunglobulinen.

- Impfung bei Gefährdung (Wohnen oder Urlaub in FSME-Gebiet).
- Zecken sofort entfernen.
- Wer ungeimpft ist, sollte sich nach dem Zeckenbiß (im Hochrisikogebiet) innerhalb von drei Tagen mit Immunglobulinen behandeln lassen. Diese Methode ist eine gute Alternative zur Impfung.

Geschlechtskrankheiten

Durch Bakterien werden verursacht:

- Gonorrhoe = Tripper (Neisseria gonorrhoeae; Seite 30).
- Genitalinfekte, Lymphogranuloma venerum (Chlamydia trachomatis; Seite 51).
- Ulcus molle = Weicher Schanker (Haemophilus ducreyi; Seite 38).
- Syphilis = Lues = Harter Schanker (Treponema pallidum; Seite 48).

- Infektionen im Harn- und Genitaltrakt (mehrere Mycoplasmaarten).

Durch Viren werden verursacht:
- Genitaler Herpes (Herpes simplex; Seite 60).
- Genitalwarzen (Papovaviren; Seite 59).

Über die eigentlichen Geschlechtskrankheiten hinaus werden sexuell übertragen:
- Hepatitis B, C, D.
- Zytomegalie.
- Molluscum contagiosum (Dellwarzen).
- Aids.

Ulcus molle (Weicher Schanker)

Erreger: Bakterium Haemophilus ducreyi.
Nachlesen unter: Haemophilus (Seite 38).

Impfung: nicht möglich.

Übertragung: Sexualkontakt.

Symptome: Tage bis Wochen nach der Infektion entstehen an den Geschlechtsorganen weiche Knötchen, die zu Pusteln werden und schließlich geschwürig zerfallen. Die Geschwüre sind schmerzhaft, bleiben weich und fließen zusammen. Die Lymphknoten schmerzen ebenfalls und können mit einer Fistelöffnung nach außen aufbrechen.

Die Geschwüre von Ulcus molle sind überaus schmerzhaft.

Diagnose: im Labor zur Unterscheidung von den anderen Geschlechtskrankheiten.

Behandlung: Antibiotika; zahlreiche Stämme sind resistent.

Vorkommen: weltweit eine der häufigsten sexuell übertragenen Krankheiten; in Mitteleuropa anscheinend seltener, möglicherweise besteht jedoch eine erhebliche Dunkelziffer. Auf Grund der Resistenz der Stämme ist die Verbreitung kaum einzudämmen.

Besonderheiten: meldepflichtig ohne Namensnennung.

Vorsorge gegen den Weichen Schanker:
- Kondombenutzung.

Gonorrhoe (Tripper)

Erreger: Bakterium Neisseria gonorrhoeae.
Nachlesen unter: Neisserienähnliche Bakterien (Seite 30).

Impfung: nicht möglich.

Immunität: keine, auch nicht nach Erkrankung.

Übertragung: Sexualkontakt.

Symptome:
- Beim Mann: bis zu fünf Tagen nach der Infektion Rötung, Schwellung der Harnröhrenmündung, Brennen beim Wasserlassen, eitriger Ausfluß.
- Bei der Frau: insgesamt etwas unauffälliger, Entzündung des Gebärmutterhalses.

Die hohe Dunkelziffer bei Gonorrhoe mindert den Behandlungserfolg weltweit!

Unbehandelt kann sich die Infektion auf Nachbarorgane ausbreiten: Folge möglicherweise Sterilität. Infektionen von Mund oder Darm in Abhängigkeit der sexuellen Praktiken sind möglich.

Diagnose: im Labor.

Behandlung: Antibiotika, jedoch beginnen bisher empfindliche Stämme resistent zu werden.

Vorkommen: weltweit.

Besonderheiten: Es besteht gesetzliche Meldepflicht – und eine hohe Dunkelziffer.

Vorsorge gegen Gonorrhoe:
- Kondombenutzung.

Grippaler Infekt, Pseudokrupp

Erreger: Parainfluenzavirus.
Nachlesen unter: Paramyxoviren (Seite 65).

Impfung: nicht möglich.

Immunität: geringgradig nach Ersterkrankung. Erkrankung im Erwachsenenalter verläuft dadurch milder.

Übertragung: durch Kontakt mit Infizierten.

Symptome: grippaler Infekt mit Husten, Schnupfen, Bronchitis, Kehlkopfentzündung, Fieber, Mittelohrentzündung. Bei Kleinkindern häufig Ausbildung eines Pseudokrupp (Atembehinderung durch Kehlkopfschwellung). Oft zusätzliche Bakterieninfektion. Bei herabgesetzter Immunität (wenn andere Erkrankungen gleichzeitig auftreten) kann Parainfluenza tödlich verlaufen.

Diagnose: durch Augenschein. Sonst im Labor.

Behandlung: symptomatisch. Antibiotika bei Gefährdeten.

Besonderheiten: der Pseudokrupp ist wahrscheinlich allergisch bedingt durch die Ausbildung von Antikörpern und die Freisetzung des Botenstoffes Histamin in der Luftröhre und im Kehlkopf, die dann zur Schleimhautschwellung und somit zur Luftnot führt.

Der tiefe bellende Husten (»Schafhusten«) bei Pseudokrupp ist meist von Erstickungsangst begleitet.

Vorkommen: weltweit.

Vorsorge gegen Parainfluenza:
- Keine Krankenbesuche bei Erkrankten.
- Gefährdete Personenkreise von Infizierten fernhalten.

Grippe (Influenza)

Erreger: Influenzavirus A, B, C.
Nachlesen unter: Influenzaviren (Seite 65).

Impfung: möglich gegen grassierenden Virustyp. Immunschutz etwa 14 Tage nach der Impfung. Der Influenzatyp ändert sich praktisch jährlich. Der Impfstoff ist relativ rasch nach der Identifizierung eines neuen Typs verfügbar.

Immunität: nach Erkrankung gegen den Typ, der die Erkrankung ausgelöst hat, ebenso gegen den geimpften Virustyp.

Übertragung: durch Kontakt mit Infizierten.

Symptome:

- Zwei bis drei Tage nach der Ansteckung allgemeines Krankheitsgefühl, Schnupfen, Husten, Fieber, Kopfschmerzen, auch Erbrechen und Durchfall. Typisch ist das Ansteigen der Temperatur bis auf 40° C, vorübergehender eintägiger Abfall auf um 39° C und erneutes Ansteigen.
- Bei vielen Menschen leichtere Symptome, wie ein »grippaler Infekt«.
- Komplikationen: Mittelohrentzündung, Nasennebenhöhlenentzündung, Todesfälle werden durch die kaum beherrschbare Lungenentzündung verursacht.

Eine Grippe mit Komplikationen kann über Lungenentzündung zum Tod führen.

Behandlung: entsprechend der Symptome. Ältere Menschen auch mit Antibiotika gegen mögliche bakterielle Zusatzinfektionen.

Besonderheiten: Das Virus breitet sich besonders rasch aus, weshalb es Epidemien und in mehrjährigen Abständen Pandemien (Ausbreitung der Infektion über Länder und Kontinente) verursacht. Enges Zusammenleben in Wohngemeinschaften, Seniorenheimen sowie Menschenversammlungen in Fußballstadien etc. beschleunigen die Verbreitung und Vermehrung des Virus außerordentlich. Die letzte große Pandemie war 1968. Schweinebestände und Geflügel, vor allem Enten, werden verdächtigt, an Infektionen des Menschen beteiligt zu sein.

Vorkommen: weltweit; bei uns Höhepunkt in den Wintermonaten.

Vorsorge gegen Influenza:

- Unbedingt Impfung von älteren Menschen.
- Impfung von Menschen mit berufsbedingt besonders häufigen

Kontakten: Bus- und Taxifahrer, Pflegepersonal in Altenheimen.

- Impfung jährlich erneuern.
- Menschenansammlungen meiden.
- Keine Krankenbesuche bei Erkrankten.

Hepatitis (Leberentzündung)

Erreger: Hepatitis A, B, C, D und E jeweils durch unterschiedliche, nicht miteinander verwandte Viren:

A:	Picornavirus.	***Nachlesen unter: Enteroviren (Seite 62).***
B:	Hepadnavirus.	***Nachlesen unter: Hepadnaviren (Seite 60).***
C:	Flavivirus/Togavirus.	***Nachlesen unter: Flaviviren (Seite 66).***
D:	Deltavirus (Defektes RNA-Virus).	***Nachlesen unter: Hepadnaviren (Seite 60).***
E:	Calicivirus.	***Nachlesen unter: Caliciviren (Seite 63).***

Impfung: gegen Hepatitis A und B

Übertragung:

- Hepatitis A durch Fäkalien via Lebensmittel und verunreinigtes Trinkwasser.
- Hepatitis B durch Infektion mit Blut, Blutprodukten, beim Geburtsvorgang. Nicht ganz geklärt ist, ob dieser Erreger auch durch Sperma, Tränen, Speichel übertragen wird – diese sind vorsichtshalber als infektiös zu betrachten.
- Hepatitis C durch Blut, Blutprodukte, sexuelle Kontakte, bei der Geburt Übertragung auf das Neugeborene.
- Hepatitis D wie Hepatitis B.
- Hepatitis E durch Fäkalien wie Hepatitis A.

Symptome: Bei allen Hepatitiden: zwei bis drei Wochen (Hepatitis A) bzw. zwei bis sechs Monate (Hepatitis B) nach der Infektion grippale Erscheinungen, Abgeschlagenheit, Übelkeit, mäßiges Fieber. Danach Gelbsucht (nur bei etwa 50 Prozent der Kranken), dunkelbrauner Urin, Schwellung von Leber und Milz.

Die gefährliche Hepatitis B kann über Leberzirrhose zum Leberzellkrebs führen.

- Hepatitis B kann sich aus diesem Stadium zu einer chronischen Hepatitis mit Leberzirrhose entwickeln, woraus ein Leberzellkrebs entstehen kann.

- Eine aufgepfropfte Infektion entsteht, wenn ein nichtkranker Hepatitis-B-Träger mit Hepatitis D infiziert wird: Meistens entwickelt sich das schwere Krankheitsbild einer chronischen Hepatitis.

Behandlung: Bettruhe und Schonkost sind bei Hepatitis A ausreichend. Hepatitis B in der chronischen Form wird mit Interferon behandelt.

Ein besonderes Mitbringsel von Touristen ist Hepatitis A.

Besonderheiten: Hepatitis A als Mitbringsel des Touristen ist eine typische Reisekrankheit, während Hepatitis B eher eine Erkrankung von Risikogruppen ist: Drogensüchtige, sexuell Aktive mit häufig wechselnden Partnern, zunehmend auch geistig Behinderte in Heimen. Die durch Bluttransfusion übertragene Hepatitis ist heutzutage weniger häufig.

Vorsorge gegen Hepatitis:
- Persönliche Hygiene.
- Keinen ungeschützten Geschlechtsverkehr.
- In warmen Reiseländern nur abgekochte bzw. erhitzte Nahrung.
- Impfung gegen A und B.
- Auf getesteten Blutkonserven bestehen (nach Eliminierung der B-Gefährdung wurde aus Unkenntnis das Virus Hepatitis C übertragen).

Herpes

Erreger: Herpes-simplex-Virus, HSV 1 und 2.
Nachlesen unter: Herpesviren (Seite 60).

Impfung: nicht möglich.

Übertragung: durch direkten Kontakt, durch Tröpfchen, durch Schmierinfektion.

Symptome: am Mund bzw. im Genitalbereich Juckreiz, Spannungsgefühl, Bildung von Bläschen, die zu Krusten eintrocknen. Sehr häufig kommen die Bläschen immer wieder am selben Ort vor, weil die Abwehr dort geschwächt ist. Irritationen durch Fieber, Traumata und Strahlung begünstigen erneutes Auftreten.

- Als Komplikation kann eine Hirnentzündung entstehen. Sie ist selten, führt aber häufig zum Tod.
- Äußerst gefährlich ist für ein Neugeborenes die Infektion mit dem genitalen Herpes. Sie führt ohne Behandlung zu schweren Hirnschäden des Kindes. Wenn ein genitaler Herpes vorher erkannt wird, ist ein Kaiserschnitt angebracht.

Diagnose: im Labor.

Behandlung: Chemotherapie, jedoch kann das Virus selber nie mehr aus dem Infizierten entfernt werden. Mittel zur Immunstärkung verkürzen nachweislich die Gesamtdauer der Erscheinungen, die lästigen Begleitsymptome wie Juckreiz und Schmerz werden gelindert.

Besonderheiten: Das Virus nistet sich in Nervenzellen lebenslang ein und kann unter bestimmten Voraussetzungen wieder aktiv werden: bei allen Streßsituationen, die Prostaglandine (Streßhormone) freisetzen. Z. B. Sonnenbestrahlung, Fieber, hormonelle und besondere psychische Situationen.

Vorsorge gegen Herpes:
- Keine.

Karies

Erreger: Streptococcus mutans, Actinomyces-Arten, Lactobacillen.
Nachlesen unter: Streptokokken (Seite 28).

Impfung: nicht möglich.

Übertragung: bereits auf das Kleinkind von der Mutter – durch Tröpfchen beim Küssen, Niesen und durch gemeinsam benutztes Besteck.

Die Gefahr der Infektion mit Kariesbakterien ist in den ersten zwölf Monaten besonders groß.

Symptome: Löcher in Milchzähnen und bleibenden Zähnen.

Diagnose: einfacher Speicheltest beim Zahnarzt zum Nachweis der Anfälligkeit für Kariesbakterien.

Was zu beachten ist:

Das Küssen der Kinder zu verbieten, bringt niemand übers Herz. Aber das Ablecken des Löffels durch die Mutter u. ä. unhygienische Praktiken sollten unterbleiben. Besonders ansteckungsgefährdet ist das Kind zur Zeit des Zahndurchbruchs, weil die Chancen für die Ansiedlung der Bakterien da riesengroß ist. Ab dem zweiten Lebensjahr verdrängen andere Bakterien die besonders gefährlichen Kariesbildner, danach sinkt die Gefährdung für das Kleinkind wieder.

Behandlung: durch den Zahnarzt; vorbeugend durch chemische Behandlung der Zähne im vierwöchigen Abstand mit chlorhaltiger Lösung oder Gel.

Besonderheiten: Die Mundhöhle ist geradezu ein Paradies für Bakterien, Amoeben und Pilze aller Arten. Die meisten machen nicht krank. Manche dagegen nutzen die Gelegenheit, in tiefere Regionen abzuwandern, wenn ihnen die Möglichkeit geboten wird: vielleicht ist die Schleimhaut chronisch vorgeschädigt, weil sie sich täglich mit Ozon und Autoabgasen plagen muß. Vielleicht ist auch die Immunabwehr aus irgendwelchen Gründen zusammengebrochen.

Streptococcus mutans ist einer von den ständigen Bewohnern der Mundhöhle: In Ausnahmefällen bringt er es fertig, über die Blutbahn bis ins Herz zu wandern und dort Entzündungen hervorzurufen. Eine Vorbeugung dagegen ist völlig ausgeschlossen. Das Bakterium heftet sich an den Zähnen an und bedient sich dort, zum eigenen Wachstum und für die Vermehrung, vor allem der Zuckerstoffe in der Nahrung. Seine sauren Stoffwechselprodukte greifen die Zahnsubstanz an. Wer sich aus diätetischen Gründen auf Zuckeraustauschstoffe umgestellt hat, darf dennoch nicht frohlocken: Die Mundbakterien stellen sich ebenfalls um und bedienen sich klaglos des Süßstoffes, statt des Zuckers.

Die Mundhöhle: ein Paradies für Erreger! Gegen Karies hilft weiterhin nur Putzen!

Vorsorge gegen Karies:

- Mundhygiene in der Zeit des Zahndurchbruchs beachten.
- Zähne regelmäßig putzen.

Keuchhusten

Erreger: das Bakterium Bordetella pertussis.
Nachlesen unter: Kleine Stäbchenbakterien (Seite 40).

Impfung:
- Ab dem 3. Lebensmonat, Impfungen gegen Diphtherie/Keuchhusten/Tetanus 3mal im Abstand von 4 bis 6 Wochen.
- Im 2. Lebensjahr 4. Impfung.

Immunität: durch Krankheit und Impfung. Nach Jahrzehnten nimmt der Immunschutz ab. Krankheiten verlaufen beim Geimpften leichter.

Übertragung: durch direkten Kontakt mit einem Infizierten. Das Bakterium ist hochinfektiös, besonders vor den Keuchhustensymptomen. Der Kranke ist insgesamt etwa sieben bis acht Wochen infektiös!

Symptome:
- Ein bis zwei Wochen lang ein uncharakteristisches Stadium mit Schnupfen, Heiserkeit, Husten – manchmal bellend – und leichtem Fieber, häufig nächtlicher Husten.
- Ab der dritten Woche Übergang in Krampfhustenanfälle, vor allem nächtliche, mit lauter Einatmung wegen der Verengung der Stimmritze, Atemnot. Anhalten dieses Stadiums bis zu acht Wochen.
- Weitere zwei bis sechs Wochen Abnahme aller Erscheinungen.

Krampfartige Hustenanfälle und Atemnot plagen vor allem den Säugling. Bedrohliche Gefahr: ein Hirnschaden.

Komplikationen:
- Lungenentzündung, Infektion des Gehirns.
- Besondere Gefahr bei Säuglingen: Todesfälle oder bleibende Gehirnschäden.

Diagnose: typische Symptome, Labor.

Behandlung: Antibiotika, insbesondere in der Frühzeit der Ansteckung, solange die Bakteriengifte noch nicht an die Zellen gebunden sind! Gibt man das Antibiotikum später, verhindert es nur noch die Ansiedlung anderer gefährlicher Bakterien und verkürzt die infektiöse Zeit des Kranken. Immunsteigernde Mittel verkürzen nachweislich die Krankheitsdauer.

Außer Säuglingen sind auch alte Menschen vom Keuchhusten bedroht: Vorsorge treffen!

Besonderheiten: im Alter kann Keuchhusten erneut auftreten, weil die Immunität gegen Bordetella abnimmt. Säuglinge sind hochgefährdet gegen Ansteckung – auch wenn ihre Mütter immun sind!

- Sobald Keuchhusten bei einem Kind nachgewiesen worden ist, kommt das Schließen von Kindergärten oder Schulen zu spät. Nicht geimpfte Kinder sind bis dahin ganz sicher angesteckt. Da der Keim empfindlich ist, stirbt er außerhalb des Menschen ziemlich schnell ab, man weiß nicht genau, ob eine Infektion überhaupt über leblose Gegenstände möglich ist. Nachträgliche Desinfektionsmaßnahmen in geschlossenen Kindergärten und Schulen verhindern jedenfalls keine einzige Erkrankung mehr.

Vorsorge gegen Keuchhusten:
- Impfung der Säuglinge.
- Ältere Menschen nicht zur Pflege von keuchhustenkranken Kindern heranziehen! Sie sind selber gefährdet.

Kinderlähmung

Erreger: Poliovirus.
Nachlesen unter: Enteroviren (Seite 62).

Impfung:
- Ab dem 3. Lebensmonat 2mal im Abstand von 6 bis 8 Wochen als Schluckimpfung
- 3. Impfung 6 bis 8 Wochen nach der 2. oder im 2. Lebensjahr.
- 4. Impfung im 10. Lebensjahr.
- Alle 5 bis 10 Jahre Auffrischungsimpfung.

Immunität: lebenslänglich nach Erkrankung, langdauernd nach Impfung.

Übertragung: durch Tröpfchen von Mensch zu Mensch, hauptsächlich aber auf Grund des wochenlangen Ausscheidens der Viren im Stuhl durch fäkale Verunreinigung. Die Viren sind sehr haltbar in der Außenwelt und bleiben auch im Wasser von Schwimmbädern, an Lebensmitteln und Gegenständen infektiös.

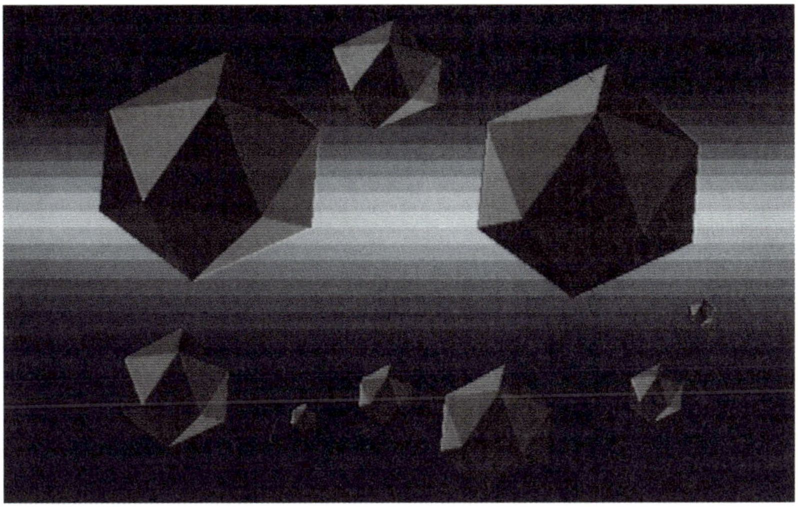

Seit der Einführung der prophylaktischen Schutzimpfung ist die Kinderlähmung in Europa und Nordamerika stark zurückgegangen.

Symptome:

- Grippale Symptome mit Gliederschmerzen, Halsschmerzen, Übelkeit, Fieber. Die Erkrankung kann nach diesem Stadium ausheilen.
- Nach der Vermehrung des Virus und der Ausbreitung auf dem Blutweg: anfangs Hirnhautreizung, später Schäden im Gehirn oder im Rückenmark oder gemischte Formen – z. B. mit Bewußtseinsstörungen, Krampfanfälle, schlaffe Lähmungen, Atemstörungen. Schlimmste Form: Hirnentzündung mit Koma und evtl. Todesfolge.
- Im allgemeinen nach den oben genannten Stadien leichte oder dramatische Besserung aller Zustände.

Diagnose: Labor.

Behandlung: Man kann nur die Symptome behandeln.

Besonderheiten: Als Spätschäden können Muskelschwächen auftreten, deren Ursache noch nicht geklärt ist (s. Post-Polio-Syndrom).

Vorkommen: Polio ist in der westlichen Welt fast ausgerottet. Die WHO strebt an, sie weltweit bis zum Jahr 2000 zu beseitigen. In den Entwicklungsländern findet die Durchseuchung der Bevölkerung gleichmäßig statt: Kleine Kinder stecken sich an, machen sehr leichte Stadien der Erkrankung durch und werden immun – wie früher in

Europa erkrankt jedoch ein bestimmter Bevölkerungsanteil an der schweren Form mit Lähmungen.

Vorsorge gegen Kinderlähmung:
- Impfung.
- Im Erwachsenenalter auf bleibenden Impfschutz achten.
- Besonders auf Reisen persönliche Sauberkeit einhalten.

Legionärskrankheit

Erreger: Bakterium Legionella pneumophila u. a. Legionellen.
Nachlesen unter: Kleine Stäbchenbakterien (Seite 40).

Impfung: nicht möglich.

Immunität: auch nach Erkrankung nicht vorhanden.

Übertragung: durch eingeatmetes Aerosol (bakterienhaltige Wassertröpfchen) über Duschen, Klimaanlagen. Überdauern der Bakterien auch in Zysten einer Amöbenart möglich. Die Zyste ist hart im Nehmen.
- Nur bei hoher Dosis von eingeatmeten Keimen ist eine Infektion möglich.
- Das Schlucken der Keime verursacht keine Erkrankung.

Schnelle Behandlung mit Breitbandantibiotika könnte die hohe Todesrate vermindern.

Symptome: zwei bis zehn Tage nach der Infektion plötzlich einsetzender Schüttelfrost, hohes Fieber, trockener Husten, Kopf- und Brustschmerzen. Zuweilen gleichzeitig Durchfall und Verwirrtheit. Endet für 80 Prozent der Patienten tödlich bei fehlender oder falscher Behandlung.

Diagnose: Schwierig, langwierig.

Behandlung: bereits auf Verdacht legionellenwirksames Antibiotikum. Jedoch sind Breitbandantibiotika Standardtherapie bei Lungenentzündungen und erfassen normalerweise auch die Legionellen. Würde man erst die Labordiagnose abwarten, käme jede Behandlung zu spät.

Besonderheiten: häufige Rückfälle; Neuansteckung ab vier Wochen nach Ausheilung schon wieder möglich. Hohe Anfälligkeit bei älteren bzw. gesundheitlich instabilen Menschen, ebenso bei Alkoholikern und starken Rauchern; vermehrt bei Männern; Frauen scheinen weniger stark gefährdet zu sein. Häufig Gruppenerkrankung wegen der besonderen Infektionsweise.

Häufige Rückfälle bei gesundheitlicher Instabilität und Gruppenerkrankungen erschweren die Behandlung.

Vorkommen: Die Erkrankung wurde erst 1976 nach einem Veteranentreffen in Philadelphia mit epidemieartiger Erkrankung entdeckt. Weltweites Vorkommen, gehäuft im Spätsommer und Herbst.

- Natürlicher Lebensraum aller Legionellen, auch harmloser Arten, sind Oberflächengewässer – aber bei weitem nicht alle Legionellen verursachen Lungenentzündungen. In vielen Wasserleitungen, Klimaanlagen, Heizungsanlagen, Duschen, Schwimmbädern etc. gibt es ebenfalls Legionellen, überwiegend harmlose Arten. Optimale Lebenstemperaturen: 25–45° C, Absterben ab etwa 60° C; Chloren reicht hier nicht aus.

Vorsichtsmaßnahmen und Bekämpfung: Sofern in Krankenhäusern oder Seniorenheimen Risikopatienten untergebracht sind und darüber hinaus Legionellen nachgewiesen wurden, können die Bakterien durch Aufheizen des Wassers in Duschanlagen u. ä. abgetötet werden. Routinemäßiges Chloren oder Aufheizen von Haushaltswässern ist nicht notwendig.

Vorsorge gegen Legionärskrankheit:
- Keine.

Leptospirose, Weilsche Krankheit

Erreger: Bakterien, verschiedene Leptospiren.
Nachlesen unter: Leptospiren (Seite 48).

Impfung: nicht möglich.

Immunität: nach Erkrankung nur gegen diesen Untertyp (insgesamt etwa 180 Untertypen).

Übertragung: vom Tier auf den Menschen (Zoonose; s. Seite 40). Durch kleinste Hautverletzungen über feuchtes Milieu, auch durch Schürfwunden.

Symptome: zehn bis zwölf Tage nach Infektion Beginn des charakteristischen zweiphasigen Fiebers; die erste Phase dauert fünf bis sehs Tage, die zweite drei bis vier Tage. Außerdem Schüttelfrost, Erbrechen, schweres Krankheitsgefühl, evtl. Nierenversagen, Gelbsucht oder Hirnhautentzündung, Blutungen in Haut oder Schleimhäuten, Bewußtseinstrübung, Verwirrtheit.

Diagnose: im Labor. Verdacht durch Vorbericht: Kontakt mit stillen Gewässern, berufsbedingte Kontaktmöglichkeit mit Tierurin.

Behandlung: Antibiotika.

Die weltweit verbreitete Leptospirose sollte jeden Hundebesitzer zum Tierarzt gehen lassen: Impfung!

Besonderheiten: eigenen Hund gegen Leptospiren impfen lassen, um eine Infektion des Hundes mitsamt Ansteckungsgefahr für die Familienmitglieder auszuschließen. Impfung jährlich erneuern, Impfschutz jeweils ein Jahr.

Vorkommen: weltweit.

Vorsorge gegen Leptospirose:
- Hund impfen lassen.
- Impfung jährlich erneuern.
- Nicht in stillen Gewässern baden.

Listeriose

Erreger: Bakterium Listeria monocytogenes.
Nachlesen unter: Listerien (Seite 44).

Impfung: nicht möglich.

Übertragung: durch Tiere (Zoonose), aber auch von Pflanzen sowie aus dem Erdboden; Lebensmittel häufig von Listerien verunreinigt, z. B. schmierige Rinden von Weichkäse.

Symptome: im Normalfall grippeähnliche Symptome.
Bei funktionierendem Abwehrsystem besteht kaum Infektionsgefahr.

- Bei immungeschwächten Menschen, Tumorpatienten, im Alter, bei Neugeborenen: Sepsis, Fieber, Hirn- und Hirnhautentzündung.
- In der Schwangerschaft auch Infektion des Kindes mit Fehlgeburt, sonst Geburt des infizierten Kindes mit Krankheitssymptomen nach wenigen Tagen.

Die bei Erwachsenen oft nur als stumme Infektion auftretende Listeriose kann bei infizierten Schwangeren das Kind schwer schädigen.

Diagnose: im Labor, jedoch wird nicht immer an Listerien gedacht.

Behandlung: schwierig, weil das Bakterium sich innerhalb der Körperzellen des Patienten einnistet.

Besonderheiten: Gefährdete sollten nur gekochte Speisen essen. Mikrowellenerhitzung ist nicht grundsätzlich ausreichend, sie ist ohnehin in ihrer Wirkung umstritten.

Vorkommen: weltweit.

Vorsorge gegen Listeriose:

- Kaum möglich.
- Sorgfältig gekochte Speisen im Fall besonderer Gefährdung.

Magengeschwür, Zwölffingerdarmgeschwür, Gastritis (Magenschleimhautentzündung), Magenkrebs

Erreger: Helicobacter pylori
Nachlesen unter: Helicobacter (Seite 42).

Impfung: bisher nicht möglich. Eine Schluckimpfung ist zur Zeit in Entwicklung.

Übertragung: enger Kontakt zwischen Familienmitgliedern, vor allem Benutzung eines gemeinsamen Bettes; Tröpfcheninfektion durch Anhusten noch ungeklärt.

Symptome: Magenschmerzen, Brechreiz. Bei herkömmlicher Behandlung mit Wismutpräparaten und Säureblockern häufig Wiederkehr der Schmerzen.
- Bei Kindern: Verdächtig sind vor allem chronische Bauchschmerzen, Übelkeit und häufiges Erbrechen. Fieber und Durchfall sprechen eher gegen Helicobacter als Ursache.

Bestehen Sie bei gesicherter Diagnose auf Antibiotika.

Diagnose: Atemtest, sonst Magenspiegelung.

Behandlung: Antibiotika, höchstens vorübergehend Säurehemmer gegen Schmerzen.

Besonderheiten: Das spiralförmige Bakterium wächst unter der Schleimschicht der Magenschleimhaut. Zweifelsfrei steht heute fest, daß alle Symptome Folgen der Absiedlung und Vermehrung des Erregers sind. Ungeklärt ist allerdings noch, warum die Magensäureproduktion nach dem Bakterienbefall erhöht wird. Die Säure fließt in den Dünndarm ab, wo sie die empfindliche Schleimhaut ebenfalls schädigt, außerdem kann sie dort die Bildung bösartiger Tumore veranlassen.

Vorsorge gegen Magengeschwüre:
- Bei Helicobacternachweis frühzeitig mit Antibiotika behandeln.

Masern

Erreger: Masernvirus.
Nachlesen unter: Paramyxoviren (Seite 65).

Impfung: ab dem 15. Monat mit Masern-Mumps-Röteln-Impfstoff.

Immunität:
- Säuglinge sind die ersten vier Monaten durch mütterliche Antikörper immun.
- Durch einmalige Impfung entgegen den bisherigen Erwartungen wahrscheinlich keine lebenslängliche Immunität; Impfwiederholungen sind daher im Schulalter zweckmäßig und sollten keineswegs versäumt werden.

Keinen Krankenbesuch während infektiöser Phase! Ungeimpfte Kleinkinder fernhalten.

Übertragung: direkter Kontakt mit einem Infizierten oder durch Tröpfchen, noch vor Beginn irgendwelcher Symptome. Der Keim ist sehr infektiös!

Symptome:
- Zehn bis zwölf Tage nach Ansteckung uncharakteristischer Schnupfen, Bindehautentzündung mit Lichtscheu, Husten, verquollenes Aussehen, Fieber. Danach fleckige Rötung der Mundschleimhaut.
- Ab 14./15. Tag kleinfleckige Rötung, beginnend hinter den Ohren, fortschreitend über Hals, Brust, Körper. Fieberanstieg auf 40° C. Flecke können zusammenfließen und zu Blasen mit klarem Inhalt werden.
- Danach Abnahme der Symptome. Der Kranke bleibt noch anfällig gegen andere Krankheiten.

Komplikationen: Mittelohrentzündung, Lungenentzündung, Maserpseudokrupp mit Heiserkeit und Atemnot, Hirnentzündung, Kreislaufschwäche.

Diagnose: anhand der Symptome.

Behandlung: wegen der Komplikationen unbedingt einen Arzt hinzuziehen.

Besonderheiten: Im allgemeinen erkranken Kinder im Vorschulalter. Durch die Impfpraxis hat sich jedoch die Immunitätslage der Bevölkerung geändert, so daß auch ältere Kinder erkranken können.

Vorsorge gegen Masern:
- Impfung.

Meningitis, Meningokokkenmeningitis

Erreger: Bakterium Neisseria meningitidis (Meningokokken).
Nachlesen unter: Neisserienähnliche Bakterien (Seite 30).

Impfung: möglich nach 1. Lebensjahr, der Impfstoff deckt aber nicht den hier häufigsten Erregertyp ab.

Erbrechen und Genickstarre weist beim Kleinkind oft auf Meningitis. Sofort zum Arzt!

Übertragung: durch Tröpfchen, vor allem bei dichtem Zusammenwohnen.

Symptome:
- Zwei bis drei Tage nach Infektion starke Kopfschmerzen, hohes Fieber, Erbrechen, Kehlkopfentzündung, Genickstarre, Bewußtseinstrübung, Gelenkschwellung, schweres Krankheitsgefühl.
- Eventuell Zusammenbruch durch Kreislaufkollaps und Nebennierenversagen.
- Endet häufig tödlich.

Diagnose: Labor.

Behandlung: Antibiotika.

Besonderheiten:
- Erkrankung hauptsächlich beim Säugling oder Kleinkind; außerdem ist eine Häufung in sozialen Schichten mit beengten Wohnverhältnissen zu verzeichnen. Denn durch die Tröpfchenübertragung ist die Ansteckung in diesem Fall kaum zu vermeiden.
- Im »Meningokokkengürtel« von Afrika und Südamerika auch als Epidemien bei Erwachsenen.

Vorkommen: weltweit.

Vorsorge gegen Meningokokkenmeningitis:
- Eventuell vorbeugend Antibiotika im Umfeld von Erkrankten.
- Impfung.

Mumps (Ziegenpeter)

Erreger: Mumpsvirus.
Nachlesen unter: Paramyxoviren (Seite 65).

Impfung:
- Ab dem 15. Monat mit Masern-Mumps-Röteln-Impfstoff.

Immunität: langdauernd.

Übertragung: durch Tröpfchen von Kranken oder Infizierten mit sehr leichten Symptomen oder von Infizierten ab fünf Tage vor und bis zu einer Woche nach Krankheitsausbruch. Sehr infektiös!

Symptome: etwa zwei bis drei Wochen nach der Ansteckung mäßiges, manchmal hohes Fieber. Kopf-, Hals- und Ohrenschmerzen, Müdigkeit, Übelkeit. Einseitige oder nacheinander beidseitige Schwellung der Ohrspeicheldrüse.

Komplikationen: Gehirnhautreizung, Hirnhautentzündung, Hodenentzündung mit der Gefahr der späteren Sterilität, Schädigung des Hörnervs mit Ertaubung.

Diagnose: leicht.

Behandlung: zweckmäßig, um Komplikationen zu vermeiden.

Besonderheiten: die Durchseuchung ist in der Bevölkerung groß, so daß auch Kinder mit dem Virus in Kontakt kommen, häufig ohne sichtbar krank zu werden.

Vorsorge gegen Mumps:

- Impfung.

Gegen Mumps hilft Vorsorge: Impfung!

Nekrotisierende Fasciitis (Killerbakterien)

Erreger: Eiterbakterium Streptococcus pyogenes, wie Scharlach.
Nachlesen unter: Streptokokken (Seite 28).

Impfung: nicht möglich.

Übertragung: Verschmieren von den auf der Haut vorhandenen Streptokokken in Wunden.

Symptome: Blaufärbung der Umgebung einer Verletzung oder einer Operationswunde, Schwellung, Blasenbildung, starke Schmerzen. Ohne Behandlung oder bei zu später Behandlung Tod innerhalb von 24 Stunden möglich.

Diagnose: mit dem Auge.

Behandlung: Schnellstmöglich! Antibiotika und/oder chirurgische Behandlung.

Besonderheiten:

- Die gleichen Eitererreger, die leichtere oder schwerere Verlaufsformen von Angina/Scharlach verursachen, können u. U. mit weiteren Giftstoffen ausgerüstet sein. Besonders gefährliche Gifte werden möglicherweise durch ein Virus vermittelt.

Auflösung des Bindegewebes durch gefährliches Toxin läßt Bakterien zerstörerisch wirken.

- Eins der gefährlichsten Toxine ist ein Zwischenbindegewebsauflösendes Enzym (das keine Antikörperreaktion auslöst und gegen das somit nicht geimpft werden kann). Nach dem Auflösen des Bindegewebes können sich die Bakterien entlang der Faszien (z. T. derbe Hülle von Organen, Muskeln oder Muskelgruppen) ausbreiten. Großflächige Zerstörungen sind die Folge.
- Sind Viren bzw. die von ihnen übertragenen Gene für Toxine beteiligt, antwortet das Immunsystem mit dem toxischen Schock, der meist zum Tode führt.

Was zu beachten ist:

Wer einen Patienten mit den gefährlichen Keimen pflegte, könnte sich infiziert haben. Bei plötzlichem Unwohlsein, Mattigkeit oder Schmerzen an Ansteckung denken. Nicht etwa wegen unklarer Symptome den Arztbesuch hinauszögern!

Vorkommen: Wie auch bei anderen Bakterienarten gibt es ein wellenförmiges Auftreten von mehr oder weniger gefährlichen Streptokokkenstämmen. Früher äußerten sie sich in manchen Jahren oder Gegenden gehäuft mit dem tödlichen Kindbettfieber. In der zweiten Hälfte des 19. Jahrhunderts forderte Scharlach (der gleiche Erreger) viele Todesopfer. Derzeit breiten sich in England, Skandinavien und den USA die besonders gefährlichen Untergruppen aus, welche noch nicht ausreichend in medizinischem Griff sind.

Vorsorge gegen Nekrotisierende Fasciitis:

- Hygiene, besonders auch in Krankenhäusern.

Nierenversagen, -entzündung, Hantafieber

Erreger: Hantavirus.
Nachlesen unter: Bunyaviren (Seite 69).

Impfung: nicht möglich.

Übertragung: vom Tier auf den Menschen (Zoonose). Durch Kontakt mit Urin, Kot und Speichel verschiedener Nagetiere. Die Tiere sind gesund.

Vorsicht vor dem Einatmen von staubendem Mäuse- und Wanderratten-kot!

Symptome: Schnupfen, Kopfschmerzen, hohes Fieber, Schmerzen im Lendenbereich, Nierenblutung, Nierenversagen.

Diagnose: Arzt auf die Möglichkeit des Kontaktes mit Mäusen aufmerksam machen (eventuell ungewöhnliche Mäuseplage).

Behandlung: bei richtiger Diagnose gut möglich.

Besonderheiten: derzeit scheint sich der Erreger in Deutschland auszubreiten. Die meisten Ärzte waren mit ihm noch nicht konfrontiert. Wenn bei einem Kind aus unerklärlichen Gründen akutes Nierenversagen auftritt, sollte man das Hantavirus in Betracht ziehen!

Vorkommen: Das Virus wurde 1913 in China erstmals beobachtet. In Korea, China, Japan und im Osten der ehemaligen Sowjetunion ist die Krankheit als Koreanisches Hämorrhagisches Fieber bekannt (Seoulvirus, Hantaanvirus), dessen schwere Verlaufsformen mit Blutungen, Schock und Tod einhergehen. Auf den Westen Rußlands und Skandinavien hat sich der Untertyp Puumala ausgebreitet, der mildere Verlaufsformen annimmt.
Auch in Mitteleuropa ist er der gängige Untertyp, der momentan in Deutschland rasch an Boden gewinnt, vor allem in mäusereichen Jahren. Im Raum Brandenburg/Berlin dagegen kommt der Hantaantyp vergleichsweise häufig vor.
Im Südwesten der USA gab es 1993 eine Reihe von Todesfällen durch eine gänzlich neue Verlaufsform eines anderen, noch unbekannten Untertyps des Hantavirus, die sogenannte Navajokrankheit: Vor allem jüngere Menschen litten plötzlich an hohem Fieber und an schwerer

Lungenentzündung, die innerhalb weniger Stunden zu akutem Lungenversagen mit Todesfolge führte.

Vorsorge gegen Hantafieber:
- Mäuse- und Rattenkot nicht aufwirbeln.
- Staub von Mäuse- und Rattenkot nicht einatmen.

Ornithose, Psittacose (Papageienkrankheit)

Erreger: Bakterium Chlamydia psittaci.
Nachlesen unter: Chlamydien (Seite 50).

Impfung: nicht möglich.

Übertragung: vom Tier auf den Menschen (Zoonose). Mit Staub aus Vogelkot von Ziervögeln und Geflügel.

Symptome: ein bis vier Wochen nach Kontakt mit Vögeln plötzliche Kopfschmerzen, hohes Fieber, Lungenentzündung mit wenig Husten und kaum Auswurf. Das Spektrum der Krankheit reicht von kaum sichtbaren Symptomen bis zu Todesfällen.

Diagnose: verdächtig ist Kontakt mit Vögeln.

Arzt auf Kontakt mit Vögeln aufmerksam machen!

Behandlung: mit Antibiotika unproblematisch. Rückfallgefahr, wenn die Behandlung zu kurz durchgeführt wird.

Besonderheiten: Ornithosen kommen unter den Vogelbeständen laufend vor, sowohl unter den Geflügelbeständen, als auch unter den Ziervögeln (dann Psittacose genannt). Diese werden zwar tierärztlich überwacht, besonders nach dem Import, jedoch ist die Papageienkrankheit bei den Vögeln nicht immer erkennbar. Sie können gesund erscheinen und jahrelang den Erreger ausscheiden.

Vorkommen: weltweit, auch in Deutschland.

Vorsorge gegen Ornithose:
- Käfigstaub frischgekaufter Ziervögel nicht einatmen.

Post-Polio-Syndrom

Erreger: Poliovirus oder Coxsackievirus oder ein unbekanntes Virus.
Nachlesen unter: Enteroviren (Seite 62).

Betroffen: Patienten mit früherer Kinderlähmung.

Symptome: 40 oder mehr Jahre nach einer Kinderlähmung plötzliche Müdigkeit, Muskelschwäche, Muskelschwund, Schrumpfung der Halsmuskulatur mit nachfolgenden Sprech- und Schluckstörungen, Muskel- und Gelenkschmerzen. Bisher nur bei Menschen mit ehemals sehr schwerer Kinderlähmung.

Behandlung: krankengymnastische Übungen.

Besonderheiten: Bisher ist die Ursache dieser 1984 benannten Erkrankung nicht bekannt. Es könnte sich um Polioviren handeln, die im Gewebe der Patienten verblieben sind und aus einem unbekannten Grund aktiviert werden. Möglich wäre auch, daß ein enger Verwandter des Poliovirus, das Coxsackievirus, die Lähmungen verursacht.

Kinderlähmung kann als Spätfolge Muskelschwund zeitigen: Krankengymnastik!

Q-Fieber

Erreger: Bakterium Coxiella burneti.
Nachlesen unter: Rickettsien (Seite 50).

Impfung: möglich. Üblich nur bei gefährdeten Berufsgruppen.

Übertragung: Infektionsgefahr groß!
- Vom Tier auf den Menschen (Zoonose). Durch eingeatmeten Staub mit Coxiellen aus Molkereien, Schlachthöfen, häuteverarbeitenden Betrieben und Tierkliniken sowie von Exkrementen infizierter Tiere, von Kleidern und Schuhen von Personen, die mit infizierten Materialien in Kontakt gekommen sind. Gefährlich auch Staub von Weiden, auf denen infizierte Mutterschafe gerade gelammt haben, auch Tiertransporte und Schafwolle. In anderen Ländern auch durch Rohmilch von Schafen und Kühen, in welche durch mangelhafte Hygiene leicht Erreger gelangen können.

Staub auch aus einiger Entfernung infektiös. Kann mit dem Wind herangetragen werden.

- Eine Übertragung von Mensch zu Mensch ist allem Anschein nach möglich.
- Normaler Infektionsweg bei Tieren: Der Biß erfolgt durch infizierte Zecken.

Symptome: plötzlich einsetzendes hohes Fieber mit Allgemeinerscheinungen wie beim gewöhnlichen grippalen Infekt – daher leicht Fehldiagnosen, solange von einer Epidemie nichts bekannt ist. Später Lungenentzündung mit heftigen Kopf- und Muskelschmerzen. Im Unterschied zu anderen Rickettsien rufen sie keine Flecke auf der Haut hervor.

Diagnose: schwierig. Verdacht durch Vorbericht. Frühjahr, Trockenheit und Wind sind infektionsverdächtige Umstände.

Behandlung: Antibiotika. Meistens unkomplizierte Behandlung bis zur Gesundung nach etwa 14 Tagen.

Besonderheiten: Wirte der Coxiellen sind Zecken der Gattung Dermacentor. Diese Gattung ist in den Mittelmeerländern zu Hause sowie in Süddeutschland, nach Norden bis zur Mainlinie. Bevorzugt feuchtes Gelände. Die erwachsene Zecke befällt Hunde, Schafe, Pferde, die Entwicklungsstadien kleine Nagetiere.

Vorkommen: weltweit, innerhalb Deutschlands in Süddeutschland entsprechend dem Vorkommen der Zecke. Erkrankungen meistens als lokale kleinere oder größere Epidemie (200 Erkrankungen in München 1964; mindestens 80 Erkrankungen in Berlin 1992).

Vorsorge gegen Q-Fieber:

- Keine.
- In »exotischen« Ländern sich nicht potentieller Gefahr aussetzen (Schlachthöfe, Lederverarbeitungsbetriebe).

Röteln

Erreger: Rötelnvirus.
Nachlesen unter: Togaviren (Seite 66).

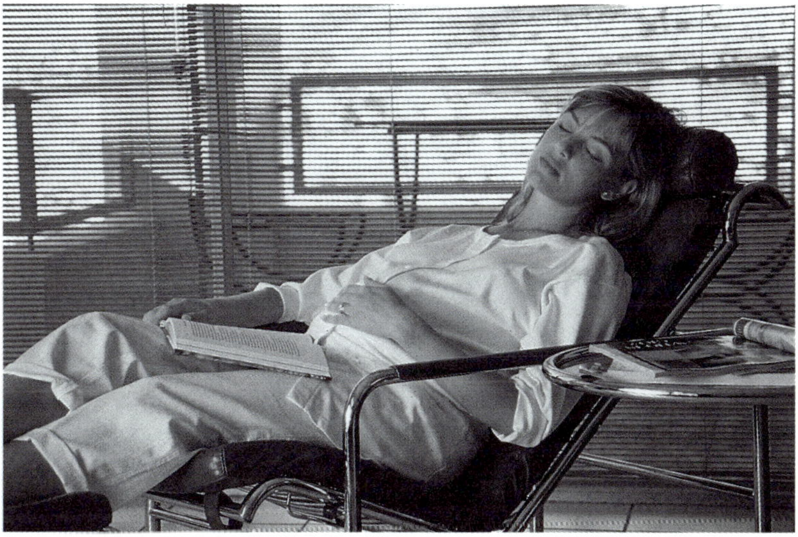

Eigentlich gefährlich werden kann das Rötelnvirus nur dem Embryo.

Impfung:

- Ab dem 15. Lebensmonat Masern-Mumps-Röteln-Impfstoff.
- Im 11. bis 15. Lebensjahr Rötelnimpfung wiederholen.

Immunität: lebenslang nach Erkrankung.

Übertragung: durch Tröpfchen. Infizierte sind vom Beginn an bis zum Verschwinden der Röteln infektiös. Nicht so infektiös wie Masern. Schwangere nicht der Gefahr eines Kontakts aussetzen!

Symptome:

- Zwei bis drei Wochen nach Ansteckung uncharakteristische Symptome mit Schnupfen, Bindehautentzündung, Kopfschmerzen. Wenig erhöhte Temperatur.
- Nach dem ersten Stadium oder gleich beginnend mit dem zweiten Stadium Rötung hinter den Ohren, fortschreitend über Gesicht, Hals, Körper. Häufig Lymphknotenschwellung.
- Kaum Komplikationen.
- In den ersten drei Monaten einer Schwangerschaft gelangt das Virus über den Mutterkuchen zum Embryo. Organe des Embryos, die sich zu dieser Zeit entwickeln, sind besonders empfindlich gegen die

Infektion. Spina bifida (offener Rücken), Herzfehler, Taubheit, Mikrozephalie (unterentwickeltes Gehirn) können die Folgen sein, selbst der Tod des Embryos bei schwerer Schädigung des Herzens.

Diagnose: anhand der Symptome.

Behandlung: Bettruhe bei Fieber. Kinder zu Hause lassen, sie erst nach Verschwinden der Flecken wieder in den Kindergarten oder die Schule schicken.

Besonderheiten: Am Anfang einer Schwangerschaft Antikörper gegen Röteln testen und den Befund in den Mutterpaß eintragen lassen (wird in Deutschland routinemäßig gemacht). Wenn keine Antikörper gefunden werden, aber Verdacht auf Kontakt mit Rötelnviren innerhalb der ersten vier Schwangerschaftsmonate besteht, unbedingt vom Arzt beraten lassen!

Gegen Röteln impfen lassen! Mädchen und Jungen!

Vorsorge gegen Röteln:
- Kinder impfen lassen, nicht nur Mädchen, sondern auch Jungen!
- Kranke Kinder zu Hause lassen.
- Rötelntest vor geplanter Schwangerschaft.

Rotlauf

Erreger: Bakterium Erysipelothrix rhusiopathiae, Erreger des Schweinerotlaufs.
Nachlesen unter: Erysipelothrix (Seite 43).

Impfung: nicht möglich.

Übertragung: vom Tier auf den Menschen (Zoonose). Durch Verletzungen an den Händen beim Zubereiten von Schweinen, Geflügel, Fischen oder Schaltieren, die selber infiziert waren.

Symptome: an der Eintrittsstelle des Erregers Schwellung, blaurote Verfärbung, Juckreiz, Schmerz im benachbarten Gelenk. Keine sonstigen Allgemeinsymptome. Die Abheilung erfolgt normalerweise erst nach bis zu drei Wochen.

Komplikationen: sehr selten Endokarditis (Herzentzündung).

Diagnose: leicht wegen des Ortes der Infektion. Den Arzt auf die Vorgeschichte aufmerksam machen, besonders bei späterer Endokarditis.

Behandlung: mit Antibiotikum (Penicillin G).

Vorsorge gegen Rotlauf:
- Schnittverletzungen beim Zubereiten von Fleisch und Fisch vermeiden bzw. desinfizieren.

Salmonellose

Erreger: Bakterium Salmonella typhimurium, Salmonella enteritidis.
Nachlesen unter: Enterobakterien (Seite 30).

Impfung: nicht möglich.

Übertragung: durch beim Erzeuger oder Verpacker verunreinigtes Fleisch und Fleischprodukte, Eier, Eierprodukte, Milcherzeugnisse, Speiseeis.

Eier, Fleisch und Milchprodukte nur aus kontrollierten Beständen! Vorsicht bei Speiseeis!

Symptome:
- Akuter Brechdurchfall, wäßrige Stühle, Temperatur bis zu 40° C, manchmal starkes Krankheitsgefühl. Kreislaufschwäche durch starken Wasserverlust, tödlicher Ausgang möglich durch Herz- und Kreislaufversagen. Im allgemeinen Heilung nach etwa zwei bis vier Tagen.
- Säuglinge und sehr alte oder geschwächte Patienten können eine schwere Allgemeinerkrankung entwickeln. Bei Kindern häufig Verdacht auf Blinddarmentzündung vor Eintritt des Durchfalls.

Diagnose: Stuhluntersuchung.

Behandlung: bei Senioren und Kleinkindern Antibiotika, sonst nicht. Ausscheider nicht behandeln.

Besonderheiten: Bakterien werden noch einige Wochen mit dem Stuhl ausgeschieden und könnten für andere Menschen gefährlich sein.

Vorkommen: weltweit.

Vorsorge gegen Salmonellose:
- Hygiene bei Lebensmitteln.
- Staatliche Maßnahmen im Lebensmittelbereich fordern! Keine Nachsicht mit Lebensmittelverschmutzern!

Scharlach

Erreger: Eiterbakterium Streptococcus pyogenes (Gruppe A).
Nachlesen unter: Streptokokken (Seite 28).

Impfung: nicht möglich.

Immunität: nach Erkrankung nur gegen die spezielle Streptokokkengruppe, daher spätere Infektion mit einer anderen Gruppe möglich.

Übertragung: von Mensch zu Mensch durch Tröpfchen oder als Schmierinfektion.

Heute kann Scharlach leicht diagnostiziert und behandelt werden. Trotzdem bei roten Flecken an Hals und Brust sofort zum Arzt!

Symptome: plötzlicher Beginn mit Kopfschmerzen, hohem Fieber und häufigem Erbrechen. Allgemein starkes Krankheitsgefühl. Angina mit Schluckbeschwerden, feuerrotem Rachen, geschwollenen Mandeln. Meistens einen Tag später kleinfleckige Rötung am Hals und in der Brustgegend; manchmal beginnt diese an der Innenseite der Oberschenkel. Das Gesicht kann gleichmäßig gerötet sein, dabei bleibt die Umgebung des Mundes blaß, die Zunge ist rot entzündet (»Himbeerzunge«). Sechs Tage bis sechs Wochen nach der Erkrankung schuppt sich die Haut am Körper und besonders an Handtellern und Fußsohlen.
- Spätfolge kann nach etwa drei Wochen ein akutes rheumatisches Fieber sein, mit schmerzhaften Entzündungen und Schwellungen der großen Gelenke oder einer Nierenentzündung.

Diagnose: leicht.

Behandlung: Antibiotika in Tablettenform, mindestens über zehn Tage.
Besonderheiten: die Rötung und schwerere Verlaufsformen von Schar-

lach werden von Bakteriengiften verursacht. Je nach der Art der Gifte sind die Krankheitsbilder unterschiedlich.

Vorkommen: meistens im frühen Schulalter; in gemäßigten und kalten Zonen im Winter und Frühjahr.

Vorsorge gegen Scharlach:
- Keine.

Schnupfen, Infekte der oberen Luftwege

Erreger:
- Rhinoviren.
- Zusätzliche bakterielle Infektion durch Pneumokokken, Haemophilus influenzae und Staphylokokkus aureus möglich.

Nachlesen unter: Rhinoviren (Seite 62).

Impfung: nicht möglich; Impfstoff ist in Entwicklung.

Immunität: Kurzdauernde Immunität gegen den Typ der soeben durchgemachten Infektion.

Übertragung: durch Tröpfchen beim Niesen, Taschentücher, Verschmieren mit dem Nasensekret und den Händen. Nicht durch »Verkühlung« allein: ohne Viren keine »Verkühlung«!

Benutzte Papiertaschentücher vernichten.

Symptome: laufende, später verstopfte Nase, Halsschmerzen, Husten, Tränenfluß, Kopfschmerzen, eventuell erhöhte Temperatur; häufig Nasennebenhöhlenentzündungen und Mittelohrentzündung, verbunden mit starken Schmerzen.

Behandlung: symptomatisch. Die bisher propagierte Inhalation mit heißem Dampf schädigt nachweislich weder die Viren, noch verringert oder verkürzt sie die Beschwerden. Wem es subjektiv hilft, mag es trotzdem tun. Antibiotika bei zusätzlicher bakterieller Infektion. Immunstimulantien, frühzeitig eingesetzt, verkürzen sowohl bei Virusschnupfen und Virusinfekten der oberen Luftwege als auch bei Nasennebenhöhleninfekten die Behandlungsdauer.

Besonderheiten:

- Einen sehr jungen Säugling nicht mit einer verschnupften Person in Kontakt bringen, auch nicht mit dem verschnupften Geschwisterkind. Nasen-Mundschutz ist für den verschnupften Erwachsenen zweckmäßig.
- Ein durchgemachter Schnupfen immunisiert nicht gegen den nächsten. Deshalb hat es keinen Sinn, die Kinder »immunisieren« zu wollen und sie in guter Absicht in »verschnupfte Gesellschaft« zu schicken.
- Mitmachen beim Abbrechen der Infektketten! Kinder nicht mit frischem Schnupfen in den Kindergarten oder in die Schule schicken!
- Die Häufigkeit von Schnupfen beim Kind signalisiert nicht, daß es besonders anfällig ist, sondern daß es sich noch in der Aufbauphase seines Immunsystems befindet. Gewaltsame Unterdrückung der Symptome durch Medikamente ist nicht immer ratsam.

Kinder mit frischem Schnupfen sollten am besten zu Hause bleiben.

Vorsorge gegen Schnupfen:

- Immunsystem stärken.
- Verschnupfte Kinder nicht in den Kindergarten oder die Schule schicken.

Septischer Schock, Toxischer Schock, Toxisches Schocksyndrom

Erreger: Toxine (Giftstoffe) der Bakterien Staphylococcus aureus, Streptococcus pyogenes, Escherichia coli, Pseudomonas, Klebsiella. ***Nachlesen unter: Staphylokokken (Seite 27).***

Impfung: nicht möglich.

Übertragung: hauptsächlich nach großen Verletzungen wie Verkehrsunfällen, Verbrennungen; aber auch nach Katheterisierung, Menstruation u. a..

Symptome: dramatischer Zusammenbruch aller großen Organsysteme von Herz, Lunge, Niere und Leber, bei fast 50 Prozent der Patienten mit Todesfolge.

Behandlung: umfassend, dennoch kann nicht immer der Tod verhindert werden. Gegen einige Erreger gibt es mittlerweile Antikörper.

Besonderheiten: Der toxische Schock ist eine akute Entgleisungsreaktion des Immunsystems, hervorgerufen durch die Toxine der beteiligten Bakterien, wahrscheinlich aber auch der normalen Darmbakterien – die Darmwände werden durchlässig und lassen die normalen Stoffwechselprodukte der Darmbakterien ins Blut. Die Folge ist die Ausschüttung vieler Botenstoffe, Chaos und Zusammenbruch der Regelkreise, die durch Immunzellen reguliert werden. Bisher ist der Ablauf dieses Geschehens nicht im Detail geklärt.

Entgleisung des Immunsystems führt zum toxischen Schock.

Vorsorge gegen Septischen Schock:
- Noch nicht möglich.

Sommergrippe

Erreger: Enteroviren.
Nachlesen unter: Enteroviren (Seite 62).

Impfung: nicht möglich.

Übertragung: Tröpfchen, Nasensekret, Schmierinfektion durch Fäkalien.

Symptome: fieberhafte Erkrankung ohne charakteristische Merkmale, grippal.

Behandlung: symptomatisch.

Vorsorge gegen Sommergrippe:
- Keine.

Syphilis (Lues, Harter Schanker)

Erreger: bewegliches Bakterium Treponema pallidum.
Nachlesen unter: Spirochäten (Seite 48).

Impfung: nicht möglich.

Übertragung: auf sexuellem Weg. In Deutschland kaum mehr durch Bluttransfusionen. Sehr infektiös, ein einziger Keim ist ausreichend. Je mehr Keime, desto schnellerer Ausbruch sichtbarer Symptome. Der Infizierte ist wenige Stunden nach seiner Infektion bereits selber auf dem Blutweg infektiös.

Symptome: Auftreten in drei voneinander scheinbar unabhängigen zeitlichen Phasen.

- *Primärstadium:* zwei bis vier Wochen nach der Infektion Bildung eines schmerzlosen Knötchens am Penis bzw. an den Schamlippen oder dem Gebärmutterhals. Verhärtung und geschwüriger Zerfall. Leistenlymphknoten beidseitig schmerzlos, hart, geschwollen. Abheilung nach vier bis sechs Wochen auch ohne Behandlung, während die Lymphknoten weiterhin geschwollen sein können.
- *Sekundärstadium:* ca. sechs Wochen später großflächige, nässende Hautausschläge im Bereich der Geschlechtsorgane, an der Innenseite der Oberschenkel, unterhalb der Brüste, in den Achselhöhlen; Schleimhautschäden an Lippen, im Mundraum, Vagina und Vorhaut. Dieses Stadium kann von Krankheitsgefühl mit Kopfschmerzen und Fieber begleitet sein. Die Symptome können, auch ohne Behandlung, zeitweise oder für mehrere Jahre verschwinden, aber ob es eine echte Heilung geben kann, ist ungeklärt.
- *Tertiärstadium:* Monate oder Jahre später auf Haut, Schleimhaut und inneren Organen Ausbreitung von umschriebenen Knoten (Gummen); innen Zerfall, Neigung zur Ausbreitung in die Peripherie. Während des Sekundärstadiums können bereits Entzündungen am Nervensystem und den großen Blutgefäßen beginnen: sackartige Erweiterungen der Hauptschlagader, Lähmungen, Halluzinationen, Blasenstörungen usw. sind die Folgen.

Obwohl Syphilis erfolgreich diagnostiziert und behandelt wird, ist eine echte Heilung fraglich!

Komplikationen: Ein ungeborenes Kind kann durch die Mutter jederzeit infiziert werden. Schwerwiegende Folgen beim Kind: Tod oder schwere Erkrankung bei der Geburt. (Da in Deutschland die Erkrankung gewöhnlich im Primärstadium diagnostiziert und behandelt wird, treten die beiden anderen Stadien kaum mehr auf.)

Diagnose: einfacher Test zwei bis drei Wochen nach der Infektion.

Behandlung: Penicillin.

Besonderheiten: Syphilis ist als Geschlechtskrankheit meldepflichtig (anonym), außerdem muß nach Kontaktpersonen geforscht werden. Die Meldung wird häufig unterlassen. Junge Menschen müssen unbedingt rechtzeitig aufgeklärt und belehrt werden. Geschlechtsverkehr mit Kondom schützt weitgehend gegen eine Infektion.

Aufklärung und Vorsorge schützt junge Menschen.

Vorkommen: weltweit. In Europa Abnahme seit 1975, in den USA drastische Zunahme.

Vorsorge gegen Syphilis:
- Kondom.
- Begleitend: Information und Aufklärung.

Tetanus (Wundstarrkrampf)

Erreger: Bakterium Clostridium tetani.
Nachlesen unter: Clostridien (Seite 44).

Impfung:
- Grundimmunisierung ab dem 3. Lebensmonat 2mal im Abstand von 4 bis 8 Wochen.
- 3. Impfung ab dem 15. Lebensmonat.
- 4. Impfung im 10. Lebensjahr.
- Auffrischungsimpfung alle 10 Jahre .

Übertragung: durch Wunden. Die Bakterien vermehren sich besonders gerne in Quetschwunden (Biß, Unfall) mit abgestorbenem Gewebe; begünstigend auch Mischung mit anderen Bakterien (Schmutz).

Symptome: Nach etwa vier Tagen, aber auch bis zu 14 Tagen (je mehr Tetanusbakterien vorhanden sind, desto früher und schwerwiegender die Erkrankung) Beginn der sichtbaren Vergiftungssymptome durch Muskelanspannung und -starre, besonders der Kaumuskeln. Die Gesichtsmuskeln sind wie zum Lachen verzerrt, Sprechen und Schlucken sind behindert. Die Rückenmuskeln werden steif, der Rücken wölbt sich nach oben, die Bauchmuskeln werden bretthart.

Tetanus kann zu schmerzhaftem Ersticken führen!

Krämpfe können leicht ausgelöst werden. Der Patient erstickt schließlich durch Lähmung von Zwerchfell, Kehlkopf und Schlundmuskulatur.

Diagnose: im Labor.

Behandlung: Bei ausgebrochenem Tetanus in Spezialkliniken. Erfolg zweifelhaft.

Besonderheiten:

- Die Infektion ist eine Vergiftung mit dem Toxin, das durch die Bakterien im Körper gebildet wird. Tetanustoxin ist nach Botulinustoxin das zweitstärkste bakterielle Gift. Es müssen die Bakterien und die Toxinwirkung bekämpft werden!
- Das Toxin bindet sich an Nervenzellendigungen im Rückenmark und im Hirnstamm. Alle für Muskeln zuständigen Nerven sind betroffen: Die durch den Willen beeinflußbaren Rumpfmuskeln, aber auch die unwillkürlich arbeitenden Muskeln wie Zwerchfell, Zwischenrippenmuskeln, Schlundmuskeln. Groß- und Kleinhirn sind nicht betroffen, deshalb ist bei den Patienten das Bewußtsein bis zum Tod völlig ungetrübt.
- Bei einer Verletzung muß durch den Impfpaß festgestellt werden, ob nach der letzten Tetanusimpfung noch Immunität vorhanden ist.
- Wenn die letzte Impfung innerhalb des zehnjährigen Rhythmus liegt, also noch Impfschutz besteht, sollte bei einer Verletzung trotzdem die Tetanusimpfung aufgefrischt werden.
- Wenn unbekannt ist, ob noch Impfschutz gegeben ist oder bekannt ist, daß keiner mehr vorhanden ist, muß der Verletzte als Vorsichtsmaßnahme mit Antitoxin (Gegengift) behandelt werden.
- Die Wissenschaftler empfehlen jedoch bei unbekanntem Immunstatus noch einen moderneren Weg: Es hat sich herausgestellt, daß 97 Prozent aller Patienten einen ausreichenden Schutz besitzen. Bei den 20- bis 30jährigen liegt er teilweise beim Tausendfachen der Schutzschwelle. Da unter solchen Bedingungen eine Nachimpfung wegen der Nebenwirkungen eher schädlich ist, sollte der Patient passiv immunisiert werden, d. h. es sollten nur Antikörper gespritzt werden, kein Impfstoff. Mit Hilfe einer Blutprobe kann dann festgestellt werden, ob der Antikörperspiegel tatsächlich zu niedrig und eine Impfung wirklich angebracht ist.

- Wenn das von den Bakterien gebildete Tetanustoxin die Nervenzellen des Rückenmarks erreicht und sich an sie gebunden hat, kommt die Antitoxinbehandlung zu spät! Die bei höheren Toxinmengen auftretenden Krämpfe der Muskulatur und Lähmungen von Schlund- und Zwerchfellmuskulatur sind dann nicht mehr zu verhindern.

Bei akutem Tetanus ist der Heilungserfolg zweifelhaft. Vorsorge durch Impfung!

Vorsorge gegen Tetanus:
- Impfung!

Tollwut

Erreger: Tollwutvirus.
Nachlesen unter: Rhabdoviren (Seite 63).

Impfung: außer in Sonderfällen nicht üblich. Möglich vor Tropenreisen oder für besonders gefährdete Personenkreise, z. B. Tierärzte und Jäger.

Übertragung: vom Tier zum Menschen (Zoonose). Üblicherweise durch Biß, seltener durch Wunden oder Inhalation von infektiösem Staub in Fledermaushöhlen. Sehr selten durch infizierte Transplantate. In Südamerika Infektion auch durch Bisse des Vampirs, einer Fledermausart.

In Tollwutbezirken Vorsicht vor Tierbissen!

Vorsicht!

Ein Tier, das unprovoziert beißt, gilt als tollwutverdächtig, vor allem innerhalb eines Tollwutgebietes. Ob Tollwut im Bezirk ist, läßt sich in Deutschland an den gut sichtbaren Schildern erkennen.

Symptome: Gewöhnlich treten die ersten Symptome nach mehreren Wochen bis zu drei Monaten nach der Infektion auf, es können aber auch mehrere Jahre vergehen. Juckreiz und Schmerz an der Bißstelle, Übelkeit und Erbrechen sind Vorstadien. Es folgen Krämpfe von Schlund und Kehlkopf mit Schmerzen beim Schlucken, die sogar durch den Anblick von Wasser ausgelöst werden können. Starker Speichelfluß mit qualvollem Durst, Erstickungsgefühl, Atemnot und Herzlähmung führen zum Tod.

Diagnose: im Labor.

Behandlung:

- Bei der Erstbehandlung die tollwutverdächtige Bißwunde mit Wasser und Seife auswaschen und spülen, um das Virus zu beseitigen. Mit Desinfektionsmittel oder Jod desinfizieren.
- Wegen des langen Zeitintervalls bis zum Eintritt der Krankheitssymptome ist eine Behandlung in der Regel auch später noch möglich. Nach der Wundversorgung muß Tollwutimmunglobulin in die Wunde und intramuskulär gespritzt werden, außerdem Antibiotikum gegen die begleitenden Keime.

Vorkommen: weltweit.

Verdächtige Bißwunden gründlich waschen und desinfizieren!

Vorsorge gegen Tollwut:

- In Sonderfällen Impfung.
- Jede verdächtige Wunde mit Wasser und Seife gründlich auswaschen, desinfizieren. Sofortiger Arztbesuch!
- Eigene Tiere impfen lassen!
- In Südamerika sich mit Moskitonetzen gegen die Vampire schützen.

Tuberkulose

Erreger: das Bakterium Mycobacterium tuberculosis.
Nachlesen unter: Mykobakterienartige (Seite 46).

Impfung: Impfstoff vorhanden; Impfung angeraten für gefährdete Personen (Angehörige, besonders Neugeborene, von Tuberkulosekranken; Mitarbeiter von Krankenhausbereichen, in denen Tbc behandelt wird).

Immunität: nicht vollständig durch Impfung, etwa zehn Jahre wirksam.

Übertragung: meistens direkt vom Kranken durch eingeatmete bakterienhaltige Tröpfchen; möglich auch durch tuberkelhaltige Milch in Ländern mit Rindertuberkulose.

Symptome:

- Nach der Ansteckung uncharakteristische Ermüdbarkeit, Appetitlosigkeit, Gewichtsabnahme, Schwitzen, erhöhte Temperatur über mehrere Wochen. In diesem Stadium bekämpft das Immunsystem die meistens – über die Lunge eingedrungenen Erreger. Sie können – bei guter Widerstandskraft – großteils durch Abwehr- und Freßzellen abgetötet und in kleinen Knoten, sogenannten Granulomen, eingeschlossen werden. Die Granulome vernarben oder verkalken mit den Jahren, wodurch die Tbc völlig ausheilen kann.
- Bei weniger Widerstandskraft breiten sich die Tuberkelbakterien in der Lunge aus, führen zu Husten und Auswurf unter Fieber, zuweilen auch zu Brustfellentzündung und Lymphknotenvergrößerung. Besonders die Lungenspitzen sind betroffen, weil dort die für Tbc-Bakterien notwendige Sauerstoffzufuhr am größten ist.
- Bei sehr wenig Widerstandskraft können die Bakterien sich im ganzen Organismus verteilen. Unter schwerem Krankheitsgefühl hat der Kranke langanhaltend hohes Fieber und dazu die Symptome, die sich entsprechend dem besonders befallenen Organ entwickeln: Entzündungen und gestörte Funktion von Nieren, Gehirn, Knochen und Gelenken, Leber, Milz.

Geschwächte Immunabwehr läßt die Bakterien schnell andere Organe angreifen!

- Die gewöhnliche Erkrankung des Erwachsenen ist das Aufbrechen eines u.U. vor Jahrzehnten nicht ausgeheilten Granuloms und die Freigabe von infektiösen Tbc-Bakterien. Dieses geschieht nur unter bestimmten Vorbedingungen: hohes Alter, Zuckerkrankheit (Diabetes mellitus), Alkoholismus, d.h. bei starker Schwächung des Immunsystems. Insbesondere kann sich eine solche Tuberkulose auch bei Aidspatienten und bei Behandlung mit immunsuppressiven (-unterdrückenden) Mitteln entwickeln. Entsprechend der herabgesetzten Widerstandskraft ist bei diesen Patienten ein schneller Durchbruch zur offenen Tbc der Lunge oder zum Befall aller Organe möglich. Dadurch besteht für die Umgebung höchste Ansteckungsgefahr. Die bei alten Menschen gewöhnliche Verlaufsform dieses Stadiums ist schleichend und geht mit Mattigkeit, Husten, auch Bluthusten, und niedrigen Fiebertemperaturen einher. Sie bildet die häufigste Ursache für Neuansteckung anderer Menschen.

Diagnose: Verdacht durch Vorbericht, Tuberkulintest, im Labor.

Behandlung: langdauernde Verabreichung (mindestens sechs Monate) von speziellen Antibiotika.

Besonderheiten: Die Bakterien nisten sich in den Freßzellen ein und überleben dort. Den Zellen gelingt es häufig nicht, die Bakterien abzutöten, weil diese mit diversen, für die Bakterien nicht eingreifbaren Kampfmethoden ausgerüstet sind. Auf diese Weise halten sie sich jahrzehntelang am Leben und brechen bei herabgesetzter Widerstandskraft des Menschen munter und ungeschmälert infektionstüchtig hervor.

Anhand der Röntgenaufnahme lassen sich die von der Tuberkulose befallenen Lungenpartien (helle Schatten) nachweisen.

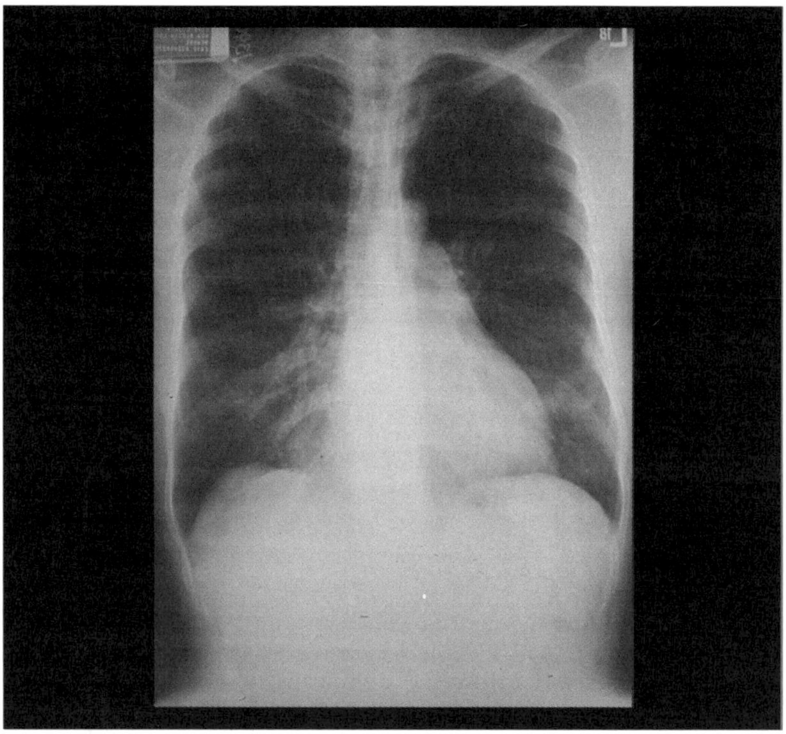

Vorkommen: Weltweit sterben jährlich etwa drei Millionen Menschen an Tbc, 60 Millionen sind daran erkrankt. In etlichen Entwicklungsländern wird inzwischen geimpft, und dadurch ist die Erkrankung immerhin zurückgegangen. Alarmierend ist daher aber die Feststellung,

Alarmierend: Tuberkulose nimmt weltweit zu!

daß die Tuberkulose weltweit wieder stark zunimmt, vor allem auch in den USA, wo insbesondere immer mehr frische Infektionen (also nicht etwa aktivierte, schon vorhandene Tbc) registriert werden. Sie gelten als eine Folge der ungemindert fortschreitenden Aidserkrankungen. Begünstigt wird die Ausbreitung von Tuberkulose durch wachsende Verarmung und zunehmend dichtes Zusammenleben in den sozial schlechter gestellten Schichten, u.a. auch durch Zuwanderung aus Ländern mit häufigen Tuberkuloseinfektionen. Hinzu kommt die unangenehme Entdeckung, daß die amerikanischen Tbc-Keime offensichtlich ziemlich aggressiv und darüber hinaus resistent gegen Antibiotika sind. Wegen der besonderen sozialen Problematik wird die langwierige Behandlung oft vorzeitig abgebrochen. Auch in verschiedenen europäischen Ländern nehmen die Tuberkuloseerkrankungen zu. In Deutschland wird offiziell noch nicht bestätigt, ist aber unter Medizinern bereits bekannt, daß die Tbc insbesondere unter den Obdachlosen um sich greift. Im übrigen steht Deutschland zahlenmäßig an der Spitze europäischer Tbc-Krankheiten.

Vorsorge gegen Tuberkulose:

- Aufmerksamkeit in Ballungsgebieten, Kinder aus der Sprühbahn hustender Menschen entfernen.
- Bei uncharakteristischen Symptomen auch an die Möglichkeit einer Tbc denken und den Arzt darauf aufmerksam machen.

Windpocken, Gürtelrose

Erreger: Varizella-Zoster-Virus (VZV).
Nachlesen unter: Herpesviren (Seite 60).

Impfung: außer in Sonderfällen (s. unten) nicht empfehlenswert. Immunität durch Erkrankung. Immunität auch beim Säugling in den ersten beiden Lebensjahren.

Übertragung: durch die Luft über Tröpfchen. Sehr infektiös. Schmierinfektion durch Bläscheninhalt, sowohl bei Windpocken als auch bei Gürtelrose. Infektiosität besteht schon vor Ausbruch der Bläschen.

Hohe Ansteckungsgefahr!

Hohe Infektiosität bei Windpocken und Gürtelrose! Krankenzimmer gut lüften!

Symptome:

- Windpocken: das Allgemeinbefinden ist kaum beeinträchtigt. Bläschen bilden sich am ganzen Körper (Ausnahme: Handflächen und Fußsohlen), ihr Inhalt trübt ein, sie verschorfen und jucken. Flecke, Pusteln und Verschorfungen treten in allen Stadien nebeneinander auf; Abheilen ohne Narbenbildung (alles im Unterschied zu den heute ausgerotteten echten Pocken).
- Komplikationen: selten. Hirnhautentzündung, Lungenentzündung.
- Gürtelrose: Aufflackern der lebenslang im Körper bleibenden Windpockeninfektionserreger, wenn aus irgendwelchen Gründen das Immunsystem geschwächt ist. Abgesehen von besonderen Umständen, tritt dies gewöhnlich erst ab dem 45. Lebensjahr ein.

Nach dem Abheilen der Haut können Schmerzen noch lange anhalten.

Das Allgemeinbefinden ist ein bis drei Wochen herabgesetzt mit Abgeschlagenheit, Halsschmerzen, Fieber, eventuell Schmerzen entlang der Nervenbahnen, dort, wo kurze Zeit später Bläschen erscheinen. Diese treten typischerweise entlang eines Nerven im Brust-, Rücken- oder Gesichtsbereich auf. Nach zwei bis vier Wochen heilen die Hauterscheinungen ab. Schmerzen können später noch lange anhalten.

Diagnose: ist nicht immer einfach.

Behandlung: Bettruhe, wenn nötig oder gewünscht.

Bei Kindern Kratzen verhindern!

Aufgekratzte Bläschen können sich infizieren, dadurch entstehen eventuell Narben.
Beim Erwachsenen sind zuweilen Schmerzmittel notwendig.

Besonderheiten:

Impfung nach Beratung durch den Arzt!

- Da das Windpockenvirus sich im Körper des Menschen verstecken und im Erwachsenenalter bei herabgesetzter Immunität als Gürtelrose ausbrechen kann, ist eine Impfung mit dem abgeschwächten, aber lebenden Impfvirus normalerweise nicht angebracht. Bei tumor- oder leukämiekranken Kindern und bei deren Eltern bzw. Pflegepersonen kann die Impfung aber zweckmäßig sein. Immer durch den Arzt beraten lassen!
- Die aktive Impfung ist vor einer geplanten Schwangerschaft anzuraten, falls die serologische Untersuchung ergibt, daß die Frau keine Antikörper hat (Windpocken also noch nie, auch nicht stumm, durchgemacht hat). Sie ist besser als eine Windpockenerkrankung während der Schwangerschaft, auch wenn diese nach heutiger Auffassung kein Anlaß zum Schwangerschaftsabbruch ist.
- Meistens kommt es wegen der allgemeinen Durchseuchung der Bevölkerung nicht vor, daß eine Schwangere noch keine Windpocken gehabt hatte. Wenn dies aber nicht bekannt ist bzw. wenn eine schwangere Frau in der ersten Hälfte der Schwangerschaft mit einem windpockenkranken Kind oder einem gürtelrosenkranken Erwachsenen Kontakt hat, sollte sie sofort ihren Arzt zur Beratung aufsuchen. In jedem Fall ist eine passive Impfung angebracht.
- Der Ausbruch von Gürtelrose während der Schwangerschaft ist völlig unbedenklich, da die Antikörper der Mutter auch im Blut des Kindes kreisen und es schützen.

Vorsorge gegen Windpocken und Gürtelrose:

- Normalerweise nicht nötig.

Wundinfektionen

Erreger: Staphylokokken, Streptokokken, Escherichia coli, Serratia, Klebsiella, Clostridium, Pseudomonas aeruginosa, Pasteurella multocida.
Nachlesen unter: Staphylokokken, Streptokokken, Enterobakterien, Pasteurellen, Pseudomonaden, Clostridien (Seite 27, 28, 30, 38, 39, 44).

Impfung: nicht möglich.
Übertragung: Schmutz.

Symptome: blutiges oder eitriges Sekret in der Wunde, bei Pseudomonas auch blaugrün und mit charakteristischem Geruch.

Diagnose: mit dem Auge meistens ausreichend.

Behandlung: auswaschen und mit Wasserstoffperoxid desinfizieren. Offen trocknen lassen, wenn möglich. Tiefere Wunden sind nicht oberflächlich zu schließen.

Vorsorge gegen Wundinfektionen:

- Wunden sorgfältig desinfizieren, größere bzw. tiefere Wunden, auch Biß- und Quetschwunden sowie stark verunreinigte Wunden vom Arzt versorgen lassen. Bei auffälligen Farbveränderungen um die Wunden sowie bei länger anhaltenden starken Schmerzen – umgehend den Arzt aufsuchen.

Gerade Kinder verletzen sich oft. Meistens genügt es, die Wunden selbst zu desinfizieren.

Auf Reisen schützen

Manche Reisende in ferne Länder sind sehr umsichtig und beugen gegen Krankheiten vor, die ihnen an ihren Reisezielen gefährlich werden könnten, z. B. durch rechtzeitige Impfungen. Auf der anderen Seite gibt es auch Krankheiten, gegen die man sich nicht mit Impfungen schützen kann, dagegen sehr wohl mit bewußtem Verhalten. Manchen reizt auch die last-minute-Entscheidung, so daß er sich beim besten Willen nicht mehr auf die speziellen Gefahren seines Reiselandes einrichten kann. Vielleicht gehört es aber auch zum Reiz des unkonventionellen Reisens dazu, daß die Unwägbarkeiten umfassend sind, inklusive der nach Hause importierten Hepatitis...

Gar nicht einmal besonders exotische Gefahren…

Hepatitis A

Auch im Süden Europas, erst recht in allen anderen warmen Ländern, kann man sich eine Hepatitis A, eine Form der Leberentzündung, einfangen. Sie gilt als typische Reisekrankheit.

Gefährdung durch Hepatitis A in:

- Italien, Spanien, Jugoslawien, Griechenland, Mittelmeerinseln
- Rußland
- Vorderasien und Asien (außer Japan)
- Australien, nicht dagegen Neuseeland
- Afrika
- Südamerika
- Pazifische Inseln

Beim Essen auf Reisen: Beschränkung auf Gekochtes!

Verunreinigte Nahrungsmittel sind der häufigste Grund für die Infektion mit diesem Keim. Vor allem mangelnde Hygiene sorgt für die Übertragung. Schmierinfektionen durch einen Kranken und fäkale Verunreinigung von Trinkwasser und Lebensmitteln sind die Übermittlungswege. Da man den Lebensmitteln die Hygiene in der Restaurantküche häufig nicht ansehen kann, bleibt als Vorbeugung nur, sich auf Gekochtes zu beschränken.

Sicherer und völlig unproblematisch aber ist die zweimalige Grundimmunisierung und die Nachimpfung nach einem halben bis einem Jahr. Zweckmäßig vor der Impfung ist ein Antikörpertest. Wenn genügend Antikörper vorhanden sind, was sein kann, weil viele Infektionen unbemerkt ablaufen, ist die teure Impfung nicht notwendig.

Diphtherie

Seitdem diese Krankheit in Rußland und den angrenzenden Ländern wie Ukraine, Polen und Finnland, wieder aufflackert, kommt sie uns wieder ins Bewußtsein. In Mitteleuropa wurden erst wieder in den letzten Jahren Kinder geimpft, d. h. Erwachsene in mittleren Jahren sind oft ohne Impfschutz.

Besonders giftiger Bakterienstamm im Osten: Vorsicht auf Bahnhöfen und Flughäfen!

Der Bakterienstamm, der in Rußland gefunden wurde, gibt ein besonders gefährliches Gift ab. Die Infektion kann im Gedränge von Flughäfen und Bahnhöfen leicht auf Menschen überspringen, deren Immunabwehr gegen Diphtherie schon sehr abgeschwächt ist. Vor allem kann man einem Bakterienträger auch nicht aus dem Wege gehen, weil er keinen sichtbaren Infekt hat. Auffrischungsimpfungen sind deshalb dringend notwendig, vor allem für Rußlandbesucher, selbst bei einer Wochenendstädtereise. Vernünftig ist die Auffrischungsimpfung in Kombination mit Tetanus, darüber hinaus auch kostenlos, weil sie von den Krankenkassen bezahlt wird.

»Montezumas Rache«

Hauptursache für Reisedurchfälle in aller Welt sind die Kolibakterien auf verschmutzten und nicht genügend erhitzten Lebensmitteln. Ein Impfstoff befindet sich derzeit in der Erprobung. Solange es ihn nicht gibt, kann der Reisende sich mit vorbeugender Einnahme des Hefepilzes Saccharomyces boulardii (als Kapseln in der Apotheke erhältlich) behelfen. Der Hefepilz hilft in Nord- und Westafrika sowie im Mittleren Osten besonders effektiv, was vermutlich mit dem Spektrum der dortigen Erreger zusammenhängt.

- Über diese Krankheiten hinaus sollte jeder Reisende dringend überprüfen, ob seine Regelimpfungen aufgefrischt werden müssen: Polio, Tetanus, Diphtherie, eventuell ist auch ein Schutz gegen Frühsommermeningoenzephalitis (FSME) sinnvoll.

Tropenkrankheiten

Hepatitis B

Die Leberentzündung Hepatitis B ist keine im eigentlichen Sinn tropische Krankheit, jedoch ist sie weit verbreitet in Südostasien, Südamerika sowie Zentral- und Südafrika. Bei jeglichem Kontakt mit infiziertem Blut ist die Ansteckungsgefahr hoch – das mag auch schon ein unaufschiebbarer Zahnarztbesuch im südlichen Urlaubsland sein. Die Impfung wird deshalb mindestens bei einem längeren Aufenthalt in einem dieser Länder empfohlen.

Typhus

Die Impfung gegen Salmonella typhi empfiehlt sich für Südamerika, Südostasien, die pazifischen Inseln, Afrika sowie Ungarn, Rußland und die Türkei. Der Impfschutz währt drei bis fünf Jahre.

Gelbfieber

Die Impfung ist in den wenigsten Ländern für alle Reisenden vorgeschrieben, sehr häufig aber für Reisende, die aus einem Gelbfieber-

Wegen mangelnder Hygiene in asiatischen und tropischen Ländern sollten sich Reisende entsprechend schützen.

Für den Notfall ein Antibiotikum im Reisegepäck!

land kommend, in ein weiteres Land einreisen wollen. Man muß sich im Einzelfall erkundigen, ob die geplante Reiseroute nicht bereits eine Impfung erforderlich macht.

Pest

Wer in ein Pestgebiet reisen muß, sollte für den Notfall ein Antibiotikum mitnehmen (z. B. Tetracyclin) und es im Verdachtsfall nach Vorschrift einnehmen.

Cholera

Zu Epidemien kann es in Mitteleuropa aufgrund funktionierender Wasserversorgung und Abwasserbeseitigung eigentlich nicht kommen. Zurückkehrende, infizierte Reisende können ohne Schwierigkeiten behandelt werden, andere Menschen sind nicht gefährdet.

● Für alle Impfungen außer den Regelimpfungen wird recht viel Geld in Rechnung gestellt. Ein Reisender sollte sich deshalb vorher genauestens erkundigen, was er wirklich benötigt (s. Seite 235: Wer hilft? Adressen).

... und durchaus heimische Gefahren!

Lepra, Tuberkulose

Obwohl selbst in den westlichen Ländern noch versteckt vorhanden, hat die Lepra ihren Schrecken verloren, weil sie behandelbar geworden ist. Auf der anderen Seite beweist uns gerade die mit Lepra sehr verwandte Tuberkulose, wie schnell eine solche Tendenz sich umkehren kann. Armut schafft auch in hochzivilisierten Ländern kleine Nischen, in denen typische Armutskrankheiten wie Tbc gut gedeihen und sich rasch verbreiten können.
Die soziale Befindlichkeit einer Bevölkerung hat also sehr wohl direkte Auswirkungen auf die Gesundheit aller, vor allem, wenn der Keim sehr infektiös ist. Am wahrscheinlichsten ist in Europa das Tuberkulosebakterium in Slums, unter Obdachlosen und in Flüchtlingslagern zu erwarten.

Nicht mehr gefährlich oder noch nicht? Was tun bei akuter Bedrohung?

Infektionserreger führen als ganz eigene Klasse von Lebewesen – wenn man auch Viren so bezeichnen darf – ein Eigenleben, das nur zum Teil vom Menschen bestimmt wird. Klima, Tier- und Pflanzenwelt, geographische Bedingungen u. a. haben sehr großen Einfluß. Entsprechend verändern sich die Krankheitserreger. Mit dem weltweiten Tourismus, aber auch mit zunehmender Verelendung in vielen Teilen der Welt, müssen wir darauf gefaßt sein, immer schneller »neuen« bzw. für die westliche Welt neuartigen Krankheitskeimen zu begegnen.

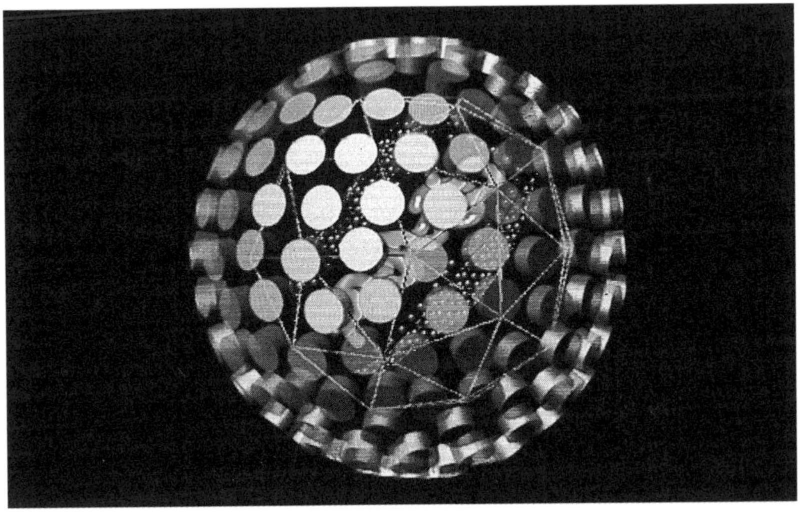

Gegen das Aidsvirus – hier eine Graphik mit 100.000facher Vergrößerung – existiert, trotz hoher Technologie, kein wirksames Gegenmittel.

Jüngstes Beispiel ist das HI-Virus (Aids), das sich innerhalb weniger Jahre über Länder und Kontinente ausbreitete. Daß wir praktisch zusahen, ohne uns zu wehren, stimmt sehr nachdenklich. Wir haben in der westlichen Welt durchdachte und greifende Schutzmaßnahmen gegen Infektionserreger parat – trotzdem waren angesichts von Aids die deutschen Gesundheitsbehörden unfähig, vernünftige Gegenmaßnahmen zu ergreifen. In überbevölkerten Entwicklungsländern, in denen Schlamperei, Korruption und Untätigkeit an der Tagesordnung sind, kann man bei einer Seuchenwelle noch weniger auf staatliche Maßnahmen vertrauen.

Die Lehre, die man daraus ziehen muß, ist nicht sehr ermunternd: Jeder muß selber zusehen, wie er sich schützen kann. Das gilt für bekannte Seuchenerreger, wie das Cholera- oder das Pestbakterium, aber insbesondere auch für Infektionserreger, bei denen Zweifel bestehen, ob sie ansteckend sind, wie z. B. der des Rinderwahnsinns BSE. Es erweist sich, daß die einschlägigen Lobbyisten mit den Behörden gemeinsam erbittert darum kämpfen, die Tierseuche öffentlich zu verharmlosen – denn würde man sie vorsorglich für gefährlich halten, solange der Gegenbeweis nicht erbracht ist, wären die wirtschaftlichen Folgen immens.

Es gilt deshalb, immer einen wachen Sinn zu haben für Medienmeldungen über neue Erkrankungen oder Wanderbewegungen von Krankheitskeimen. Sie gehen uns alle an, und niemand kann sich besser um unsere Gesundheit kümmern, als wir selbst.

Konsequentes Hygieneverhalten schützt vor »Schmutz«-Epidemie.

Solange das über Jahrhunderte gewachsene Hygieneverständnis der europäischen Völker sich niederschlägt in ordnungsgemäß durchgeführter »öffentlicher« Hygiene (sauberes, jedermann zugängliches Trinkwasser, Abfallbeseitigung und -vernichtung, Abwassersystem), ist das Übergreifen ausgesprochener »Schmutz«-Epidemien auf Europa ausgeschlossen. Einzelfälle können selbstverständlich vorkommen, vor allem dort, wo punktuell eine besonders hohe Bevölkerungsdichte und materielle Not herrschen.

Was soll man bei akuter Bedrohung durch eine Seuchenwelle tun? Wie schützt man sich und andere?

Pest

Für Europäer in Mitteleuropa ist die Pest nicht bedrohlich. Ratten mit pestinfizierten Flöhen könnten höchstens in Einzelexemplaren nach Europa gelangen, finden hier aber kaum größere Rattenpopulationen vor, in denen der Floh sich ausbreiten könnte. Die Gefahr eines Flohbisses mit nachfolgender Beulenpest beim Menschen wäre deshalb sehr gering – und am ehesten in Häfen zu erwarten.

Bei einem Lungenpestkranken wiederum ist die Inkubationszeit kaum länger als die Flugdauer. Da der Kranke nur in ärztlicher Behandlung eine Überlebenschance hat, liegt es in seinem vitalen Interesse, sich bei einem Arzt zu melden, was die Zahl möglicher Angesteckter begrenzt. Außerdem gehört die Pest zu den sogenannten Quarantäneerkrankungen. In Europa müßten sich folglich die Kontaktpersonen zu einem Pestkranken einige Tage in Quarantäne aufhalten. Und damit wäre die Gefahr für die übrige Bevölkerung gebannt.

Polio (Kinderlähmung)

Akute Epidemien gibt es momentan nicht außerhalb Europas, aber die schwelende Bedrohung ist überall vorhanden. Die WHO strebt mit ihrem Impfprogramm die weltweite Ausrottung von Polio an. Aber noch bevor der Kampf überhaupt richtig aufgenommen worden ist, stellt sich bereits eine gewisse Impfmüdigkeit in den westlichen Ländern heraus. Es könnte also sehr wohl sein, daß dieser Kampf weltweit schwierig zu gewinnen ist – vor allem, weil im Gegensatz zur Pockenimpfung Auffrischungsimpfungen notwendig sind. Um diese schwere Seuche zu tilgen, stehen deshalb auch die Europäer in der Verantwortung, und jeder einzelne ist aufgerufen, bei den Impfaktionen mitzumachen.

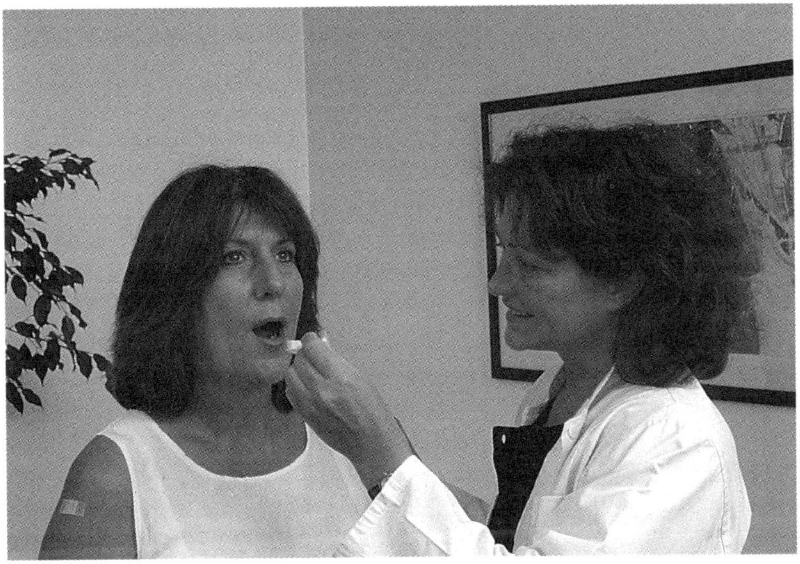

Im Kampf gegen die Kinderlähmung sind Auffrischungsimpfungen von großer Wichtigkeit. Machen Sie mit: Die Schluckimpfung tut überhaupt nicht weh.

WAS NOCH WICHTIG IST

Infektionserkrankungen, die nicht von Viren und Bakterien ausgelöst werden

Mancher mag im Stichwortverzeichnis vergebens nach wichtigen oder gefährlichen Infektionskrankheiten gesucht haben, von denen er dachte, daß sie von Bakterien oder Viren verursacht würden. Er hat bei seinem Irrtum ja so Recht: Es ist wirklich nicht einfach, die Erreger richtig einzuordnen. Auch Mediziner müssen im einen oder anderen Fall nochmals die Fachbücher wälzen. Um hier Klarheit zu schaffen – vor allem, um dem Leser zu ermöglichen, das für ihn zutreffende Sachbuch überhaupt erst zu finden, damit er den ihn interessierenden Fall nachschlagen kann, die folgende Zusammenfassung:

Andere Infektionserreger

Krankheit	**Infektvermittler**	**Krankheitsauslöser**	**Gefährdet**
Protozoen (Einzeller):			
Amöbenruhr	Nahrung, Schmutz	Amöbe	Tropentouristen
Trichomonose	Badekleidung	Flagellat	Geschlechts-partner
Toxoplasmose	Katze	Toxoplasma	Schwangere
Malaria	Mücke	Plasmodium	alle
Pneumozysten-Lungenentzündung	Mensch, Säugetier	Pneumocystis	Immun-geschwächte
Schlafkrankheit	Tsetsefliege	Trypanosoma	Mensch, Rind
Orientbeule (Kalaazar)	Sandfliege (Sandmücke)	Leishmanien	Kinder, Erwachsene, Hunde

Andere Infektionserreger

Krankheit	Infektvermittler	Krankheitsauslöser	Gefährdet
Würmer:			
Bilharziose	Schnecken	Wurm, Zerkarie	Tropentouristen
Echinokokkose	Hund, Fuchs, Mäuse	Bandwurm, Finne	Kontakt-personen
Toxocarose	Hund, Katze	Spulwurmlarve	Kinder
Pilze:			
Kryptokokkose	Vogelmist	hefeartiger Pilz	Immun-geschwächte
Kokzidioidomykose	Erdboden	Pilzsporen	Reisende in USA-Wüsten
Candidiasis	menschliche Schleimhäute	Pilzkolonien	Immun-geschwächte
Tinea, Ringelflechte, Sportlerfuß	Mensch, Hund	Kontakt	Kontakt-personen

Füchse übertragen die Würmer der Echinokokkose.

Wer hilft? Adressen

Sauerstoffüberdrucktherapie bei Wundinfektionen:

1 Stiftung für Hyperbarmedizin
Kleinhüningerstraße 177, CH-4054 Basel
2 Institut für Hyperbare Sauerstofftherapie und Tauchmedizin
Oskar-Helene-Heim, Clay-Allee 229, 14195 Berlin
3 Städtisches Krankenhaus im Friedrichshain
Zentrale Rettungs- und Intensivtherapie, Landsberger Allee 49, 10249 Berlin
4 St.-Joseph-Hospital Laar Zentrum für Hyperbare Medizin
Ahrstr. 100, 47139 Duisburg
5 Sportmedizinisches Institut Frankfurt/Main der Johann-Wolfgang-Goethe-Universität
Otto-Fleck-Schneise 10, 60528 Frankfurt/Main
6 Tagesklinik für Sauerstoff-Überdruck-Therapie Bodensee
Albrechtstr. 70, 88045 Friedrichshafen
7 Schiffahrtmedizinisches Institut der Marine
Kopperpahler Allee 120, 24118 Kiel
8 Universitätsklinik für Chirurgie
Department Thorax und Hyperbare Chirurgie, A-8036 Graz 310

Reiseprophylaxe, Tropenmedizin:

1 Zentrum für Reisemedizin
Brehmstr. 23, 40239 Düsseldorf
2 Institut für Tropenmedizin, Universität Tübingen
Keplerstr. 15, 72074 Tübingen
3 Tropeninstitute in Berlin, Bonn, Dresden, Hamburg, Heidelberg, Leipzig, München, Rostock, Ulm, Würzburg

Fragen Sie nach der Roten Liste!

In jeder ärztlichen Praxis und in jeder Apotheke gibt es ein aktuelles Exemplar der sogenannten Roten Liste (Arzneimittelverzeichnis). Diese listet im Anhang u.a. die Notfalldepots aller Bundesländer, in denen Impfseren und Gegengifte vorrätig gehalten und in dringenden Fällen abgeholt werden können, auf: Botulismusantitoxin, Diphtherieantitoxin, Gasbrandantitoxin; Immunglobuline gegen FSME, Hepatitis B, Tetanus, Tollwut und Varizella/Zoster.

Register

Hinweis

Alle Angaben in diesem Buch beruhen auf dem aktuellen Stand von Wissenschaft und Forschung. Der Leser darf darauf vertrauen, daß alle Hinweise auf Therapien beziehungsweise Dosierungen ebenfalls diesem Stand entsprechen; dies gilt insbesondere auch für alle Anregungen zur Selbstbehandlung.
Grundsätzlich sollten jedoch alle Befindlichkeitsstörungen mit einem Arzt besprochen werden, ehe eine Selbstbehandlung vorgenommen wird.
Insbesondere sollte abgeklärt werden, daß etwaige vorliegende Beschwerden nicht Symptome von Krankheiten sind, die dringender ärztlicher Behandlung bedürfen.
Weil bei jeder Therapie immer die genauen Umstände des Einzelfalls berücksichtigt werden müssen, sollten auch alle in diesem Buch empfohlenen Anwendungen mit dem Arzt besprochen werden. Für den Erfolg beziehungsweise die Richtigkeit der Anwendungen können Autoren, Redaktion und Verlag deshalb keine Gewähr übernehmen.

Bildnachweis

Oswald Baumeister: 224, 231; Das Fotoarchiv: 86, 91, 181 (Henning Christoph), 130 (Knut Müller), 154 (Andreas Riedmiller), 159, (Oswald Baumeister), 220 (Richard Falco), 234 (Steve Kraseman); Hans Seidenabel: 5; IFA-Bilderteam: 48 (Jacobi), 67, 116 (BCI), 96 (Ventura), 108 (Förster), 133 (IPP), 149 (Eastep), 166 (ICS); Ulrich Kerth: 118; Mauritius: 174 (Thonig); Alfred Pasieka: 2, 7, 9, 18, 31, 39, 51, 58, 77, 193, 229; Tony Stone: Titelbild (U1), Frontispiz (Ken Scott), 107 (Peter Correz), 79, 145 (Bruce Ayres), 121 (Anthony Blake), 207 (Chris Harvey), 227 (TWS)

Impressum

2. Auflage 1996

Lektorat:
Dr. med. Christiane Lentz
Medizinische Fachberatung:
Dr. med. Eberhard Wormer
Redaktionsleitung:
Josef K. Pöllath
Bildredaktion:
Gabriele Duschl
Produktion:
Manfred Metzger
Umschlag und Layout:
Heinz Kraxenberger, München
DTP/Satz:
BuchHaus.Gigler. GmbH, München
Druck und Bindung:
Legoprint, Trento
Printed in Italy

Gedruckt auf chlor- und säurearmem Papier

ISBN 3-517-01585-7